Jean Améry:
Widersprüche

Klett-Cotta
im
Deutschen
Taschenbuch
Verlag

Von Jean Améry
sind im Deutschen Taschenbuch Verlag erschienen:
Jenseits von Schuld und Sühne (10923)
Unmeisterliche Wanderjahre (11162)

Ungekürzte Ausgabe
Dezember 1990
Deutscher Taschenbuch Verlag GmbH & Co. KG,
München

ISBN 3-12-900280-4
Umschlaggestaltung: Celestino Piatti
Gesamtherstellung: C. H. Beck'sche Buchdruckerei,
Nördlingen
Printed in Germany · ISBN 3-423-11322-7

Inhalt

Terror der Aktualität
Statt eines Vorworts

Das Wort ist, so belehren uns etymologische Wörterbücher, seit dem neunzehnten Jahrhundert aus Frankreich nach Deutschland eingewandert; es bezeichne das Tagesereignis oder die »bedrängende Gegenwart«. Dies heißt, daß wir es mit einem temporalen Begriff zu tun haben, in den alle Elemente und Probleme von Zeit und Zeitvergehen eingingen: Hierin, in dieser Zeitlichkeit, die der Begriff in sich trägt, liegt die außerordentliche Schwierigkeit, der wir begegnen, sobald wir ihm uns anzunähern versuchen. Was ist im augenblicklich sprachüblichen Sinne Aktualität beziehungsweise: Was ist aktuell? Die Antwort werden wir zunächst im Bereich dessen suchen, was man undeutlich die Massenmedien zu nennen sich angewöhnt hat. Dort – in Presse, Funk, Fernsehen – wird man uns sagen, Aktualität sei, was den Informanden gerade interessiere, also beispielsweise: der Ausbruch eines Bürgerkriegs, die Heirat einer Millionärstochter, das Erscheinen eines Buches, der Ausgang eines Fußballmatches, ein Mordfall, eine Verkehrskatastrophe. Schon wird klar, daß der Informand, derjenige also, der durch seine Neugier den Begriff sozial definiert, eine ideale Figur ist, denn nur selten wird ein und derselbe Leser, Funkhörer, Fernseher, Informationen über die gleichen, hier eben auszugsweise angeführten Ereignisse anfordern. Der Interessent für Neuerscheinungen auf dem Gebiete der Politologie beispielsweise wird sich zwar mit großer Wahrscheinlichkeit den Ausbruch eines Bürgerkriegs angelegen sein lassen, die Verkehrskatastrophe aber oder das Ergebnis der sportlichen Veranstaltung werden ihn nur in Ausnahmefällen beschäftigen. Wer die Heirat der Millionärstochter in einer Illustrierten verfolgt, wird nur wenig Interesse für die Publikation eines neuen, avantgardistischen Romans aufbringen. Es gibt denn in der sozialen Praxis der Information nicht *die* Aktualität, vielmehr *Aktualitäten.* Es gibt so viele Aktualitätskomplexe wie es geistige Welten gibt, wenn wir den Begriff vom Informanden her definieren. Nur der Informator als Einheit (die Zeitung, die Funkstation, der Fernsehsender) wird einen totalen, das gesamte »Tagesgeschehen«, die »bedrängende Gegenwart« umgreifenden Aktualitätsbegriff erleben und gebrauchen.

Die für uns – den Autor und den Leser der gesammelten Aufsätze – in Frage kommenden Aktualität ist thematisch eingegrenzt: Es scheiden die so viele Zeitgenossen beschäftigenden Sport- und internationalen Gossip-Aktualitäten aus, sowie auch die im strengen Sinne wissenschaftlichen und künstlerischen. Es wird, um beim Exempel zu bleiben, so wenig vom Fußballmatch und der Millionärstochter gehandelt wie von den letzten Entwicklungen auf dem Gebiete der statistischen Mechanik oder der neuen Musik. Der Verfasser wendet sich an Leser, die den im allerweitesten Sinne verstandenen geistigen, sozialen und politischen Ereignissen zu folgen bemüht sind. Die von ihm bearbeiteten Themen sind die einer allgemeinen Publizistik. Er tritt auch nicht als Informator auf den Plan, setzt vielmehr einen ziemlich hohen Grad von Informiertheit schon voraus und ist bemüht, die als bekannt angenommenen baren Informationsfakten zu interpretieren und in Zusammenhänge zu bringen. Diese Arbeit freilich unternahm er nicht als Historiker, der aus weiter zeitlicher Distanz und mit Hilfe eines wissenschaftlichen Instrumentariums sein Gebiet untersucht, sondern eben unter dem *Gesetz der Aktualität:* Er schrieb, deutete, knüpfte hypothetische Kausallinien vom Tage her und für den Tag. Die Beschränkung, der er unterlag, war also nicht nur eine thematische, sondern auch eine zeitliche – womit die Problematik nicht nur dieses Buches, sondern aller ähnlichen Publikationen sich zuspitzt, die Fragwürdigkeit des Unternehmens deutlich wird.

Es geht ja nicht nur um die ohnehin jedermann offenbare Tatsache, daß die Aktualität von gestern nicht mehr die von heute ist und denn also die erarbeiteten Interpretationen der Verläufe nicht mehr in vollem Umfang gültig sein können, ja da und dort vom geschichtlichen Voranschreiten eklatant dementiert wurden, sondern darüber hinaus um die unerhört komplexe Frage: War überhaupt »aktuell«, was ihm so erschien? Und wenn ja: Was hat die vergangene Aktualität eines bestimmten geschichtlichen Ereignisses für historische Folgen, oder: Wie schwer wiegt sie auf der Waagschale der Geschichte? Was die je mehr oder weniger effektive Authentizität der Aktualität angeht, belehren uns oftmals die Ereignisfolgen sehr schnell über die Sicherheit dessen, was wir vielleicht unser Flair nennen dürfen. So war, um gleich ein Beispiel aus den hier folgenden Arbeiten heranzuziehen, die »Ent-Ideologisierung«, die ich in meinem Aufsatz ›Vom Nutzen und Nachteil der Ideologie für das Leben‹ geglaubt habe feststellen und als Zeiterscheinung von einiger Beständigkeit behandeln zu dürfen, *keine* echte Aktualität. Sie war die typische Pseudo-Aktualität, der nicht nur ich verfiel, sondern auch Soziologen wie William Whyte (›The Organization-man‹), Helmut Schelsky (›Die skeptische Generation‹) oder Karl Bednarik (›Arbeiterjugend ohne Fahnen‹). Während ich noch von der Ent-Ideologisierung der Jugend sprach, als sei »die Jugend« eine feststehende Größe, die als ein homogener Block wenigstens während eines Jahrzehnts würde bestehen bleiben, war in den USA schon die Re-Ideologisierung breiter Teile der Studentenschaft in vollem Gange; während ich noch bei Whyte, Schelsky und Bednarik verharrte, die ihrerseits die ihnen gegebene Situation der scheinbaren Ideologie-Entfremdung für ein Kernphänomen dieser Epoche hielten, war schon Herbert Marcuse daran, seine brisanten Bücher zu veröffentlichen und mit ihnen den schon fortschreitenden ideologischen Wiederaufbruch rapide zu beschleunigen. Mein Beitrag erschien im März 1967; geschrieben hatte ich ihn Ende 1966. Und schon im Mai 1968 brach von Nanterre aus die radikal ideologische Studentenrevolte in Frankreich aus, die um ein Haar de Gaulle aus dem Sattel gehoben hätte.

Im Mai 1967, unmittelbar vor Ausbruch des arabisch-israelischen Sechstagekrieges, verfaßte ich meinen Aufsatz ›Zwischen Vietnam und Israel‹. Das Land Israel mußte mir – aber gewiß nicht nur mir – als das schwache, bedrohte Opferland erscheinen, das schon vor der Gefahr stand, zu einem überdimensionalen Auschwitz am Mittelmeer zu werden. Jedoch, als erst der Sieg kam, traten die israelischen Soldaten mit den ehernen Tritten römischer Eroberer auf die Weltszene. Das Publikum, auf das es mir ankam, wollte sie durchaus als Besatzer schlimmsten nazistischen Stils und amerikanisch-imperialistischen politischen Inhalts sehen. Es war schwer, anzukommen gegen diese »Aktualität«. Erst in dieser Stunde, da schon das Machtgleichgewicht der sowjetisch-arabischen Streitkräfte einerseits, der israelisch-amerikanischen andererseits sich zugunsten der erstgenannten ganz offensichtlich verschiebt, taucht Israel wiederum als das

Märtyrerland auf, als das es mir damals erschienen war. Aber für wie lange? Bis zum nächsten israelischen Sieg? Wer weiß. Die Spiegelfechterei zwischen der aktuellen Information, dem aktuell sich wollenden Kommentar und der allemal das letzte Wort aussprechenden geschichtlichen Realität geht weiter. Als ich den Beitrag ›Identitätsverlust der Neuen Linken‹ 1969 verfaßte und mich auseinanderzusetzen versuchte mit der Ästhetik und Dramaturgie linker Spontaneitäts-Vergötzung, da war diese Linke in ihren dynamischen Kerngruppen schon wieder hinaus über die volksfestliche Anarchie und errichtete sich politische Organisationsstrukturen für ihren nicht mehr blindromantischen, vielmehr zielgerichteten und straffen Aktionismus.

Ist es so, daß ich allerwegen zu spät kam, weil mein Ohr nicht scharf genug war, die Signale der Wandlungen zu vernehmen? Keinesfalls. Wir alle, groß und klein, die wir die Verläufe deuteten und um der Deutung willen Zeit drangeben mußten, weil man nun einmal nicht denken kann, wenn man nur hypnotisierten Blicks die Bahnen der Informationsgeschosse verfolgt – wir alle liegen hinten nach und haben nun das Nachsehen. Die Gründe dafür, daß niemand mitkommen kann und am allerwenigsten, wer nichts will als das, sind aufzuhellen. Zum Teile liegt, so will mir scheinen, die Hoffnungslosigkeit bei der Suche nach der authentischen Aktualität in der Aktivität der Medien. Sie, deren Raison d'être es ist, das Neue, Neuere, Allerneueste einem durch sie schon präkonditionierten Publikum vorzutragen, müssen zugleich auch dem je Neuesten, soll es »ankommen«, *Gewicht verleihen:* Ein Ereignis aus dem politischen oder geistigen Leben, das als Aktualität präsentiert wird, muß allerwegen als der Anlauf zu weiteren Ereignissen ähnlicher Art vorgestellt werden; insoferne sind die Informatoren noch älteren Vorstellungen tributär, nach welchen ein Begebnis sich durch seine Dauerhaftigkeit legitimiert. Wenn also, um ein »aktuelles« Beispiel heranzuziehen, ein Roman wie Erich Segals ›Love Story‹ von den Medien allseitig beleuchtet und interpretiert wurde, dann fühlten die Informatoren sich gehalten, so zu tun, als begänne mit Segal eine neue Epoche erotischer Romantik. Die Wochenschrift ›Time‹ ging gleich aufs Ganze und kündigte in fast solenner Form diese Kehre all-amerikanischen Liebesverhaltens an. Auf solche Weise entsteht dann das, was – in anderem Kontext – der amerikanische Soziologe Daniel Boorstin »pseudo-event« genannt hat. Es kann aber diesem von den Medien zwar nicht fabrizierten, aber ins Enorme geblähten Pseudo-Ereignis kaum jemand sich entziehen, zumal ja immer erst post eventum fixiert werden kann, wie hoch der Realitätsgrad (will sagen: Durabilität, geschichtliches Weiterwirken) eines Begebnisses ist.

Die Medien und ihre Eigengesetzlichkeit sind nicht alles, denn sie selbst stünden nicht unter jenem Druck, den sie dann auf den Informanden übertragen, wäre nicht der *Rhythmus der objektiven Abläufe* ein so rasender – wobei sie dann freilich, indem sie der Geschwindigkeit sich anzugleichen bemüht sind, diese noch wilder vorwärtspeitschen. Man hat für das Phänomen den Begriff der geschichtlichen Beschleunigung oder »Akzeleration« geprägt. Es ist ein guter, leicht zu handhabender Begriff, für den noch kein besserer Ersatz gefunden wurde. Doch ist er nicht ausreichend.

Wer ihn anwendet, hat die Verpflichtung, ihn näher zu spezifizieren und seine Mechanismen bloßzulegen. Es ist die Akzeleration eine zugleich quantitative und qualitative Erscheinung unserer Zivilisation: »unserer«, das heißt der wesentlich durch die wissenschaftlich-technische Abwicklung bestimmten, wir kennen sie erst seit rund hundertzwanzig Jahren. Wer noch präziser sein will, kann sagen, es sei das Faktum der Beschleunigung ein charakteristischer Fall dafür, wie Quantität in Qualität umschlägt. Ein Wort von der Quantität zuvor. Jedermann ist vertraut mit dem verbrauchten, darum aber nicht weniger legitimen Schlagwort von der »Bevölkerungsexplosion«, welche, was nicht vergessen werden darf, nicht nur eine Heimsuchung der Entwicklungsländer ist, sondern auch eine Herausforderung der fortgeschrittenen industriellen Welt; es ist gut, sich beispielsweise zu vergegenwärtigen, daß 1950 die Schweiz 4,7 Millionen Einwohner hatte, während es nach der Zählung von 1970 bereits 6,2 Millionen Eidgenossen gibt. Zugleich mit der Weltbevölkerung »explodierte« die exakte Wissenschaft; amerikanischen Quellen zufolge sind neunzig Prozent aller Naturwissenschaftler, die je existierten, noch am Leben. Die zweifache explosive Vervielfältigung von Menschen einerseits, technologischen und damit informativen Möglichkeiten andererseits hatte nun eine Dichtigkeit von Interaktionen und Interdependenzen im Weltmaßstab zur Folge, wie sie noch vor fünfzig Jahren als schlechthin unmöglich hatte erscheinen müssen. Was aber bedeutet dies für unseren Fall? Wohl nur, daß Geschichte wurde, wo es vordem nur isolierte Einzelbegebnisse und Inselkomplexe gegeben hatte. Die Densität des Geschehens, ein an sich räumliches Phänomen, wurde zu einem zeitlichen: Da nämlich in der Praxis der Aufnahme von Informationen das faktisch Synchrone zum Diachronen wird, welch letztgenanntes aber die Tendenz hat, wieder ins Synchrone sich rückzuverwandeln, haben wir das subjektive Gefühl rasend beschleunigter Verläufe, das nicht unbedingt einem objektiven Tatbestand entspricht. Denn, »wenn drunten fern in der Türkei« politische Fakten sich hervortun, dann sind wir alle sowohl Zuschauer als auch Teilhaber der Ereignisse. Aber die faktische Gleichzeitigkeit dessen, was in der Türkei, in Washington, in Vietnam oder am Suezkanal geschieht, kann von uns als solche nicht wahrgenommen werden. Wir können die Begebnisse nur sukzessive erfahren, dies allerdings geschieht dann in steigender Geschwindigkeit, denn die Informatoren sind bemüht, das gesamte vorliegende Material uns zu übermitteln, wobei sie die Dichtigkeit des Rohbestandes an Information durch Rapidität der Weitergabe zu meistern trachten.

Was hierbei nun in und mit dem Informanden geschieht – und hiermit komme ich wieder zurück zum Kernproblem der Aktualität, von dem ich mich nur scheinbar entfernte –, ist etwas zutiefst Verwirrendes, ja Verstörendes. Wir werden in unserer Rolle als Aufnehmer und Verarbeiter der Information zugleich müde und gierig. Die Müdigkeit stellt sich ein als Ergebnis des Informationsverschleißes und bewirkt gegenüber der Information eine gewisse moralische Indifferenz. Da es schlechterdings unmöglich ist, permanent im Zustande der sittlichen Empörung, des Mitleidens, ja des Mit-Seins überhaupt, zu existieren, erliegen wir mehr und mehr der Versuchung, das gesamte Welttheater als bloße Spektatoren zu betrachten: Während wir de facto enger und enger umkreist werden von den geschichtlichen Vorgängen, während in steigendem Maße ein jeder Vorgang zu unserer Sache wird, desengagieren wir uns und lassen gleichsam den lieben Herrgott einen schlechten Mann und die Geschichte eine abgeschmackte Veranstaltung sein, über die man mit Phrasen der Gleichgültigkeit und Gesten der Resignation zur ganz intimen Tagesordnung übergeht. Zugleich aber, da wir doch in unserem Informationskonsum bereits konditioniert sind durch das in Permanenz auf uns niedergehende Nachrichten-Trommelfeuer und da wir – vielleicht – unseres Desengagements wegen gewisse Schuldgefühle in uns aufkommen spüren, verlangen wir nach immer mehr Quantität und immer schnellerem Wechsel. Die Informatoren tragen diesem Wunsche Rechnung und stacheln im gleichen Arbeitsgang ihn an: Die in Rapidität verwandelte Verdichtung wird zum pseudo-dynamischen Szenenwechsel und die wechselnde Szenerie selbst bildet das, was wir Aktualität nennen.

Kein Zweifel, daß damit das geschichtliche beziehungsweise geistesgeschichtliche Bild der Wirklichkeit verfälscht wird, nicht übrigens durch eine Verschwörung der Informatoren zum Zwecke unserer Verdummung, sondern durch die Unausweichlichkeit des eben beschriebenen Prozesses. Es ist gut, an Beispielen sich zu vergegenwärtigen, wie Aktualität oder, wie ich es im Titel sagte: wie der *Terror der Aktualität* die Wirklichkeit mißdeutet. Der Vietnamkrieg hat ein wellenartiges Auf und Ab von Aktualitätswert gehabt, wiewohl er im *realen* Kräftespiel seine Wichtigkeit keinen Augenblick lang verlor. Die »spells« der Aktualität treffen häufig mit den Augenblicken geballter Wesentlichkeit nicht zusammen: Sie erreichen uns fast immer mit einiger Verspätung. Im übrigen wenden wir uns als Informanden von einem Geschehensverlauf, wie entscheidend er auch immer sei und bleibe, sehr geschwind wieder ab und irgendeinem anderen zu, wie unwichtig allenfalls dieser sei, da wir das undeutliche Gefühl haben, wir folgten der Aktualität nur dann, wenn wir unsere Interessenszentren sehr schnell auswechseln. Dies gilt für den geistigen Bereich ebenso wie für den politischen, man denke nur daran, wie rapide in der Nachkriegszeit Persönlichkeiten wie Adorno, Jean-Paul Sartre, Herbert Marcuse, Régis Debray, Frantz Fanon an Aktualitätswert gewannen und wieder verloren. Es ist wohl nicht ganz abwegig zu sagen, daß in die Kategorie der Aktualität ein Element des *Modischen* eindringt, das die Interpretation der unmittelbaren Gegenwartsgeschichte erheblich erschwert. Tatsächlich – die groteske Reminiszenz sei hier nur am Rande vermerkt – wurde ich kürzlich gefragt, ob denn heute Sartre noch »fashionable« sei ... Die Mode ist sehr weitgehend irrational beziehungsweise so außerordentlich multikausal bestimmt, daß eine rationale Erfassung ihrer kaum möglich ist. Wenn denn in diesem Augenblick, Juli 1971, Régis Debray (der hier nur recht willkürlich als Exempel herangezogen wird) als »unmodern« und »inaktuell« erscheint, dann sagt dies über die Gültigkeit seiner Gedanken ebensowenig aus wie das Urteil, die Maximode sei schon passé, über deren ästhetischen Wert.

Der modische Faktor, der aller Aktualität innewohnt, entschleiert sich bei genauer Betrachtung als irrational noch aus einem weiteren, wie ich meine, ganz erstrangigen und im allgemeinen viel zu wenig beachteten Grund: Was »fashionable«, »modisch«, »in«, oder wie immer man es nennen mag, ist, von der Kleidermode bis zur literarischen und politischen Aktualität, gehört dem Bereich der sogenannten »öffentlichen Meinung« an, die nichts ist als die Summe von »Meinungen über Meinungen«. Indem ich glaube, was modegerecht ist, fasse ich eine Meinung darüber, was die Mehrheit als modegerecht ansieht. Die objektiven Kriterien sind je rein statistisch gegeben: Es läßt sich allenfalls erfassen, wie viele Romane einer bestimmten Erzählform, wie viele Kleider eines besonderen Schnitts, wie viele Funksendungen zu einem gewissen politischen Thema »konsumiert« wurden. Im subjektiven Felde aber handelt es sich bei der Auswahl des Modischen stets um das ganz vage und fluide, darum auch von einem Moment zum anderen wandelbare Gefühl, daß diese oder jene Mode von der sie interessierenden Mehrheit akzeptiert beziehungsweise konstituiert wird. Hier hilft auch keinerlei Meinungsforschung, den Gegenstand zu objektivieren. Denn zwar erfahren wir Meinungen – vielleicht sogar echte, was hier nicht weiter diskutiert werden soll –, aber wir werden uns nur selten bewußt, daß diese Meinungen auf einem weitgehend blinden Glauben an andere Meinungen beruhen und daß sie selten aus der Authentizität des Individuums erwachsen. Diesem Mechanismus, der ein stets prekäres Äquilibrium – »die öffentliche Meinung« – einwägt, sind wir allemal untertan, seien wir nun Konsumenten oder Produzenten der Information.

Kein Zweifel, daß die Aktualität als *Mode* wiederum ein Resultat der Dichtigkeit von Interaktionen und Interdependenzen ist. Wo Tätigkeiten und Abhängigkeiten nur in schütterer Streuung aufweisbar sind, in »ungeschichtlichen«, statischen Gesellschaften etwa, dort haben Deutungen und Wertungen einen hohen Grad von Stabilität: Nicht die Meinung über Meinungen ist dann maßgebend, sondern die Unverrückbarkeit bis Heiligkeit des Herkommens, der tradierten Auffassungen und Kenntnisse. Wiederum wurde hier das Spatiale (die quantitative Dürftigkeit der Fakten, Emissäre und Rezeptoren) zum Temporalen: *Weil im Raume wenig vor sich ging, ließ die Zeit sich Zeit*, im Gegensatz zu unserer räumlich zum Bersten besetzten Welt, in der schließlich die Intensität und Vielfalt der hart im Raume sich stoßenden Sachen sich umsetzen in ein zeitlich rasendes Räderrollen.

Wie steht unter diesen Umständen der Schriftsteller vor sich und der Welt, soferne er die Deutung und hypothetische Kausalverknüpfung der Begebnisse zu seiner Sache macht? Schlecht. Ich habe das oben schon angedeutet. Er verstrickt sich, ganz unabhängig von seiner Begabung, seiner Weitsicht, seinem Flair, in neue und immer neue Widersprüche, so daß er unweigerlich am Ende nicht nur die Welt, sondern sich selbst nicht mehr versteht. Kopfschüttelnd fragt er sich: Wie war es möglich, daß ich die Gewichtverteilung des Geschehens so falsch einschätzte? Wie ist es nur gekommen, daß ich nicht besser sah, welche Folgen dieses oder jenes Faktum haben würde? Allenfalls kann ihn trösten, daß es anderen um ihn herum nicht besser ging. Hat nicht beispielsweise ein kluger und zudem noch mit Informationen aus erster Hand gesättigter politischer Kommentator wie Walter Lippman in seinen Prognosen so oft geirrt, daß man sie nur mit Befremden wiederlesen kann nach kaum einem Jahrzehnt? Hat nicht Jean-Paul Sartre sowohl die algerische als auch die kubanische Revolution gründlich mißverstanden, wenn er beide als die Anfänge einer wahrhaften und brüderlichen Demokratie verstand? Haben die großen Soziologen von Riesman bis Whyte ihre Epoche richtig gedeutet, wenn sie als geistig-seelische Strukturachse den Konformismus erkennen zu dürfen glaubten? Hat Herbert Marcuse das Richtige gesehen, wenn er, umgekehrt, den marginalen Gruppen der Gesellschaft die Kraft zutraute, die Revolution der kapitalistischen Welt, wenn nicht ins Werk zu setzen, so doch zu inspirieren? Alle jene, die sich an die Aktualität hielten, aus ihr heraus, für sie die Ereignisfolgen interpretierten (und interpretierend sie zu verändern hofften), haben Schiffbruch erlitten. Wäre es darum nicht besser …

Ja, wäre es nicht besser, sich den »letzten«, den »ewigen«

Dingen zu verschreiben, lieber vertikal zu spähen in die Tiefe dessen, was so schnell sich wohl nicht verändert, also: Erkenntniskritik zu treiben statt politischer Publizistik; mit Phänomenologie sich zu befassen statt mit den Hervorbringungen moderner Literatur; Geschichtliches zu studieren statt das Gegenwärtige abzuwägen? Die Lockung des Überzeitlichen ist ebenso sanft wie dringlich – und verhängnisvoll. Denn wer da glaubt, er könne austreten aus seiner Epoche und in sich selbst einkehren, indem er ans »Ewige« sich hält, verliert sich mit nur um so größerer Sicherheit: Es gibt kein Sein jenseits des epochalen Daseins und Soseins. Wer Überzeitlichkeit zu gewinnen hofft, handelt nur Außerzeitlichkeit ein, ja verzichtet auf Zeit überhaupt – und mit ihr auf seine Existenz. Wer nämlich ernst macht damit, sich herauszuhalten aus den Bedingtheiten seiner Epoche, der wird, indem er weiter vorstößt im Nachdenken, erkennen, daß Probleme und Begriffe, die er für überzeitlich hielt, in Wahrheit, wenn dies auch nicht einsichtig ist auf den ersten Blick, epochal gebunden sind. Das erhoffte Universelle stellt als ein Partikulares sich heraus. So muß Thema um Thema, Problem um Problem auf der Suche nach der Überzeitlichkeit preisgegeben werden, bis man vor dem öden Nichts des Denkens steht, genarrt und ins ganz und gar Leere geführt von der Hoffnung auf etwas, das es nicht gibt.

Ich leugne nicht, daß ich hier in die Überlegung einen konsequenten Radikalismus einführe, der theoretisch ist; die Praxis gewährt Auswege mancher Art. Man kann sehr wohl, auch ohne aus der Zeit – der gelebten und der historisch verstandenen – herauszufallen, sich von der Aktualität distanzieren. Es ist möglich, den Zeitablauf gleichsam zu bremsen, nicht alles, was der Tag uns zuträgt, anzunehmen, selektiv zu verfahren, Distanz zu nehmen. Man kann in höherem und in geringerem Maße »aktuell« leben. Wer freilich einmal gewählt hat als Publizist und der Stunde gibt, was er glaubt, das ihrer sei, wer einmal ins Räderwerk der Aktualität gerät, der hat es schwer mit bewußter Verlangsamung und Herstellung eines Gleichgewichts, mit welchem er sich allenfalls den Anschein höherer Besonderheit und tieferer Gründlichkeit geben könnte. Die Stöße der Aktualität dämpfend abzufangen ist letzten Endes ein ebenso willkürliches wie illusionäres Verfahren: willkürlich, weil man unter Umständen Ereignissen sich nicht ausliefert, von denen morgen sich erweisen kann, daß es gerade auf sie ankam; illusionär, weil der Verlangsamer *Ab*geklärtheit sich selbst vorspiegelt, wo er in Tat und Wahrheit nicht hinlänglich *auf*geklärt ist. Ein in der Mitte der sechziger Jahre stehender Zeuge der geistesgeschichtlichen Szene könnte sich dann etwa sagen: Strukturalismus? Wahrscheinlich wieder eine von jenen intellektuellen Tagesmoden, die wie geistige Heimsuchungen über uns hereinbrechen; am besten ist's, die Sache dahinzustellen. Damit hat er aber weder vom Strukturalismus Distanz genommen, denn entfernen kann ich mich ja nur von einem Gegenstand, in dessen Nähe ich mich schon vordem befunden habe, noch hat er durch seine Indifferenz über die historische Bedeutung dieses Phänomens auch nur das Geringste ausgesagt. Er hat ebenso in blinder Wahl die strukturalistische Bewegung unterschlagen wie vielleicht ein anderer, »aktuellerer« Beobachter sich willentlich kürend – willkürlich! – an sie verlor. Die Entscheidung, Schritt zu halten mit der Aktualität und den sie vermittelnden Medien, oder aber mit abwehrender Geste am Orte zu verharren, ist subjektiv ein existentielles Problem. Objektiv wird die Richtigkeit einer solchen Entscheidung – pro Aktualität oder kontra Aktualität – von der Geschichte ratifiziert oder dementiert.

Was meinen Fall angeht, so gestehe ich, daß ich mich in all den Aufsätzen, die hier dem Leser vorgelegt werden, *für* die Aktualität entschied, wenn auch in unterschiedlichem Grade. In dem Beitrag über die Utopie beispielsweise war ich vergleichsweise inaktuell, indem ich darauf verzichtete, mich über den damals allerjüngsten Stand der Utopie-Diskussion zu informieren, und den Versuch unternahm, das Problem an einigen, wie ich meinte, durch die Aktualität nicht direkt bedingten Punkten anzugehen. In den Essays über die Neue Linke dagegen war ich ganz und gar mit der »drängenden Gegenwart« konfrontiert, ebenso in den Texten über die »jüdische Unruhe«. Freilich stand ich nun vor dem Problem, ob es ratsam sei, die Beiträge, und zwar sowohl die dem unmittelbaren Tagesereignis verpflichteten als auch die eine gewisse Distanz einhaltenden, zu überarbeiten und auf den Stand der Stunde zu bringen.

Ich habe mich gegen dieses Verfahren entschieden. Denn was würde es bedeutet haben? Doch wohl nichts anderes, als daß der ohnehin fragwürdigen Aktualität von damals noch eine neue, diskutable, um nicht zu sagen: unredliche – scheinerweckende zugefügt würde. Das in den vergangenen Jahren so und nicht anders Gesehene und Fixierte jetzt neuen Einsichten und Perspektiven entsprechend zu polieren, wäre eine schlimme Irreführung des Lesers: Der Autor würde sich ohne Kostenaufwand damit für klüger und in seinen Prognosen verläßlicher hinstellen, als er es war und ist. Um einer selbstkritischen Wahrhaftigkeit willen, um die ich auch in anderen Arbeiten stets bemüht war, habe ich so gut wie nicht gerührt an diesen Texten, habe nicht einmal Wiederholungen eliminiert, die das begrenzte metaphorische Inventar, das eingeschränkte Vokabular, die Fixiertheit des Verfassers an gewisse Referenzpunkte erkennen lassen. Wo das Verfügbare bescheidene Ausmaße hat, dort soll kein üppiger Besitzstand vorgetäuscht werden.

Die vorgelegten Beiträge sollen denn vor allem Zeugenschaften sein. Als solche werden sie nicht nur Ereignisse festhalten, sondern das Irren in der Zeit und ihrer trügerischen Aktualität verdeutlichen. Sie können, so meine ich, gerade in ihrer Widersprüchlichkeit und ihren oft falschen Spiegelungen die Einsicht vermitteln, daß wir dem Terror der Aktualität nicht entrinnen, wenn wir uns dem Konter-Terror des allemal falschen »Ewigen« oder »Absoluten« beugen. Darüber hinaus ist es denkbar, daß die Aufsätze als Warnsignale dienen, daß sie da und dort einen Leser an seinen festgefügten Überzeugungen zweifeln machen, so daß er sich sagt: Hier hat einer geirrt in seinen Interpretationen und Voraussagen; vielleicht sollte auch ich selber vorsichtiger sein mit dem, was ich als meine Wahrheit und Zukunftsgewißheit betrachte. – Als Autor würde ich mich mit einem solchen Resultat meiner Bemühungen gerne zufrieden geben.

Brüssel, Juli 1971

Von Gott zu Sartre

Atheismus ohne Provokation (1969)

Vor einigen Jahren ersuchte mich eine Funkanstalt, teilzunehmen an einer Sendereihe, die den Titel führte: ›Wer ist das eigentlich – Gott?‹ Ich war gleichsam der »Atheist vom Dienst«. Als solcher akzeptierte ich den Auftrag. Heute frage ich mich: Will ich wissen, wer Gott ist? Es tut mir leid: nein. Die Frage ist im Grunde keine für mich. Und ich befinde mich in voller Übereinstimmung mit Claude Lévi-Strauss, dem Begründer der strukturalistischen Schule, der einmal erklärt hat: »Persönlich bin ich nicht mit der Frage noch Gott konfrontiert. Ich finde es durchaus erträglich, mein Leben zu verbringen, wissend, daß ich mir niemals die Totalität des Universums werde erklären können.« So schreibe ich denn hier – als was? Als Atheist? Als Agnostiker? Es ist bekannt, daß man begrifflich zu unterscheiden hat. In einem Aufsatz über die ›Gesellschaftliche Relevanz des Atheismus‹ schreibt der Philosoph und Theologe Heinz Robert Schlette: »Den Begriff Atheismus verstehe ich recht altmodisch als die explizite Bestreitung der Existenz eines absoluten göttlichen Seins, das heißt für unser geschichtliches und religiöses Bewußtsein im allgemeinen: die explizite Leugnung eines gegenüber Mensch und Welt ›anderen‹ Prinzips, das wir als ›Gott‹ zu bezeichnen gewohnt sind und im allgemeinen nach Analogie der menschlichen Personhaftigkeit vorstellen.« Diesem solcherart definierten Atheismus stellt Schlette dann den *Agnostizismus* entgegen, der nach Ansicht des Autors bereits weit auch in das christliche Denken, zuvörderst das protestantische, jedoch auch das katholische, eingedrungen sei. Nun, der Agnostizismus ficht die Existenz Gottes nicht ausdrücklich an, meint nur, daß das Erfahrungstranszendente, sei es religiös oder philosophisch-metaphysisch, nicht erkennbar sei. Weitgehend kommt, so glaube ich, echter Agnostizismus zwangsläufig zur Kongruenz mit dem modernen logischen Positivismus, für den die Frage nach Gott nur eine Scheinfrage ist.

Ich habe, zu Recht oder Unrecht, eine gewisse Tendenz, mich über die begriffskritisch gewiß notwendige Unterscheidung von Atheismus und Agnostizismus hinwegzusetzen, dies gerade in der mir als geboten erscheinenden Naivität, die unser Grundproblem aus der terminologischen Überwucherung wieder herauszulösen sich bemüht. Fasse ich den Begriff Atheismus mit dem Instrumentarium Schlettes an, dann muß ich allerdings zugeben: Eine explizite und gar streitbare Leugnung der Existenz Gottes ist in jeder Hinsicht eine unhaltbare Position; unter allen Möglichkeiten findet sich auch die der Existenz eines gegenüber Mensch und Welt »anderen« Prinzips – was immer das heißen möge –, ja sogar die eines göttlichen Seins in dessen allereinfachsten fideistischen Formen. Muß denn also der Begriff des Atheismus preisgegeben werden zugunsten des Konzepts Agnostizismus, das ganz gewiß philosophisch besser zu justifizieren ist? Doch wohl nicht: Denn für den echten Agnostiker, der sich, wie Lévi-Strauss es sagte, von gewissen religiösen und metaphysischen Problemen einfach nicht betroffen fühlt, ist die Möglichkeit der Existenz Gottes bereits eine so blasse, abstrakte, existentiell unbeträchtliche, daß ihre Einräumung gleichsam nur noch ein begriffskritisches Zugeständnis beziehungsweise eine Art Höflichkeitsgeste ist: Die Aussparung der Frage nach Gott liegt mit der Leugnung Gottes – die allerdings ganz ohne Eifer, mit der urbanen Indifferenz einer inhaltsleeren Toleranz betrieben wird – beinahe kongruent. Ich fühle mich also in diesem Sinne als Atheist *und* Agnostiker und werde demgemäß im folgenden die beiden Begriffe als austauschbare verwenden.

Jedoch, ich habe hier das Begriffsproblem keineswegs nur darum erwähnt, weil ich eine persönliche und darum auch wohl unwichtige Position eingrenzen wollte. Der Grund für das Verfahren liegt tiefer: Und wenn wir ihn entdecken, befinden wir uns mitten in einem Problem, das für den modernen Atheisten oder Agnostiker in seinem Gespräch mit dem gläubigen Menschen von ganz erstrangiger Triftigkeit ist: Es kann nämlich der Glaubensfreie an das Denken des Gläubigen, der in einer fideistischen, meinetwegen sogar in einer primitiv anthropomorphischen religiösen Vorstellungswelt lebt, leichter herankommen als an den philosophisch trainierten, modernen »gläubigen Agnostiker«. Gerät der Atheist ins Gespräch mit einem gläubigen Christen, der den Katechismus, den man ihm auf der Elementarschule in die Hand gedrückt hat, mehr oder weniger wörtlich nimmt, dann wird er sich sagen: Der Mann glaubt an etwas, das mir in so hohem Grade unwahrscheinlich vorkommt, daß ich seinen Glauben fast als Aberglauben bezeichnen möchte; immerhin aber weiß ich zumindest, *woran* er glaubt, und kann also versuchen, mich mit ihm darüber zu verständigen. Liest man hinwiederum die Schriften moderner, fortschrittlicher, aufgeklärter und toleranter Theologen, namentlich jener, welche die »God-is-dead-Theorie« zu ihrer eigenen machen, befällt einen wachsende Ratlosigkeit. »Überm Sternenzelt muß ein guter Vater wohnen« – wenn er das hört, sagt sich der Atheist oder Agnostiker: Ich glaube das nicht, glaube es so gründlich nicht, daß ich mit approximativer Gewißheit zu sagen wage: Aber nein, er wohnt nicht dort. Wird ihm, dem Agnostiker, aber erklärt, daß der vielleicht größte Theologe unserer Zeit Ernst Bloch sei und daß Gott sich in der Geschichte verwirkliche, dann denkt er: Nun ja – Verzeihung! –, in Gottes Namen, vielleicht ja, vielleicht nein, das kann alles und nichts heißen, und man kann daraufhin ebensogut höflich den Kopf schütteln wie auch ernsthaft mit ihm nicken; der Satz ist – um es mit dem Positivisten Topitsch zu sagen: eine Leerformel. Als Exempel für eine derartige Verwendung von Leerformeln fällt mir ein Aufsatz von Dorothee Sölle ein, der sich bezeichnenderweise gleich ganz unumwunden ›Atheistisch an Gott glauben‹ nennt und darin ich die folgenden Zeilen lese: »[Es handelt sich] um einen Glauben, der vielleicht auf den Namen Gottes wird verzichten müssen [...] Glauben wird hier als eine Art Leben verstanden, das ohne supranaturale, überweltliche Vorstellung eines himmlischen Wesens auskommt, ohne die Beruhigung und den Trost, den eine solche Vorstellung schenken kann [...] In einem katholischen Gottesdienst wurde gesagt, daß heute eine Karfreitagsliturgie, in der das Wort Vietnam nicht vorkäme, unchristlich sei. Das bedeutet, daß Christus in der einen Welt anwesend ist im Leiden der Unschuldigen. Die Tränengasderivate, die bei ungünstigen Witterungsverhältnissen tödlich wirken, sind nicht unterschieden von der Dornenkrone Christi – mit den Augen Gottes gesehen. Die Passionen einzelner und ganzer Völker sind Fortführungen der Geschichte Christi in der Welt. [...] [Christus] ist auf dem Wege über das Bewußtsein einiger Leute auferstanden und zum Prüfstein unserer Geschichte und zugleich zu ihrer Hoffnung geworden.« Ich habe Dorothee Sölle so ausführlich zitiert, um an diesem Exempel darzutun, wie sehr viel schwieriger es für den Glaubensfreien, den Atheisten oder Agnostiker, ist, sich mit den metaphysischen Spekulationen moderner Theologie auseinanderzusetzen als mit den apodiktischen Affirmationen des naiven beziehungsweise streng dogmatischen Glaubens. Der Glaubensfreie kann demnach recht wohl verstehen, was mit der leiblichen Auferstehung der Gottesmutter gemeint ist, wenn er selbst auch natürlich diesen Gedanken oder diese merkwürdige Vorstellung zurückweist und sich mit einiger Fassungslosigkeit fragt, wie es Pius XII. unternehmen konnte, dieses Dogma noch zur Jahrhundertmitte zu verkünden. Immerhin, er weiß, um welchen Tatbestand es da geht. Er weiß das aber nicht und kann sich nicht das mindeste vorstellen unter der Versicherung Dorothee Sölles, daß Christus über das Bewußtsein einiger Leute in die Geschichte aller Leute auferstanden sei – und er wird diese Spekulation als inhaltsleer oder rein metaphorisch, also als literarisch abzutun geneigt sein.

Der zitierte Satz, zu dessen rein politischen Implikationen ich mich übrigens bei dieser Gelegenheit in aller Deutlichkeit bekennen möchte, so daß ich, wenn ich Dorothee Sölle auch nicht verstehe, so doch mich solidarisch mit ihr fühle, gibt mir jedoch noch aus anderen, zeitgeschichtlich wichtigeren Gründen zu denken. Sehe ich recht, dann bildet der Versuch einer radikalen Neuformulierung des Gottesdenkens einen Teil der auf allen Ebenen des Christentums sich vollziehenden Bemühungen, den Glauben – oder was davon noch übrigblieb – in dieses dem religiösen Entwurf feindliche Jahrhundert zu integrieren, anders ausgedrückt: die Selbstsäkularisierung des Christentums ins Werk zu setzen. Der bereits agnostizistisch durchsetzte Glaube unternimmt es, sich als bloße Metaphysik, Ethik, Geschichtsphilosophie zu etablieren, da der Zusammenstoß mit dem Jahrhundert die Religion in die Notwendigkeit versetzte, neue Formen ihres Selbstbegreifens zu suchen. Der Glaubensfreie freilich, der Atheist oder Agnostiker oder wie immer wir ihn nennen mögen, weiß mit diesen sich vor seinen Augen herausbildenden Formen nichts anzufangen; er hat das Gefühl, es gäbe die tradierte Religion sich damit selbst preis. Er triumphiert keineswegs, er sieht nur mit höflichem Erstaunen einen Prozeß ablaufen, der es ihm, dem Atheisten, als überflüssig erscheinen läßt, noch mit freidenkerischem Eifer auf den Plan zu treten. Die größte Provokation des Atheismus besteht darin, daß er überhaupt nicht mehr provoziert und nicht mehr provozieren will. So wenig die modernen theologischen Bemühungen seine rationalistische Streitbarkeit noch herausfordern, so wenig ist er geneigt, Kampfesfreude einzusetzen, um die Theologie zu provozieren.

Noch einmal sei der oben zitierte Satz von Dorothee Sölle herangezogen, um an ihm die agnostizistisch-atheistische Reaktion zu exemplifizieren. Christus, heißt es dort, sei über das Bewußtsein einiger Leute auferstanden und zum Prüfstein in der Geschichte geworden. Eine solche Behauptung, dies ist zu wiederholen, macht dem Agnostiker die Argumentation sehr schwer, weil er nämlich nicht gut begreift, was das eigentlich heißen soll. Sie macht sie ihm zugleich aber auch überflüssig, und dies aus dem gleichen Grunde. Eine solche Versicherung in ihrer metaphysisch-literarischen Unverbindlichkeit dünkt den Agnostiker als weitgehend inhaltsleer und damit auch als harmlos. Durchaus kann er ihr die gleiche indifferente Toleranz entgegenbringen, die er sich auch gegenüber anderen Metaphysiken angelegen sein läßt. Es werden ihm Sätze dargeboten, die nicht falsifizierbar sind: Er kann es sich darum ersparen, sie hitzig zu bestreiten. Das, was ich hier die Selbstsäkularisierung des Christentums nenne – wobei ich mir natürlich bewußt bin, daß sich gegen diesen Begriff gewichtige Einwände vorbringen lassen –, setzt den Glauben und damit auch den Unglauben außer Gefecht. Irre ich mich nicht, befinden wir uns in einem Stadium der Geistesgeschichte, darin für die ganze Atheismus-Diskussion sich kein rechter Platz mehr finden will. Der aggressive Atheismus kann unbesorgt abdanken, da der Glaube schon abgedankt hat. Dieser Zweitgenannte hat sich, im aufrichtigen Bemühen, sich mit der Epoche zu synchronisieren, disloziert und in eine vage Metaphysik aufgelöst; jener kann gegen ihn mit den traditionellen Waffen des Rationalismus nicht ankommen und hat dies auch nicht mehr nötig.

Bevor wir nun fortfahren, über das völlig veränderte Verhältnis von Christen und Atheisten im Felde der *gesellschaftlichen* Spannungen und Kooperationen zu sprechen, ist eine Parenthese zu öffnen: Kurz und andeutend soll davon gesprochen werden, wie und warum es kam, daß das Christentum – und wenn ich hier öfter ohne nähere Spezifizierung von Glauben oder Religion spreche, habe ich natürlich das

Christentum als die institutionelle Religion unseres kulturellen Feldes im Sinne – erst in die Defensive, schließlich in die Position der Selbstsäkularisierung gedrängt wurde. An anderer Stelle habe ich ausführlicher darzulegen versucht, daß dieses unser Jahrhundert ein Jahrhundert ohne Gott ist. Hier müssen ein paar Hinweise genügen. Unleugbar ist es ja so, daß, was im zwanzigsten Jahrhundert an geistigen, sozialen, politischen Entscheidungen fiel, *ohne Gott,* wo nicht direkt *gegen* ihn, gefallen ist. Die Menschen haben sich und ihre Aspirationen in weiten Gebieten unserer Welt, und keineswegs nur in den augenblicklich von den verschiedensten Kommunismen beherrschten Ländern, in ihren Revolutionen politisch *gegen* den Glauben realisiert. Der Aufstand um, wie Ernst Bloch es sagte, »das Recht des Menschen, kein Hund zu sein«, die Revolution um Fabriken, Spitäler, Akkerland, um Schulen und Energiequellen – sie liefen so enge parallel mit der Kontestation der tradierten Religionen, daß sie streckenweise mit dem atheistischen Elan zusammenfielen. Wie das politische war auch das geistige Wachstum dieser Zeit ein Prozeß, wenn nicht gegen den Glauben, so doch ganz jenseits seiner. Die großen geistigen Bewegungen, die dem Jahrhundert sein Gesicht gaben, waren glaubensfrei. Die Naturwissenschaften – und mochten auch zahlreiche Forscher persönlich gläubige Menschen gewesen sein, was jedoch für ihre Arbeiten nicht ins Gewicht fiel und in die Resultate der Forschungen nicht einging – standen in ihrer Verpflichtung an die doppelte Wahrheitsprüfung durch empirische Kontrolle und logische Deduktion per definitionem der Religion ferne, und sehr spät, *zu* spät hat sich das Christentum dazu bequemt, die naturwissenschaftlichen Erkenntnisse anzuerkennen. Der logische Positivismus als eine der ganz wichtigen intellektuellen Erscheinungen hat, um mit Wittgenstein zu sprechen, die Frage nach Gott nur behandelt, »wie man eine Krankheit behandelt«. Die Psychoanalyse hat den Mythos der Seele zerstört, an deren Stelle die Psyche trat, die in ihrer Ankerung im materiellen Substrat selbst zu einem physischen beziehungsweise physikalischen Phänomen wurde.

Der Marxismus, geistige Tragsäule der Moderne, hat Eschatologie und chiliastische Hoffnung entmythologisiert und verweltlicht: Nicht Gott, der Unbekannte, über den nichts auszusagen ist, verwirklicht sich in der Geschichte, sondern der Mensch: den kennen wir. Man wandere die überblickbaren Jahrzehnte dieses Säkulums auf und ab, wo immer das Neue und Wesentliche aufscheint, dort wurde auch schon die Loslösung von der Religion vollzogen. Die großen Philosophen der Zeit, von Husserl bis Sartre, von Carnap bis Heidegger, hatten nichts mit Gott zu schaffen. Die Schriftsteller, auf die es ankam, ob Proust oder Joyce, Thomas Mann oder Samuel Beckett hatten der Religion abgesagt, sei es in streitbarem Atheismus, sei es in freundlich-duldsamer Gleichgültigkeit. Was an religiöser Philosophie oder Literatur sich hervortat – und es soll im einzelnen nicht unterschätzt werden –, es hatte dennoch wenig Zugriff auf die Zeit. Nicht Gabriel Marcel, um nur willkürlich ein Beispiel zu geben, wurde die zentrale Figur des französischen Existentialismus, sondern Jean-Paul Sartre. Die Eliot, Claudel, Julien Green, François Mauriac in Ehren; sie kamen und kommen nicht auf gegen den breiten Strom glaubensfreier Schriftsteller, der in Deutschland so gut wie in Frankreich, in den USA nicht anders als in England das repräsentiert, was wir zusammenfassend die »große Literatur dieser Zeit« nennen. Die christlichen Denker und Schriftsteller waren oft hochachtens- und bewundernswerte Persönlichkeiten von außerordentlichen Gaben; sie werkten und wirkten aber nur am Rande der Zeit. Selbst von einem Denker und Forscher wie Teilhard de Chardin, der übrigens seinerseits schon zu jenen gehört, die die Selbstsäkularisierung des Christentums vorantrieben, weiß man heute nicht, ob er am Ende mehr gewesen sein wird als eine interessante Geistesmode der fünfziger Jahre.

Die Parenthese ist geschlossen. Wir finden uns wieder vor dem Problem, das im Zentrum dieser Überlegungen steht: den Möglichkeiten und Unmöglichkeiten eines Gesprächs von Gläubigen und Glaubensfreien. Das vorhin Dargelegte sei knapp rekapituliert: Der Agnostiker hat es *schwerer* denn je, über Glaubensfragen mit dem Gläubigen zu diskutieren, da die modernen theologischen Formulierungen zum großen Teil für ihn metaphysische Leerformeln sind, die sich nicht verifizieren, nicht falsifizieren lassen und darum aus der mit den Methoden analytischer Vernunft geführten Debatte ausscheiden. Er hat es aus dem gleichen Grund aber – und dies gilt nicht nur für ihn, sondern auch für seinen Gesprächspartner – auch *leichter* in der Diskussion als ehedem: Seine

Toleranz wird nicht durch ebenso unbelegbare wie in ihrem Inhalt unwahrscheinliche Affirmationen auf eine harte Probe gestellt. Daß der Agnostiker heute sich eine umfänglichere, wenn auch indifferentere Duldsamkeit dem Gläubigen gegenüber erlauben zu können glaubt, dies ist – und hier lange ich an einem überaus wichtigen Punkt an – ein *gesellschaftliches* Phänomen erster Ordnung. Denn es ist ja so, daß auch der Gläubige, beziehungsweise in unserem kulturellen Felde der Christ, der seinen Glauben durch die moderne metaphysische Formulierung weitgehend säkularisiert hat, im Prozeß dieser Säkularisierung seinerseits eine ihm ungewohnte und gar nicht traditionelle Toleranz errungen hat. Um ein stark simplifiziertes Beispiel zu geben: Zwei Gesprächspartner, von denen der eine glaubt, daß der Mensch sich in der Geschichte verwirkliche, während der andere sich darauf festlegt, das zu realisierende Prinzip heiße Gott – zwei solche Debatter werden sich in den Fragen praktischen Geschichtsvollzuges und *moralischer* Geschichtlichkeit sehr leicht verständigen. Dies ist nun in der Tat die Situation, die wir vorfinden. Ich will mich hier nicht einlassen auf die Frage, ob beziehungsweise inwieweit sich die von der katholischen Kirche und den protestantischen Glaubensgemeinden in Angriff genommene Loslösung des Altars vom Throne als das, was Friedrich Heer die »historische Liquidierung des Christentums« genannt hat und was sich klarer als die Weigerung der Kirchen, sich permanent mit den je herrschenden wirtschaftlichen Mächten zu identifizieren, bezeichnen läßt – ich will mich nicht darauf einlassen, hier nachzudenken, ob und inwieweit dies nur ein Teil der christlichen Bemühungen ist, die Zeit einzuholen, sich den bestehenden Sachzusammenhängen anzubequemen und eine diesen adäquate neue Strategie zu entwerfen. Wahrscheinlich läßt sich das strategisch-taktische vom objektiv vorgegebenen geistigen und sozialen Element gar nicht trennen. Faktum ist jedenfalls, daß es der Agnostiker heute mit christlichen Glaubensgemeinschaften zu tun hat, die ihn nicht nur durch starren Dogmatismus nicht mehr provozieren (und die darum auch er nicht mehr herauszufordern braucht), sondern die auch in der politischen und sozialen Wirklichkeit keine ihn unerhört dünkenden Ansprüche mehr stellen. Wir sehen in der politischen Weltlandschaft christliche Gewerkschaften, die, wie erst kürzlich in Frankreich, in ihren Forderungen nach Umwälzung der bestehenden Strukturen weit über das hinausgehen, was sozialdemokratische, ja sogar kommunistische zu verlangen wagen. Wir sehen in Spanien, in Lateinamerika den kleinen Klerus, über ihn hinaus aber auch schon hochgestellte Persönlichkeiten der Hierarchie, mitten in der die Herrschaftsformen kontestierenden Bewegung. Der sozial und politisch fortschrittliche Agnostiker, und mag er hundertmal das zeitgenössische theologische Denken als eine Akkumulation ihm fremder Leerformeln erachten, kann sich unter den heutigen Umständen politisch mit einem gläubigen Linkskatholiken entschieden leichter verständigen als mit einem verknöcherten liberalen Freimaurer, der vielleicht gescheit ist, wenn er sich in Bibelkritik versucht, aber verstockt, wenn es um das Problem des Privateigentums geht. Die zahlreichen institutionalisierten Gespräche zwischen Christen und Marxisten, denen man in den letzten Jahren hat beiwohnen können, wurden vielleicht von den Hierarchien beider Lager mit strategisch-taktischen Hintergedanken gefördert; das hat so gut wie keinen Belang. Die gesellschaftliche Relevanz besteht nicht in den subjektiven Motivierungen, sondern in der Objektivität der nunmehr nicht nur möglichen, sondern praktisch vielfach schon vollzogenen Kooperation christlicher und glaubensfreier Kräfte bei der geschichtlichen Verwirklichung von etwas Neuem und Anderem – das man »Gott« nennen mag oder den »Menschen«. Die Atheismus-Diskussion ist heute, zumindest für den Agnostiker, eine zutiefst unzeitgemäße geworden.

Ob sie es auch für den Christen ist? Da wage ich natürlich keine Antwort. Es scheint mir wahrscheinlich, daß der Christ, wie sehr er auch seinen Glauben säkularisiert habe, die Chiffre »Gott« auch heute noch, und sei es nur aus Gründen der Tradition oder der Erziehung, emotionell stark besetzt, so daß es ihn vielleicht grämt, wenn sein agnostischer, atheistischer Gesprächspartner dem Problem nur noch geringes Gewicht beimißt. Damit wären wir allerdings schon übergetreten in das Feld individueller Psychologie, die für den einzelnen wesentlich sein mag, die aber die intersubjektiven gesellschaftlichen Tatbestände nicht beeinflußt.

Provokationen des Atheismus? Mag sein, daß auch der fortgeschrittenste Christ die indifferente Toleranz des Atheismus noch als Herausforderung, vielleicht sogar als Kränkung empfindet. Der Agnostiker muß sich hierüber ein teil versagen, kann nur die Versicherung geben, daß *er* nicht mehr provozieren *will*, da seiner festen Überzeugung nach die geistige und soziale Entwicklung das Streitgespräch von einst hinter sich gelassen hat. Es kann da und dort noch – wie etwa in Polen – auf Grund besonderer politischer Umstände die Auseinandersetzung von einst mit der Härte von einst geführt werden; aber das sind Spezialfälle ohne geschichtlichen Horizont. Die Zukunft gehört der christlich-atheistischen Zusammenarbeit an der Errichtung einer befriedeten Welt.

Hegel – Befreier oder Oppressor? (1970)
Überlegungen zum 200. Geburtstag

Gedenktage sind weniger überflüssig, als man das in diesen Tagen zu glauben geneigt ist. Sie helfen, die Zeit zu gliedern, und dies in zwiefacher Weise: Sie werden zu Wegzeichen unserer eigenen, persönlichen Zeit; und sie sind durch ihre Artikulation der geschichtlichen Zeit, die wir überschauen, Organisationsfaktoren des geschichtlichen Bewußtseins. So zerstören sie die reine gelebte Dauer und erhellen Zeit als strukturiertes Werden.

Hegel, so mag man sich sagen, wurde vor zweihundert Jahren geboren, wie seltsam und erklärungsbedürftig ist doch das Faktum, daß er noch da ist in vielerlei Gestalt! Sei denn also sein 200. Geburtstag – nein: nicht gefeiert, das wäre gar nicht im Sinne seiner Geschichtsphilosophie – aber begangen jenseits pietätvoller Zeremonie, durch Überlegung, Ausdeutung der von ihm gesetzten Signale, kritische Abschätzung seiner geistigen Existenz, allenfalls sogar durch Distanznahme und Verwerfung.

Hegel leugnete die Zukunft, keine Zukunft wird Hegel verleugnen – dies sagte 1951 Ernst Bloch. Die Frage: ob der Blochsche Ausspruch gilt, besser: ob er gelten soll, oder mit noch anderen Worten: ob die Gegenwart im Hinblick auf die Emanzipation des Menschen recht tut, an Georg Wilhelm Friedrich Hegel sich zu orientieren – sie ist es, die uns hier beschäftigen soll.

Die Präsenz dieses hocheigentümlichen, dunklen, verstiegenen, ja in einem bestimmten Sinne dämonischen Denkers ist eine Tatsache und muß als solche zu Kenntnis genommen werden. Während Hegels wohl bitterster zeitgenössischer Gegner, Arthur Schopenhauer, der in kristallener Klarheit dachte und bis ungefähr zum Beginn des Ersten Weltkriegs auf die Philosophie, aber auch auf die Dichtung und sogar die Musik einen so erheblichen Einfluß ausgeübt hat, heute nur noch Sache der Philosophie-Historiker ist, sehen wir die Wirkungen Hegels allüberall, wo philosophiert wird – sei es auch *gegen* ihn. In der Tat hat er seit seinen hohen Tagen, als er von seinem Katheder in Berlin aus Deutschlands philosophierende Welt regierte, nicht aufgehört, durch seine Hinterlassenschaft einzugreifen in Reflexion und geschichtliches Ereignis. In dem sehr lesens- und bedenkenswerten Sammelband ›Hegel und die Folgen‹ schreibt der Herausgeber Gerd-Klaus Kaltenbrunner in seiner Einführung: »Doppelgesichtig und zweideutig wie Hegel selbst ist auch die Geschichte seines Einflusses. Er hat die gegensätzlichsten Schulen, Parteien und Bewegungen inspiriert, zu den widersprüchlichsten Stellungnahmen herausgefordert und wird es, wir wissen nicht wie lange noch, auch weiterhin tun. Hegelianer befanden sich im alten preußischen Generalstab, aber auch in den Zellen der russischen Oktoberrevolution, unter den faschistischen Kulturverwaltern sowie unter den edelsten Repräsentanten der Résistance. Die Berufung auf Hegel, auf die Dialektik und den Gang des Weltgeistes diente als ideologisches Herrschaftsmittel, aber auch als Waffe im Kampf gegen Herrschaft. Geistesgeschichtliche Hermeneutik wie revolutionäre geschichtliche Praxis haben Hegel als Ältervater. Je nach Bevorzugung eines Moments der Hegelschen Philosophie lassen sich die wichtigsten politisch-ideologischen Richtungen unseres Jahrhunderts charakterisieren: So übersetzte der marxistische Sozialismus den Gedanken von der Arbeit des Weltgeistes ins Soziologisch-Ökonomische zurück, akzentuierte der Liberalismus die Vision von der Harmonie sich wechselseitig anerkennender freier Citoyens, konnte der Faschismus an Hegels Staatsvergottung und Volksgeistlehre anknüpfen. Darüber hinaus gibt es noch jenen unausgesprochenen, schwebenden Hegelianismus, eine eigentümliche Hegelatmosphäre, in der sich viele bewegen, ohne sich dessen immer bewußt zu sein.«

Nun, es ist klar: Es hätte ohne Hegel keinen Marx gegeben und kein neomarxistisches Reflektieren, also: keinen Ernst Bloch, keinen Horkheimer, keinen Adorno samt dessen zeitweilig die geistesgeschichtliche Szenerie Deutschlands beherrschenden Schule. Ohne Hegel wäre Jean-Paul Sartre ebenso unvorstellbar wie Maurice Merleau-Ponty. Schon lange vor unserer Zeit sind Hegels Spuren im Denken so bedeutender Philosophen wie Dilthey, Windelband, Rikkert, Max Weber jeweils an entscheidenden Stellen nachweisbar. Ja, sogar in der angelsächsischen Philosophie, die doch in ihrer ruhmvollsten Tradition sich stets an Hume orientierte und an dessen radikalem Empirismus, hat Hegel sich geltend gemacht. »Zu Ende des 19. Jahrhunderts«, sagt Bertrand Russell in seiner ›Philosophie des Abendlandes‹, »waren die führenden akademischen Philosophen in Amerika und Großbritannien größtenteils Hegelianer.« Dasselbe kann man für die Mitte des 20. Jahrhunderts von Frankreich sagen, wo zuvor, bis zum Aufbruch des Existentialismus, die cartesianische Denkallüre so generell und beherrschend war, daß Hegel – sehr im Gegensatz zu Kant, an den man mit cartesianischen Methoden analytisch herankommen konnte – niemals eine wichtige Position einnahm.

Doch nicht um das geistesgeschichtliche Gesellschaftsspiel »Suchet den Hegel« soll es uns hier gehen, sondern um die gesellschaftlich triftigere Frage der *Wirkung Hegels im politischen Raume* – einer Wirkung, die in den Transmissionen, über die sie lief, nur teilweise feststellbar ist. Leisten wir uns also getrost das Experiment resoluter Vereinfachung und fragen wir: War der Mann, dessen zum 200. Geburtstag gedacht wird, soweit eine Abschätzung möglich ist, Befreier oder Oppressor des Menschen?

Es kann nicht schaden, sich hier in Parenthese und für einen Augenblick bei dem Individuum Georg Wilhelm Friedrich Hegel aufzuhalten, vorübergehend den Standpunkt des verpönten »Psychologismus« einzunehmen – um ihn freilich schnellstens wieder zu verlassen. Wer war der Mensch, der Student in Tübingen und Freund Hölderlins, der Privatdozent in Jena und Gefährte Schellings, der Gymnasialrektor in Nürnberg, schließlich der Universitätslehrer in Heidelberg und Berlin? Um es gleich auszusprechen: Er war nach den Kriterien freiheitlich-aufrechten Denkens und Verhaltens ein sehr wenig sympathischer Charakter. Der altkluge, noch in seiner gelegentlichen Schwärmerei gehemmte Studiosus, der zwar sich für die Französische Revolution begeisterte, aber darüber niemals seine Musterschülerpflichten versäumte, kommt uns nicht näher durch die schlichte Tatsache, daß er sich vergebens abmühte, Primus zu sein und nach seinem Abgangszeugnis als Vierter seiner Promotion traurig dastand. Und wie ernüchternd wirkt die Devotion, die er in seinem Bemühen um eine Karriere als Jüngling, als reifer und noch als alternder Mann allerwegen den Höhergestellten gegenüber bezeugte! In allen seinen Zuschriften und Ersuchen an die ihm vorgesetzten Behörden wimmelt es von Bezeugungen der Untertänigkeit. So etwa schrieb er im Februar 1804 an die Adresse Goethes im Weimarer Ministerium: »Indem ich höre, daß einige meiner Kollegen der gnädigsten Ernennung zum Professor der Philosophie entgegensehen und hierdurch daran erinnert werde, daß ich der älteste der hiesigen (der Jenaer) Privatdozenten der Philosophie bin, so wage ich, der Beurteilung Euer Exzellenz es vorzulegen, ob ich nicht durch eine solche, von den höchsten Autoritäten erteilte Ausgleichung in der Möglichkeit, nach meinen Kräften auf der Universität zu wirken, beschränkt zu werden befürchten muß ... Ich weiß zu sehr, daß diese Umstände der Ergänzung durch die gnädigen Gesinnungen Eurer Exzellenz bedürfen ... zugleich aber auch, wie sehr dadurch, daß die Durchlauchtigsten Erhalter wenigstens diese gnädige Rücksicht auf mich nähmen, mich nicht anderen nachzusetzen, meine Bestrebungen angefeuert würden.« Man wird zugeben, auch wenn man diese Sprache aus ihrem sozialgeschichtlichen Kontext versteht, daß dies weder stilistisch, noch auch politisch und menschlich ein gutes Deutsch ist. Es sei denn, man drehe den Spieß um und sage: Es war ganz außerordentlich gutes Deutsch, Sprache eines Deutschen von echtem Schrot und Korn, der seiner Obrigkeit den schuldigen Respekt ebenso erweist, wie er den Unterstellten mit der ihnen gebührenden Strenge entgegenkommt. Als Nürnberger Gymnasialrektor sagt er in einer Rede: »Die Richtung auf eigenes Reflektieren und Räsonieren der Jugend (ist) ... einseitig und vielmehr sorgfältig von ihr abzuhalten ... dann ist der Hauptzweck der Erziehung, daß eigene Einfälle, Gedanken, Reflexionen, welche die Jugend haben und machen kann ... ausgereutet werden; *wie der Wille, so muß auch der Gedanke beim Gehorsam anfangen ...«* Kein Zweifel: Vor uns steht eine Persönlichkeit, die, wäre sie nicht zugleich ein philosophisches Genie gewesen – und hier öffnet sich bereits der Horizont vom Privaten ins Gedankliche – an jenen Heineschen deutschen Professor erinnert, von dem der Dichter sagt, er stopfe mit den Flicken seines Schlafrockes und seiner Nachtmütze die Lücken des Weltalls. Der *Mensch* Hegel, wenn wir uns ihn ansehen, sofern die Literatur uns einen solchen Blick gestattet, war ein sowohl devoter als auch selbstherrlicher Mann, der eine übermenschlich hohe Meinung von sich selbst verband mit einer frappierenden Gehemmtheit und Dürftigkeit im Alltagsleben. Und was für uns hier das Wesentliche ist:

Wir haben es zu tun mit einem zugleich autoritären und autoritätsgläubigen, mit einem recht eigentlich reaktionären Menschen, der so weit ging, einen ihm mißliebigen Kritiker seiner Gedanken schlecht und unrecht bei den Behörden zu denunzieren.

Was sagt dies aus über Hegel, den Philosophen? Sehr wenig, wenn wir bedenken, daß eine Kongruenz von Werk und Mensch, von Gedanke und Tat, von Urheber und Wirkung in der Geistesgeschichte, und namentlich in der deutschen, sehr selten anzutreffen ist. Schopenhauer, der Philosoph des Mitleidens und der Preisgabe des weltgebundenen Willens, war persönlich ein unerträglicher Geizkragen, dem es auch nicht an Brutalität gebrach. Nietzsche, der sich verglich mit dem wolkenjagenden, die Küste von der Krankenbrut befreienden Mistral, war ein ewig kränkelnder Neurotiker. Und Marx, der Rebell und Zertrümmerer der etablierten Herrschaftsordnung, war ein selbstgerechter geistiger Tyrann, dem es nicht nur an Toleranz fehlte, sondern auch an der Fähigkeit, sich selbst und sein Denken als geschichtlich determiniert und damit auch durch die Geschichte revidierbar zu begreifen. Die Beispiele ließen sich in schwer begrenzbarer Anzahl fortsetzen.

Man darf darum, Hegel beredend, sein Fest begehend und ihn dabei kritisierend, keineswegs sich begnügen mit einer summarischen und stets approximativen Psychologie, wenn es um die Frage geht, ob er Befreier war oder Oppressor. Was wirklich zählt, ist sein bis heute lebendig gebliebenes Denken; und wenn wir dieses auch nur in flüchtigem Rundblick zu überschauen versuchen, eine dezidierte Antwort werden wir schwerlich zu erteilen vermögen. Denn Hegel war *Dialektiker:* Darauf kommt es an. Seine Philosophie läßt keine eindeutigen Feststellungen zu. Er war nicht der Denker des Entweder-oder, sondern des Sowohl-als-auch. Gibt aber sein Denkinstrument, eben die Dialektik, uns keinen Schlüssel zur Hand, sein Dasein und Sosein zu erkennen, so gestattet sie doch ein wenn auch nur vages Begreifen sowohl seiner philosophischen Grundhaltung als auch seiner historischen Position.

Ganz unerlaubte und lächerliche Anmaßung wäre es, den Anschein zu erwecken, als hätte ich zu diesem Thema, über das umfangreiche Bibliotheken vollgeschrieben wurden, irgend Neues beizubringen. Doch darf ich das Problem dialektischen Denkens nicht aussparen aus meiner unorthodoxen Geburtstags-Überlegung, wenn diese überhaupt gerechtfertigt werden soll. Halten wir uns also zunächst an einen kleinen, fast schon rührend-naiven Originaltext, in welchem der große Denker selber das Wesen eines dialektischen Prozesses zu exemplifizieren versucht hat. In seiner ›Phänomenologie des Geistes‹ erklärt er ihn einmal mit diesen Worten: »Die Knospe verschwindet in dem Hervorbrechen der Blüte und man könnte sagen, daß jene von dieser widerlegt wird; ebenso wird durch die Frucht die Blüte für ein falsches Dasein der Pflanze erklärt und als ihre Wahrheit tritt jene an die Stelle von dieser. Diese Formen unterscheiden sich nicht nur, sondern verdrängen sich als unverträglich miteinander. Aber ihre flüssige Natur macht sie zu Momenten organischer Einheit, worin sie sich nicht nur nicht widerstreiten, sondern eines so notwendig als das andere ist, und diese gleiche Notwendigkeit macht erst das Leben des Ganzen aus.« Unschwer läßt sich mit den Mitteln formaler Logik erkennen, daß der Satz, wo er eine Sachaussage trifft, trivial ist, dort aber, wo er der Trivialität entweicht, nichts aussagt. Robert Heiss, wohl der gründlichste und unvoreingenommenste Dialektikforscher und Hegelkenner unserer Zeit, wendet sich in seinem Buche ›Die großen Dialektiker des 19. Jahrhunderts‹ denn auch gegen den vorliegenden Ausspruch, indem er schreibt: »Bei genauer Betrachtung freilich erheben sich manche Einwände. Der schöne Dreischritt, der von der Knospe zur Blüte und zur Frucht führt, ist in Wirklichkeit ein Prozeß, der sich in mehr als drei Teile aufteilen läßt. Zudem ist ein Abschnitt aus einem Wachstumsprozeß herausgegriffen. Der ganze Prozeß hebt nicht erst bei der Knospe, sondern schon viel früher, zum Beispiel beim Samen an.«

Es lassen sich aber noch triftigere Argumente gegen Hegels naives Dialektik-Exempel und damit in der Tat gegen jegliches dialektische Denken vorbringen. Etwa dieses: Inwieweit »kann man sagen«, wie Hegel das ohnedies mit etwelcher Unsicherheit formuliert, daß die Knospe die Blüte »widerlegt«? Logisch gesehen, ist die Widerlegung der Blüte oder der Widerspruch ihrer die »Nicht-Blüte«, also alles, was nicht Blüte ist, und keineswegs nur die Knospe. Und darf man so ohne weiteres hinsetzen, daß die Formen sich

»widerstreiten« und als »unverträglich miteinander« verdrängen? Hier wird die Natur, sei es anthropomorphisiert (durch das Wort »unverträglich«), sei es deifiziert oder auch, wenn diese Wortprägung mir gestattet ist: logokratisiert. Auch mit der »Notwendigkeit«, mit welcher laut Hegel der Prozeß abläuft, wird sich der Logiker nicht zufrieden geben, wird vielmehr einwenden, es sei derlei Notwendigkeit nichts als ein Induktionsschluß und der Glaube an einen solchen blind. Am Ende bleibt von der ganzen Herrlichkeit der Hegelschen Dialektik-Metapher nichts anderes übrig als die schlichte Konstatierung, daß nach den bisherigen Beobachtungen aus Knospen Blüten und aus diesen Früchte werden – wenn alles gutgeht und nicht etwa die Knospe erfriert.

Doch ist gerade dieses vielzitierte Beispiel zu einfach, um nicht zu sagen: zu einfältig, uns Einblick ins dialektische Denken zu gewähren. Man muß abstraktere Verkündungen Hegels – und »Verkündungen« ist in seinem Falle besser gewählt als etwa das Wort »Aussagen« – hernehmen, um eine Ahnung von dialektischer Denkbewegung zu vermitteln. In seiner ›Logik‹, die natürlich keine Logik im herkömmlichen Verstande hat sein wollen, vielmehr eine dialektische Anti-Logik, geht Hegel an ein Fundamentalproblem heran: an die *Wahrheit*, zu der dialektisches Denken niemals ein klares Verhältnis hat herstellen können. Für den gebräuchlichen Begriff von Wahrheit als (nach positivistischer Definition) »Übereinstimmung eines Satzes mit seinem Gegenstand« ist bei Hegel kein Platz.

Wenn die »üblichen« Begriffe und Vorstellungen keine Geltung mehr haben, wenn man sich von der philosophischen Umgangssprache entfernt und den Wörtern ganz neue Sinngehalte unterlegt, muß sich freilich die Frage erheben, inwieweit der *Gebrauch* dieser Wörter dann noch legitimiert ist. Weisen wir diese Frage für einen Augenblick zurück und bringen wir dem Leser die in der ›Logik‹ formulierten Wahrheitsvorstellungen Hegels kurz in Erinnerung. Bei der logischen oder – wie ich, persönliche Auffassung einschiebend, meinen möchte – pseudologischen Abhandlung der Begriffe Sein und Nichts geht es folgendermaßen zu: Der Philosoph sagt: »Das Sein ist das unbestimmte Unmittelbare ...« Nehmen wir uns die Freiheit, gleich hier Hegel zu unterbrechen mit dem Einwand, daß dies eine zumindest fragwürdige Art philosophischen Definierens ist, doch hören wir ihn weiter: »Es ist nichts in ihm (dem Sein) anzuschauen ... ebensowenig etwas in ihm zu denken ... das Sein, das unbestimmte Unmittelbare, ist in der Tat das Nichts und nicht mehr noch weniger als Nichts.« Vom Nichts wiederum weiß Hegel zu berichten: Es ist die »vollkommene Leerheit, Bestimmungs- und Inhaltslosigkeit, Ununterschiedenheit in ihm selbst ... das reine Sein und das Nichts ist also dasselbe«.

Kaum bedarf es besonderen logistischen Trainings, um hier augenblicklich Einspruch erheben zu wollen: Zwei nicht definierte Begriffe, die infolge ihrer Nichtdefiniertheit und leeren Anschauungslosigkeit *nichts* sind, sind ganz gewiß »dasselbe« – und zwar in ihrer vollkommenen Nichtigkeit. Damit hebt sich zugleich auch das Urteil, daß sie »dasselbe seien«, selbst auf, da doch jeder Vergleich zweier Begriffe, die nichts und nicht sind, seinerseits *nicht* ist. Hegels coincidentia oppositorum erweist sich vor der Logik als leer und im Sinne positivistischen Denkens als sinnlos. – Jedoch geht Hegel einen Schritt vorwärts, und dieser, wenn wir ihm folgen, führt uns in ein zwar auch weiterhin logisch und theoretisch höchst problematisches, praktisch aber überaus fruchtbares Denken, das sich sowohl an der Geschichte als auch, was mir wichtiger erscheint, an der *Existenz* täglich erhärtet. Er setzt nämlich, das Verfließen der Begriffe erläuternd, hinzu: »... diese Bewegung des unmittelbaren Verschwindens des Einen in dem Andern (ist): das *Werden*.«

Es ist mir nicht entgangen, daß auch dem Werden die formale Logik den Prozeß machen kann. Gleichwohl bleibt bestehen, daß Hegel als Denker der Bewegung, der Dynamik, der Eruption, wenn man will, eine einzigartige philosophische Tat vollbrachte, die dem existentiellen Grundgefühl des in eine ständig werdende Wirklichkeit verstrickten Menschen im phänomenologischen Sinne besser entspricht als jede logische Analyse. Gerade die existentielle Komponente in seinem Denken, die verhältnismäßig wenig beachtet wurde und in der geschichtsphilosophischen Hegel-Debatte unterging, erscheint mir als überaus belangreich. Was Hegel die »Selbstbewegung der Begriffe« nennt, ist ganz gewiß, logisch gesehen, unsinnig. Sie ist überhaupt, in philosophische Begriffssprache gefaßt, nicht nur schwer genießbar, sondern auch gefährlich. Sie ist aber, diese »Selbstbewegung«, sobald wir in ihr das unmittelbar Gelebte – *le vécu* – erkennen, eine Wirklichkeit unserer Existenz. Hegels Dialektik hat zwar keinen Erkenntniswert im wissenschaftlichen Verstande, was immer Neo-Hegelianer und Marxisten aller Spielarten vorzubringen allemal geneigt sind. Aber sie ist eine *motorische Kraft.* Dialektik, um es knapp zu sagen, erscheint mir, wiewohl Hegel selbst sie als Erkenntnisinstrument auffaßte, wiewohl er persönlich jeglicher Aktion abhold war und die Zukunft niemals vor seinen Denkhorizont setzte, nicht als Philosophie der Einsicht, sondern als ein Denken der *Tat.* Sie ist dazu eine spezifische *Gangart des Denkens,* die dem außerhalb Stehenden als ein Torkeln erscheinen muß, demjenigen aber, der sie akzeptiert und erlernt hat, als ein machtvolles Ausschreiten dünkt.

Mit Hegel befinden wir uns stets auf ungewisser Wanderschaft. Sich einlassen auf ihn heißt nichts anderes als ein existentielles Faktum, dem wir ohnehin nicht ausweichen können, annehmen und für uns anfordern. Da nun aber Hegel die Unsicherheit solchen Taumelns nicht gelten lassen wollte, vielmehr in seinem Bemühen um Synthese und Erkenntnis meinte, es führe die dialektische Reflexion zu Einsichten – und zwar solchen, die hoch über den von ihm abgewiesenen »untergeordneten« Erkenntnissen wissenschaftlichen Charakters stünden –, sind wir zur Frage berechtigt, was er aus diesen supponierten Einsichten gewonnen hat und wohin die Dialektik ihn und seine Nachfolger führte.

Und damit sind wir wieder angelangt bei der Frage, ob wir in ihm einen Befreier oder Oppressor zu sehen haben. Wir fühlen uns gehalten, die Frage nicht im leeren Begriffsraum zu stellen, sondern im Bereich der Praxis. Wo stand Hegel mit seiner Dialektik innerhalb des gesellschaftlichen und politischen Kräftespiels? Was hat seine dialektische Reflexion akzeptiert, was hat sie verworfen? Es ist dies ein äußerst schwieriges, um nicht zu sagen: unerquickliches Stück geistiger und politischer Geschichte. Hegel, so durfte ich feststellen, und ich glaube: ohne daß ich ihm Gewalt angetan hätte, war persönlich das, was wir unumwunden einen Reaktionär nennen können. Hat er auch als Philosoph und Dialektiker geistig reaktionär gedacht? Ich fürchte, daß wir mit einem Ja zu antworten haben. Hier sei das Wort Bertrand Russell überlassen, der übrigens Hegels Bedeutung durchaus anerkannte, ihn keineswegs in logischem Hochmut beiseite schob. Er schreibt über Hegels politische Vorstellungen: »(Hegels Freiheit) ist eine Freiheit von ganz exquisiter Art. Sie bedeutet nicht, daß man etwa nicht ins Konzentrationslager kommen könne. Sie begreift auch nicht die Demokratie, die Pressefreiheit oder sonst eine der üblichen liberalen Parolen, die Hegel verächtlich ablehnt ... Vom Standpunkt des Absoluten aber ist (für Hegel) die Unterscheidung zwischen Monarchen und Untertanen wie alle anderen Unterscheidungen eine Täuschung; selbst wenn der Monarch einen liberal gesinnten Untertanen ins Gefängnis steckt, ist das noch immer Selbstbestimmung des Geistes ... Man kommt zu dem Schluß, daß der Monarch den allgemeinen Willen, eine parlamentarische Mehrheit jedoch nur den Willen aller verkörpert. Eine recht bequeme Doktrin.« Hier kann von Mißverständnis oder Übelwollen keine Rede sein. Hegel *war* der Philosoph des Preußens seiner Zeit und damit der Ideologe des Obrigkeitsstaates. Nur um den Preis weiterer dialektischer Verrenkungen kann man dieses grundeinfache Faktum verleugnen. Die Belegstellen fallen einem zu, man hat nur die Qual der Wahl. So etwa zeigt Hegel dem gemeinen Volke allerwegen seine Verachtung, und wenn er vom »Pöbel« spricht, so ist auch dieser Ausdruck nicht ausschließlich auf das sprachliche Normensystem seiner Zeit zurückzuführen. Über die Philosophie im Verhältnis zum Volke – und wer dächte da nicht mit Ironie an die neohegelianischen Doktrinen von der Durchdringung von Theorie und fortschrittlicher politischer Praxis! – drückt er sich so aus: »Die Philosophie ist ihrer Natur nach etwas Esoterisches, weder für den Pöbel gemacht noch einer Zubereitung für den Pöbel fähig.« – Hinwiederum heißt es im Entwurf eines Briefes an Hardenberg, es sei Sache der Wissenschaft, »den Einklang der Philosophie mit den Grundsätzen zu beweisen, welche die Natur des Staates überhaupt braucht, am unmittelbarsten aber den Einklang mit demjenigen, was unter (des Königs) erleuchteter Regierung und der weisen Leitung Eurer Durchlaucht der Preußische Staat ... teils erhalten, teils noch zu erhalten das Glück hat.«

Man mag so wollen oder nicht: Hegels reaktionäre Grundgestimmtheit ist ein unumstößlicher Sachverhalt. Sie ist aber freilich nicht die *ganze* Wahrheit, und da für Hegel das Wahre eben das Ganze ist (eine Formulierung, deren logischen Gehalt man wieder bestreiten kann, die aber vorläufig in diesem Zusammenhang hingenommen sei), ist es nur billig, daß wir dieses Ganze als Hegel-Wahrheit gerade im Bezug auf Oppression und Emanzipation einzufassen versuchen. Der preußische Staatsphilosoph, der Alleruntertänigste, in Ehrfurcht Ersterbende – *er war mehr als nur das.* Er war auch der zu seiner Zeit radikalste Kritiker der bürgerlichen Ordnung. Robert Heiss behauptet sogar, es habe Hegels kritische Angriffswucht gegen die bürgerliche Ordnung selbst Marx übertroffen. Das mag man mit Fug anfechten. Denn vergebens suchen wir in Hegel das intentionale, chiliastische, prophetische, ja eigentlich sittliche Pathos, mit dem Marx, weit hinausreichend über sich selbst und seine Vorstellung vom wissenschaftlich begründbaren Sozialismus, die bürgerliche Gesellschaft aus ihren Angeln zu heben sucht. Erfolglos fahnden wir bei Hegel nach dem Prinzip Hoffnung, das, niemals ausgesprochen, sich selbst nicht begreifend, Marxens geistiges und politisches Bewegungselement ist. Aber als düsteren prophetischen Kritiker des kapitalistischen Gefüges müssen wir ihn gelten lassen. Ja, es hat Hegel sogar die Konsumgesellschaft unserer Gegenwart inmitten einer armseligen, durch Mangel gekennzeichneten Wirtschaft visionär erschaut, wenn er sagt: »Es ist (in der bürgerlichen Gesellschaft) zuletzt nicht mehr der Bedarf, sondern die Meinung, die befriedigt werden muß ... Es wird ein Bedürfnis daher nicht sowohl von denen, welche es auf unmittelbare Weise haben, als vielmehr durch solche hervorgebracht, welche durch sein Entstehen einen Gewinn suchen ...« Noch gab es den Begriff der Bedarfsweckung nicht, der heute von der Philosophie des Marketing zum Imperativ erhoben wird; noch nicht die »motivation research«, welche auch die Psychoanalyse in den Dienst eben dieser Bedarfsweckung stellt. Vor rund hundertfünfzig Jahren hat Hegel vorauserschaut, was die Realität der zweiten Hälfte des zwanzigsten Jahrhunderts wurde: Hätte er nichts anderes geschrieben als den hier angeführten Satz, er wäre ein Genie gewesen. Doch hat er gerade im Hinblick auf die kapitalistische Ordnung Urteile von noch viel höherer Brisanz uns hinterlassen. Wir stoßen sowohl in der Rechtsphilosophie als auch in der ›Phänomenologie‹ auf Aussprüche, die aus der Geschichte so wenig wegzudenken sind wie das Kommunistische Manifest: »(Die bürgerliche Gesellschaft) ist die ungeheure Macht, die den Menschen an sich reißt, von ihm fordert, daß er für sie arbeite und daß er Alles durch sie sei und vermittels ihrer tue. Es kommt (in der bürgerlichen Ordnung) zum Vorschein, daß bei dem Übermaße des Reichtums die bürgerliche Gesellschaft nicht reich genug ist, das heißt, an dem ihr eigentümlichen Vermögen nicht genug besitzt, dem Übermaße der Armut und der Erzeugung des Pöbels zu steuern ... In der Sucht des Erwerbs, dadurch daß sie sich der Gefahr aussetzt, erhebt sich (die bürgerliche Gesellschaft) zugleich über ihn und versetzt das Festwerden an der Erdenscholle und den begrenzten Kreisen des bürgerlichen Lebens mit dem Element der Flüssigkeit, der Gefahr und des Untergangs.« Durchaus erscheint hier Marxsches Denken schon vorweggenommen. Auch wird in Umrissen erkennbar, was Adorno später ›Negative Dialektik‹ genannt hat. Die bürgerliche Entfremdung ist das, was Hegel in anderen, metaphysischeren Zusammenhängen als den sich selbst entfremdeten Geist bezeichnete. Sie ist das Übel. Wo aber winkt Erlösung?

Mit einiger Verzagtheit muß man vom dezidiert sozialkritischen Hegel wieder zurückkehren zum oppressiven. Denn nun ist es nicht etwa so, daß Hegel seinen Blick in die *Zukunft* richtete, von der Umwälzung, Erneuerung, Durchbruch zu erwarten wäre. Er ist – und hier hat der allzu oft und zum Überdruß zitierte Satz Marxens seinen Platz – nicht einer, der die Welt verändern will. Er verharrt nicht nur in seiner trüben Gegenwart, sondern weiß der von ihm mit fast erschreckender Hellsichtigkeit durchschauten bürgerlichen Gesellschaft nichts anderes entgegenzusetzen als den noch viel entschiedener oppressiven *Staat*: die Staatsidee, die preußische seiner Zeit, mitsamt ihrer Zensur und ihrer hierarchisch-hieratischen Starre, ist für ihn der Hafen, in den er einfährt nach seiner Schiffahrt auf dem gefährlichen Meer bürgerlicher Ordnung-Unordnung. Hier sieht er Wirklichkeit und Theorie versöhnt: die große Synthese, die Mensch und Gesellschaft von ihrer Zerrissenheit und Selbstentfremdung heilt; jenes Wirkliche, das vernünftig, das Vernünftige, das wirklich ist. Hier kann von Anfechtung und negativ-dialektischem Denken die Rede nicht mehr sein: Im Hafen Staat ist Hegel wiederum der alleruntertänigste aller Untertanen. Hier baut er auch an jenem soziomorphen Modell, auf das Ernst Topitsch verwiesen hat, wenn er über

Hegel sagt: »Hegel bewegt sich durchaus im Kreis der hergebrachten intentionalen Vorstellungen, wenn er im Stil der Herrscherhuldigung den Logos Kosmokrator preist, die Weltvernunft, die ›als unendliche Macht nicht so unmächtig ist, um es nur bis zum Ideal, zum Sollen zu bringen‹...« Hegels Modell, das er in seiner Kritik der bürgerlichen Gesellschaft nur gleichsam in Trance durchbricht, ist indes nicht nur, wie Topitsch meint, rückführbar auf uralte, in der Geschichte der Philosophie wieder und wieder durchvariierte wertbesetzte Mythologien. Es ist auch das Bild, das der Untertan von seinem Staat sich machen will: Die Vernunft heißt Hegel, die Wirklichkeit ist der König, einer rechtfertigt den anderen. Entschieden verweigere ich mich dem Einwand, ich hätte hier »wohlfeilen Psychologismus« eingeführt. Denn ganz abgesehen davon, daß eine psychologisierende Interpretation intellektuell zumindest ebenso kostspielig ist wie eine weitausholend kulturphilosophische Spekulation, ist die Feststellung des Untertänigkeitscharakters, der in Hegels Fall eine Klammer ist, die Mensch und Werk verbindet, keine bloß psychologische, sondern weit darüber hinaus eine sowohl existentielle als auch soziologische. Es konnte zu Hegels Zeiten in Preußen und in ganz Deutschland nicht – *noch* nicht – praktisch-revolutionär gedacht werden; erst einige Jahrzehnte später, als Marx sich an die Umstülpung von Hegels Dialektik machte, war es soweit, wenn freilich auch in Marx noch Spuren des unfreien, kosmokratisch eingefärbten Denkens der deutschen Tradition nachzuweisen sind.

Das Stichwort Marx ist gefallen. Wir kommen zur Frage nach der historischen Rezeption und der Wirkung Hegels. War sie – über alles, was Hegel selbst gedacht und geschaffen hat, hinaus – emanzipatorisch oder war sie oppressiv? Auch hier kann die Antwort nicht eindeutig ausfallen. Ganz gewiß haben wir in Marx den legitimen Nachfahren Hegels zu sehen, und ebenso gewiß war Marxens Wirkung auf Denken und Handeln eines Jahrhunderts – zumindest in der Intention – ein Phänomen der Befreiung des Menschen. Müßig, wenn auch als intellektuelles Spiel erregend genug, sich auszumalen, wie die Ereignisse sich abgespielt hätten, wäre der Sozialismus in allen seinen Spielarten nicht durch das Medium Marx zur Wirklichkeit geworden, sondern durch das der französischen utopistischen Sozialisten! Wir haben uns, wie Thomas Mann gesagt hat, an die »Ehre des Wirklichen« zu halten, vor der die Ehre des Möglichen verblaßt. Die Marxsche, ohne Hegel nicht denkbare Dialektik und seine Anthropologie bestimmen immer noch die wirkungsmächtigsten Lehrgebäude unserer Zeit, ob es sich um das von Sartre, Bloch oder Marcuse handle. Und in Gestalt des Marxismus hat der *linke* Hegelianismus, neben dem der rechte sich dürftig genug ausnimmt, die Welt verändert. Natürlich läßt sich vorbringen, ein rechts-intentionaler Hegelianismus sei denn doch nicht so ganz einflußlos geblieben, auch habe Hegels Deutsch-Gesinntheit in des Wortes fragwürdigstem Verstande genug Unheil angerichtet. Schließlich darf man nicht unterschlagen, daß Hegels dialektisches geschichtliches Bewegungsprinzip nach seiner Vorstellung in den deutschen Staaten und namentlich in Preußen »zur Ruhe kam«. Die kontradiktorischen Ideen erschienen ihm *in* und *durch* Deutschland versöhnt. Wörtlich sagt er: »Der germanische Geist ist der Geist der neuen Welt, deren Zweck die Realisierung der absoluten Wahrheit als der unendlichen Selbstbestimmung der Freiheit ist, der Freiheit, die ihre absolute Form selbst zum Inhalt hat.« Man kann, Hegels Fundamentalideen paraphrasierend, vermerken, daß, wenn das Ganze das Wahre ist, dieses Ganze ein Deutsches sein und daß denn am deutschen Wesen die Welt genesen müsse. Selbst dann aber, wenn wir uns an den durch Marx und dessen Schüler vermittelten Hegel halten, verliert man die schöne Sicherheit, so einfach zu statuieren: Hegel war ein Faktor der Befreiung. Es mag billig, ja demagogisch erscheinen, an dieser Stelle die Entwicklung jener Staaten anzuführen, die das Banner des Marxismus – und also des linken Hegelianismus – aufgepflanzt haben. Von Freiheit kann da ebensowenig gesprochen werden wie von Wahrheit. Und mit Fug darf man die Hegelsche Dialektik als einen Strang im Wurzelgeflecht der Ursachen hierfür verantwortlich machen.

Denn – und damit kehren wir zum Gesamtproblem der Dialektik zurück –: Es hat diese Methode nicht nur keinen Wahrheitsbegriff entwickelt, sondern auch keinen konkreten Freiheitsbegriff. Die Hegelsche Freiheit ist nicht bloß, wie Russell spöttisch gesagt hat, »eine Freiheit exquisiter Art« – sie ist auch ungreifbar. Der konkrete Mensch in seinem Dasein ist ausgesperrt aus einer Freiheit, die da vorgeblich als eine Freiheit des zu sich gelangenden Weltgeistes seine, des Menschen, eigenste Natur ausmacht. Und erst recht aus der Freiheit des in der staatlichen Wirklichkeit sich verkörpernden objektiven Geistes. Wenn Hegel vorbringt, es könne Freiheit nicht geben ohne Gesetz, so ist das richtig bis zur Trivialität. Wenn er aber dazu neigt, den Satz umzukehren, um uns verstehen zu machen, wo immer Gesetz herrsche, da gebe es auch schon Freiheit – dann übt er gerade jene intellektuelle Oppression aus, die als konkrete und existentielle Unterdrückung recht unheimlich in der Welt sich dartut, die Marx für sich reklamiert. Ebensowenig wie der Dialektiker Hegel bietet der Dialektiker Marx einen haltbaren theoretischen Freiheitsbegriff. Der unerläßlichen, ja großartigen Demystifizierung des bürgerlichen Freiheitsbegriffs folgt auch bei ihm nicht die Erarbeitung eines stichfesten sozialistisch-dialektischen. Hier tut sich eine Lücke auf, die nicht zu schließen ist.

Diese Freiheit als Hohlform hat in der neo-hegelianischen und neo-marxistischen Diskussion zu geistesgeschichtlich wahrhaft dramatischen Ergebnissen geführt. Als Beispiel sei hier nur Sartres Philosophie angeführt, die im Maße, wie Sartre sich von seinem ursprünglichen Existentialismus entfernte, diesen nur noch als »parasitäres Gewächs« innerhalb des für ihn unüberholbaren Marxismus gelten lassen wollte, seine Freiheitsvorstellung einengte. Ferner ist als ein oppressives Erbe der Hegelschen Philosophie meiner Überzeugung nach auch die gesamte erdrückende, ja nachgerade terroristische Begriffs-Scholastik aufzuweisen, die namentlich in Deutschland durch den Einfluß Adornos während rund zweier Jahrzehnte das Denken verwaltete. Hier vor allem ist auch der sehr hegelianische Hochmut gegenüber den exakten Wissenschaften wie auch gegenüber dem um sachhaltige Aussagen bemühten Positivismus anzutreffen. Man erinnert darum unwillkürlich, lauscht man den Delirien dialektischer Glossurgie, das vernichtende Urteil Schopenhauers: »Will dich Verzagtheit anwandeln, so denke nur daran, daß wir in Deutschland sind, wo man gekonnt hat, was nirgend anderswo möglich gewesen wäre, nämlich einen ... die Köpfe durch beispiellos hohlen Wortkram von Grund aus und auf immer desorganisierenden Philosophaster, ich meine unseren teueren Hegel, als einen großen Geist und tiefen Denker auszuschreien ...« Das Urteil ist affektgeladen, ich weiß. Dennoch enthält es eine Teilwahrheit. Die andere Hälfte verpflichtet uns festzustellen, daß der Hegelianismus in seiner historischen Wirkung keineswegs *nur* Unheil angerichtet hat. Letzten Endes hat Hegels Denken auch dazu beigetragen, daß ein erheblicher Teil der studentischen Jugend unserer Tage *nicht* bereit ist, die Fünf einer unvernünftigen Wirklichkeit gerade sein zu lassen. Eine bar positive, die Realität bloß abspiegelnde Philosophie hätte jedenfalls diese Jugend nicht befähigt, bestehende Ordnungen anzufechten und damit der Politik, zumindest der deutschen, neue Impulse zu geben.

So gibt es auf die Frage: »Hegel – Befreier oder Oppressor?« keine klare Antwort. Auch die geschichtliche Wirkung des Dialektikers ist eine dialektische, hat Elemente der Unterdrückung wie der Befreiung hinterlassen. These und Antithese stehen einander gegenüber. Wird die Geschichte sie jemals in einer Synthese versöhnen? Man wagt keine Voraussage, zumal – und wiederum durchaus im Sinne der Dialektik – offensichtlich schon ein Prozeß im Gange ist, der zunächst auf eine Ablehnung dieses idolatrisierten Philosophen mit den Mitteln kritisch-positivistischen Denkens hinausläuft. Insofern verhilft Hegels 200. Geburtstag nicht nur zu einer Gliederung unseres Geschichtsbewußtseins, er führt uns die Krisensituation modernen Philosophierens überhaupt vor Augen. Die Frage *Pourquoi des philosophes?*, die vor zehn Jahren in einem vehementen Pamphlet der französische Philosoph Jean-François Revel stellte und damit beantwortete, daß er auf die Nichtsnutzigkeit dessen verwies, was einst in Deutschland Friedrich Albert Lange die »Begriffsdichtung« genannt hat – diese Frage wird an der Gestalt Hegels mit seinen rechten und linken Nachfolgern am deutlichsten. Ob man sich der Alternative »Nutzlos philosophieren oder nützlich Wissenschaft betreiben?« entzieht, wofür ich persönlich eine starke Neigung habe, oder ob man die Widersprüchlichkeit der hart im Raume sich stoßenden Sachen und der bei Hegel allzu leicht beieinander wohnenden Gedanken auf sich nimmt und aushält – so oder so ist es nötig, Hegel als den Befreier *und* als den Oppressor zu sehen. Man soll durch ihn hindurchgehen, doch muß man sich hüten, ihm zu verfallen. Nach wie vor gilt die Feststellung Benedetto Croces:

Das moderne Denken kann Hegel weder ganz anerkennen noch ganz verwerfen.

Jargon der Dialektik (1967)

Im Jahre 1965 wurde in der Monatsschrift ›Merkur‹ nicht ohne Vehemenz eine Polemik ausgetragen, die mir den Impuls gab zur Niederschrift dieses Aufsatzes.[1] Bezeichnen wir die beiden Streitsprecher, die mir unbekannt waren – es soll jeder Anschein einer von mir aus persönlich aufgefaßten Diskussion vermieden werden –, als »D.« (den Dialektiker) und »K.« (den Kritiker). – Herr K. entdeckte in dem Buch eines großen deutschen Verlegers einen mit ›Todesfabrik‹ betitelten Aphorismus des Herrn D., welcher lautete: »Die Quäler sind jene Opfer, die dadurch weniger leiden, daß die Gesellschaft sie im Gequälten sich objektivieren läßt.« Die Überschrift ›Todesfabrik‹ ließ keinen Zweifel zu, daß D. hier die Peiniger und die Opfer der Vernichtungslager im Sinne hatte. In scharfen Worten wies K. daraufhin den Kollegen D. in seine Schranken: Es sei unleidlich, mittels einer dialektischen Pirouette Quäler und Gequälte auf den gemeinsamen Nenner der Opfer zu bringen. D. jedoch ließ die Schranken nicht gelten und setzte schwungvoll hinweg über sie in einer Replik, in der er K. Verständnislosigkeit vorhielt und seine Dialektik zu verteidigen sich anschickte. In ungebrochener dialektischer Vitalität schrieb er unter anderem: »Wer undialektisch die Geschichte in Zivilisation und Barbarei aufteilt, mag sein Genüge finden und Wohlanständigkeit klassifikatorischer Denk-Usancen sich und anderen bescheinigen ... Die fortgeschrittene Wissenschaft von der Gesellschaft hat solchen Dualismus entmystifizieren können, die Psychologie bloßgelegt, daß destruktive Gewalt das Produkt der anhaltenden Repression ist; daß es die Menschen sind, die sie einander antun, indem sie den Druck weitergeben, dessen entstellte Opfer sie sind.« Worauf Herr K. replizierte, daß, wo es auf weiter Flur nur noch Opfer gibt, man schließlich keinen Schuldigen mehr finden könne; und daß es unstatthaft sei, die Rollen des Opfers wie des Quälers beliebig vertauschbar zu machen.

[1] Vgl. den Beitrag ›Dialektische Fehlzündung‹ von Wolfgang von Einsiedel im Augustheft 1965 und die anschließende Diskussion im Novemberheft mit Hermann Schweppenhäuser.

Es ist vielleicht nicht fair, hier in die Waagschale zu werfen, daß ich selbst zu denen gehöre, die man – undialektisch – die Opfer nennt, und mich aus diesem Grunde für gerade diese spezifische Auseinandersetzung zwischen dialektischer und undialektischer Anschauungsweise zuständig fühle. Es war mir ein ganz persönliches Ärgernis, daß die mit allerhand Totschlagewerkzeug ausgerüsteten und davon den wildesten Gebrauch machenden Kerle genau so als »Opfer« zu qualifizieren sein könnten wie wir, die Geprügelten. Doch hat persönlicher Verdruß da nicht dreinzureden. In jedem Falle ist der Satz logisch unsauber. Die Quäler sind Quäler nur im Bezuge auf ihre Opfer: Sie sind es ebensowenig an und für sich, wie jemand ein Neffe sein kann, soferne er nicht Onkel oder Tante hat oder hatte. Wenn außerdem die Quäler auch Opfer genannt werden dürfen, dann ist klar zu spezifizieren, wessen. Das hat der Autor D. unterlassen, hat es nur vage angedeutet, wenn er sagt, daß die »Gesellschaft« ihnen, den Quäler-Opfern, gestatte, sich in den Opfer-Opfern zu »objektivieren«. Daß es so objektiv nicht zuging, als man sich in uns mit Foltereisen »objektivierte«, das mag Herr D. gewiß sein. Daß aber hier die Banalität des Zusammenhanges aller Dinge mit allen und die Wahrscheinlichkeit, es gebe wohl in der sozialpsychologischen Topographie einen Punkt, an dem die Teufel auch *arme* Teufel sind ... daß diese überaus schlichte Einsicht als ein Akt dialektischer Equilibristik sich präsentieren zu müssen glaubte, sollte jedermann stutzig machen, nicht nur den zufällig Betroffenen. Vor Ausbruch des Jargons der Dialektik, dem hier ein Autor erlag, hätte der beanstandete Satz bei voller Aussage-Entsprechung etwa folgenden Wortlaut haben können: »Den Quälern, die ihrerseits von der Gesellschaft unterdrückt sind, wird zur Abreaktion aufgestauter Aggressionen dadurch ein Ventil geöffnet, daß man ihnen gestattet, ihre Mitmenschen zu martern.«

Das ist möglicherweise richtig. Es ist gewiß sehr unoriginell. Es bleibt überdies fraglich, inwieweit der gesellschaftliche Druck als Halb-und-Halb-Rechtfertigung für Bestialitäten unsäglichen Ausmaßes evoziert werden darf. Wie dem aber sei: Es wäre sich jedenfalls der Dialektiker als altmodischer Tropf vorgekommen, hätte er den Satz so formuliert, wie wir ihn hier aus der dialektischen Sprache übersetzten. Der verbaldialektische Trick half offensichtlich dort nach, wo es zu eigenständiger und neuer Einsicht nicht langte. Es wären sehr viele Beispiele ähnlicher Art anzuführen; einige sollen in der Tat auch vorgelegt werden. Doch zuvor sei, da wir hier nicht zentral von Dialektik, sondern von deren *Jargon* sprechen wollen, was wir überhaupt mit Jargon meinen, in Parenthese dargetan.

Die Definitionen der gängigen Nachschlagewerke sind hier recht undeutlich. So sagt beispielsweise das Duden-Fremdwörterbuch, der Jargon sei eine »schlechte, unverständliche Sondersprache einer Berufsgruppe oder einer Gesellschaftsschicht, zum Beispiel der Börsenleute oder der Gauner...«. Wiewohl eine Formulierung, welche »Börsenleute und Gauner« gleich hintereinandersetzt, sowohl sozialpsychologisch aufschlußreich als auch stark humoristisch ist, kann man hier nur kopfschüttelnd sagen: Das kommt davon, wenn man Fachsprache und Jargon nicht auseinanderzuhalten weiß. Es mag sein, daß da und dort ohne viel Federlesens vom Mathematiker-Jargon, vom Jargon der Snobs und Jargon der Börsenmakler gesprochen wird. Im allgemeinen aber macht heute der Sprachgebrauch doch langsam jenen Unterschied, der von der Sache her gefordert wird: den Ausdruck »Jargon der Atomphysiker« hört man weniger häufig als einfach »Sprache der Atomphysiker«; kaum spricht jemand von einem »Mechanikerjargon«, einem »Schneiderjargon«, einem »Jargon der Biochemie«, sehr viele dagegen vom »psychoanalytischen Jargon«, dem »Philosophen-Jargon«, dem – um hier einen Buchtitel Theodor W. Adornos einzuschmuggeln – »Jargon der Eigentlichkeit«. Daneben bleiben der Diebsjargon und der Börsenjargon weiterhin in Gebrauch, wiewohl hier vielleicht richtiger von *Argot* gesprochen werden sollte.

Halten wir also, zwecks genauerer Begriffsbestimmung, den folgenden Tatbestand fest: Einmal ist die wirkliche Fachsprache, zum Unterschied vom Jargon, der von einem speziellen Kenntnis- und Erkenntnisvorgang erzwungene sprachliche Ausdruck; zum anderen läuft die Sprache eines Fachbezirks, je »fachlicher«, das heißt in seinen Begriffen definierter, in seiner Praxis eindeutiger er ist, desto weniger Gefahr, zum Jargon als einem regellosen Sprachspiel zu entarten. Die Beispiele drängen sich auf. Es ist ziemlich undenkbar, daß in eine gesellschaftliche Konversation plötzlich die Sprache der Thermodynamik eindränge – nicht nur, weil deren Gesetze weitum nicht bekannt sind und sich kaum reizvolle Pointen mit einer solchen Sprache erzielen lassen; sondern weil jedermann berechtigte Angst hat, er könne hierbei Nonsens reden und sich vor einem vielleicht zufällig anwesenden Fachmann lächerlich machen. Wer hinwiederum vom Sein und vom Nichts, von der Reflektiertheit und von der Entfremdung und der, nun ja: der Dialektik redet, läuft diese Gefahr nicht. Spricht er in einer Unterhaltung über Existenzphilosophie ausgleitenderweise vom Seienden, das sich im Sein verbirgt, statt umgekehrt, gilt das gleichviel; mit hoher Wahrscheinlichkeit darf gerechnet werden, daß der etwa anwesende Philosoph, statt verächtlich die Achseln zu zucken, sich überlegt, ob ihm selbst nicht diese Variation Heideggers in der Fülle der Literatur entgangen sei und er darum die ontologischen Chancen dieser neuen Spielart mit Sorgfalt zu erwägen habe.

Überaus aufschlußreich erscheint mir in diesem Zusammenhang das Beispiel der Psychoanalyse, die heimatlos im Grenzbereich zwischen Natur- und Geisteswissenschaften steht und dort unsanft herumgestoßen wird. Eben darum ist sehr schwer auszumachen, ob ihre Sprache in unserem Sinne eine Fachsprache ist oder ein Jargon. Es, Ich, Über-Ich, Ödipuskomplex – sie stehen begrifflich nicht auf so festen Beinen wie die Protonen, die Gene, das Differentiat et cetera, wenngleich auch nicht auf gar so rachitischen wie die Jemeinigkeit oder die Grenzsituation. Spricht Anna Freud vom Über-Ich, dann haben wir es ganz offenbar nicht mit einem Jargonwort zu tun; gebraucht es die Frau von Pollack des berühmten jüdischen Witzes oder der Herr Wendriner, wird es jargonisiert. Die Psychoanalyse gibt uns überhaupt die frappierendsten Exempel für die jargonhafte Degeneration einer Fachsprache, die das Unglück hat, eine solche nicht in ganzer Strenge zu sein. Des öfteren liest man in der Presse etwas von einer Psychoanalyse eines Volkes oder Kontinentes, etwa des schwarzen Afrika, was offenkundig Jargon-Unsinn ist, da nur ein Individuum psychoanalysiert werden kann. Verwüstungen hat das dem psychoanalytischen beziehungsweise individualpsychologischen Vokabular entstammende Wort »Komplex« veranstaltet: Man sagt »Angstkomplex vor der Atombombe«, wiewohl es sich da überhaupt nicht um einen Komplex handelt, sondern um reale und rational begründbare Furcht; man redet von Minderwertigkeitskomplexen, wo Minderwertigkeitsgefühle gemeint sind, von Mutterkomplex, wo Mutterbindung ausreichen würde.

Bei weitem am schlimmsten ist es leider in der Philosophie bestellt, die man eigentümlicherweise immer noch die »reine« nennt. Man muß nicht unbedingt so weit gehen wie Jean-François Revel, der schon vor Jahr und Tag die gesamte moderne Philosophie als Glossurgie, leerlaufende Rede, verwarf – haben wir doch unter den »Reinen« die logischen Positivisten, von denen zwar positiv nicht sehr Substantielles zu hören sein mag, die aber immerhin die philosophische Sprache von manch aufgelegtem und sehr zählebigem Unsinn befreiten. In einem anderen Werk ›La cabale des dévots‹ aber spricht Revel sehr legitim von der »verbalen Inspiration« der Philosophie und argumentiert gegen seine Widersacher: »Man hat mir Demagogie vorgeworfen und gesagt, ich wollte dem breiten Publikum schmeicheln mit meiner Forderung, daß die Philosophie immer klar, leicht, einsichtig, jedermann zugänglich sei. Ich habe in Wahrheit das Gegenteil behauptet: Heute ist die Philosophie der Weg des geringsten Widerstandes. Ich habe nicht geschrieben, daß die Philosophie sich keiner Fachsprache bedienen dürfe, sondern, daß sie nur *scheinbar eine Fachsprache* zu Gebote hat ...«

Tatsächlich drückt sich die Philosophie, mit Ausnahme der mathematischen Logik, nicht in einer Fachsprache aus und hat in ihrer ganzen Geschichte keine solche entwickelt; anders hätten nicht so viele Philosophen ihre eigenen Terminologien einführen können. Die Philosophie *ist* kein »Fach«, keine Wissenschaft: Der französische Sprachgebrauch, der mit »science« nur Naturwissenschaft meint und erst heute den noch nicht bewährten Begriff der »science de l'homme« für Anthropologie, Soziologie, Psychologie, Metalinguistik et cetera aufgenommen hat, entspricht den Wissenstatbeständen und Erkenntnismöglichkeiten besser als der deutsche mit seiner »Geisteswissenschaft« und »Naturwissenschaft«. Ist die Philosophie nun aber kein »Fach«, keine »science«, so ist es doch Unsinn, sie als Unsinn schlankweg abzutun. Das Philosophieren ist ein menschliches Ausschreiten und Aufsteigen, wenn es auch dann den Wittgensteinschen Punkt geben mag, an dem man die Leiter der philosophischen Sätze wegwerfen muß, nachdem man durch sie, auf ihnen, über sie hinausgestiegen ist. Philosophieren ist Handeln, aus der Not heraus, wie Ernst Bloch das versteht, wenn er sagt »Not lehrt denken«; und sie ist, gleichfalls nach Blochs Worten: »Das fragende Staunen«.

Wer ausschreitet, kann sich verlaufen und auf Holzwege geraten; wer höherklimmt, kann sich versteigen, wie der Kletterer im Fels, und das Wort Verstiegenheit für leicht närrisches Denken oder Verhalten ist eine der geistreichsten von der Alltagssprache produzierten Metaphern. Der Raum des philosophischen Denkens ist ein unwirtlicher. Es gibt keine Disziplin, die so dem tödlichen Eindringen von Unsinn ausgesetzt wäre wie die Philosophie. Und keine andere Sprache ist so sehr wie die ihre bedroht von der Gefahr der Jargonisierung. Nicht einmal der in diesem Falle stets unter Anführungszeichen zu setzende »Fachmann«, der Philosophieprofessor, ja nicht einmal der schöpferisch philosophische Geist ist bewahrt davor, sich an den eigenen, oft selbstgeprägten Jargon zu verlieren, am Ende dann sogar die rituelle Gebetsmühle der, zuvor unter harter Denkarbeit und in emotioneller Steigerung aufgebauten, aber schließlich degenerierten Sprache abschnurren zu lassen. Es gibt – dies wäre das Thema eines ganzen Buches – kaum eine Philosophie, die nicht Jargon geworden wäre.

Ist der Prozeß der Jargonisierung einmal in Gang geraten, entsteht das, was einst Heinrich Mann in seinem Zola-Essay die »Tiefschwätzerei« genannt hat (wobei freilich gleich hinzuzusetzen ist, daß sie von wirklicher Gedankentiefe nicht nur kaum unterscheidbar ist, sondern auch in ihrem verdorbenen Zustand stets noch Elemente authentischen Denkens in sich trägt). Heinrich Mann prägte das polemische Wort in der Auseinandersetzung mit seinem Bruder: Das war eine große Ungerechtigkeit; denn, ach, wie klar und treu und fast bieder klingen uns Thomas Manns Tiefsinnigkeiten heute im Ohr, die wir inzwischen viel Ärgeres haben erfahren müssen, als selbst die Schlafstrohgespräche der Studenten aus dem »Faustus« parodistisch uns zumuteten. Wir hatten namentlich den von Heidegger geschaffenen, in Adornos durchdringender Schrift als überständiges Denken entschleierten »Jargon der Eigentlichkeit« im Sinne. Dieser Jargon hat sich parodiert in der von Adorno angeführten pseudodichterischen Blut- und Boden-Betulichkeit. – Ja: »Wenn in tiefer Winternacht ein wilder Schneesturm mit seinen Stößen um die Hütte rast und alles verhängt und verhüllt, dann ist die hohe Zeit der Philosophie. Ihr Fragen muß dann einfach und wesentlich werden ... Und die philosophische Arbeit verläuft nicht als abseitige Beschäftigung eines Sonderlings. Sie gehört mitten hinein in die Arbeit des Bauern.« – So ging das zu in den goldenen zwanziger und den blutigen dreißiger Jahren. Dieser Jargon, wie er hier zwar in seiner krudesten, aus dem Zusammenhang gerissenen Form aus Heidegger zitiert wird, ist geradezu wehrlos der Tiefschwätzerei ausgeliefert, die in diesem Fall ja dann so deutlich den üblichen Weg nahm: aus dem Hörsaal und der philosophischen Fachzeitschrift über das gehobene literarische Periodikum bis in den Provinzzeitungs-Leitartikel, ja, bis auf die Tribüne des Wahlredners. Im übrigen war er rückwärts gewandt und dementsprechend, legt man ihm einen präzisen politischen Wortsinn zugrunde, reaktionär.

Es geht uns hier nicht um die Kritik einer bestimmten Philosophie. Kaum eine, sagten wir eben, »die nicht Jargon geworden wäre«. Halten wir uns also an den Jargon. Der eben erwähnte findet sich nach wie vor in Bruchstücken bis in die Zeitungssprache. Die »echte Aussage« ist noch immer da, das »gültige Gespräch« auch, man lebt noch »wahrhaft in der Welt«, voll von »Seinsbejahung« und »Seinsgläubigkeit«. Doch beginnt die Phraseologie dieser Art vor unseren Augen zu verwelken und zu vergilben. Es gibt schon wieder Leute, die nicht »echt« unbedingt dort schreiben, wo man früher »wirklich« geschrieben hätte. Die »Gültigkeit« gilt nicht mehr allerorten. Ein Gespräch hat gute Chancen, wieder zur urbaneren Diskussion zu werden, und für den Verfall der Seinsgläubigkeit sorgen schon die täglichen Rundfunknachrichten. Der Jargon der Eigentlichkeit hat sich als sehr uneigentlich oder, wie Sartre sagen würde, als »inauthentique« erwiesen. Die Tiefschwätzerei solchen Musters versickert.

Dafür steht ein anderer Jargon im Begriffe, die Sprache aufzublähen. Dieser ist nicht reaktionär, im Gegenteil: Er gibt sich progressiv bis progressistisch. Er ist nicht raunend, sondern schneidend, nicht wuchtig-gewichtig, sondern scharf-elegant. Er trieft nicht von Serenität, sondern tritt aggressiv auf. Seine Heimat ist nicht die schneesturmumbrauste Schihütte, sondern – nein: zu sagen das Café wäre eine Unwahrheit, denn in den heute aussterbenden Cafés war man witzig, klar, geistig schlank wie Polgar oder volkstümlich derb wie Tucholsky – seine Heimat ist das mit allem Komfort ausgestattete Arbeitszimmer, das Funk- oder Fernsehstudio, der Sitzungsraum konferierender Redaktoren. Es ist der Jargon der Dialektik, von dem wir eingangs einen Modellfall anführten. Dort geht es hoch her mit Reflektiertheit und negativer Positivität, mit Verdinglichung, unglücklichem Bewußtsein und Fungibilität. Wie dieser Jargon seinerseits am Ende politisch reaktionär zu wirken Gefahr läuft, wird noch zu zeigen sein.

Es ist dieser Jargon der Dialektik, soweit ich die geistige Topographie zu überschauen vermag, was mir freilich gewiß nur teilweise möglich ist, in Frankreich und Deutschland behaust. Die angelsächsischen Länder sind weitgehend frei von ihm. In England und in den USA herrscht immer noch mit Ausschließlichkeitsanspruch der in Wien geborene logische Positivismus, der erst durch Wittgenstein nach England, später durch Carnap nach den Vereinigten Staaten gezogen wurde. Daß diese Denkrichtung mit ihrem Respekt vor den Tatsächlichkeiten, den Fakten oder »facts« gerade in den USA ihren Nährboden finden konnte, ist über das Soziologische hinaus *politisch* außerordentlich erhellend: Die USA als schon verwirklichte beste aller möglichen Welten, als die sie sich verstehen, brauchen eine Philosophie der puren Tatsachen-Spiegelung, ohne kritisch-subversive Schwungkraft. Von den Neo-Positivisten, die sich legitim schmeicheln, wertfrei zu denken und eine in der exakten Wissenschaft abstrahierte Wirklichkeit für sich selbst sprechen zu lassen, ist wenig zu befürchten, vor allem nicht, daß sie das soziale und politische positive Recht als positives Unrecht entschleiern könnten. Den USA – und in geringerem Ausmaß England – fehlt die dialektische Allüre. In diesen Ländern hätte sie als Agens kritischer Aufklärung ihren Platz, und die Gefahr ihrer Jargonisierung könnte dabei gut und gerne in Kauf genommen werden. In Deutschland und Frankreich aber stehen wir an dem Punkt, wo die Quantität echten und jargonhaft degenerierten dialektischen Denkens und Redens in die Qualität umschlägt: Eine Qualität, die geistesgeschichtlich als mythologisierend und mystifizierend, politisch als potentiell reaktionär zu erkennen wir nicht umhin kommen.

Der schon mehrfach zitierte Jean-François Revel, direkter

geistiger Nachfolger des großen Julien Benda und einer der letzten gut traditionell französischen Aufklärer, hat seinem Buch ›En France sans opposition‹ einen *index verborum prohibitorum* beigefügt, eine Aufzählung von Ausdrücken und Phrasen, deren sich jeder Denker der Linken zu enthalten habe. Unter den verbotenen Wörtern finden wir auch »dialectique« als Adjektivum, das nach dem Hauptwort »dépassement« (Überschreitung) unter allen Umständen zu vermeiden sei. Jedoch ist sowohl in der französischen als auch der deutschen gehobenen Publizistik die überflüssige bis mißbräuchliche Anwendung des Wortes »dialektisch« der vergleichsweise harmlose Aspekt des Problems. Wir haben es da mit einem pseudomagischen Schlüsselwort zu tun, das, wenn es auch nirgendwo ein Tor aufschließt, so doch geeignet erscheint, noch dem anspruchslosesten Zeitungsartikel ein Air höherer Intelligenz zu geben. Man spricht denn nicht mehr von »Spannungen«, sondern von »dialektischen Spannungen«. Ein Gegensatz wird zum dialektischen Gegensatz. Jeder Prozeß ist ohnehin ein dialektischer, und ich warte nur auf den Moment, wo die Gerichtssaalberichterstatter die Gewohnheit annehmen werden zu schreiben: »Der dialektische Strafprozeß gegen den dreifachen Doppelgattenmörder ist für den 13. anberaumt.«

Da ist zum Beispiel ein Buchtitel: ›Dialektik der Restauration‹. Das betreffende Werk ist ein ausgezeichneter Essay, in dem der Autor ein äußerst lebendiges Bild der deutschen Gegenwart skizziert. An Dialektik enthält es soviel wie jedes andere ähnliche Werk eines jeden modernen und aufgeklärten Historikers enthalten muß, denn selbstverständlich kann heutzutage niemand mehr Geschichte schreiben, als hätte es niemals Hegel und Marx gegeben. Im Titel aber schon das kleine Feuerwerk Dialektik abzubrennen, war keineswegs notwendig: ›Restauration in Deutschland‹ hätte vollauf genügt. Oder: In dem an und für sich sehr lesenswerten und wohldurchdachten Buch über die Judenfrage des Sartre-Schülers Robert Misrahi, das schon den jargon-dialektischen Titel ›La condition réflexive de l'homme juif‹ führt, ist der folgende Satz zu lesen: »Die zionistische Doktrin ist eine dialektisch vollkommen rigorose Antwort auf die Situation, die durch tausendjährige Verfolgung den Juden bereitet wurde; das Rigorose des Zionismus entfaltet sich auf drei Ebenen, der historischen, logischen, moralischen, da doch die Existenz Israels zunächst die dialektische praktische Vollendung der (jüdischen) Geschichte ist ...« Ich kann den Leser nur bitten, mir da einfach aufs Wort zu glauben, daß der zitierte Satz meint, der Zionismus sei die Reaktion darauf gewesen, daß die Völker der christlichen Welt nicht bereit waren, die Juden zu assimilieren. Der angeführte Ausspruch wäre schon ohne das magische Schlüsselwort »dialektisch« aufgedunsen genug; da dieses aber darin an zwei Stellen aufscheint, wird er zu einem Monstrum, vor dem jedermann, der den Jargon nicht gewohnt ist, beziehungsweise ihn nicht durchschaut hat, im deprimierenden Gefühle eigener Blödigkeit sein Heil in der Flucht sucht.

Man entwischt aber dem Jargon nicht, sondern wird allerorten von ihm eingeholt, in Deutschland vielleicht noch nicht mit solcher Rapidität wie in Frankreich, doch auch schon geschwind genug. Ludwig Marcuse, von einer Zeitung befragt, welches Buch man seiner Meinung nach zur Zeit schreiben solle, hat geantwortet: »Ich schlage vor ein sehr seriöses, Titel ›Ganz ohne Dialektik geht die Chose nicht – Zur Pathologie des Zeitgeistes‹. Damit es kein Wälzer wird, Begrenzung auf die letzten fünf Jahre. Kapitel eins: Wie oft ist das Wort ›dialektisch‹ gebraucht worden? Es genügt, wenn die Zählung bis zu einer Million durchgeführt wird.« – Damit man diesen ironisch gemeinten Ausspruch auch ironisch verstehe: Der Gebrauch des nichts aufschließenden Schlüsselwortes ist in vielen Fällen nur eine oberflächliche Erscheinung, auch geistig nicht gefährlich. Liest man darüber hinweg, hat man oft genug sachhaltige Aussagen, die richtig oder unrichtig sein mögen, jedenfalls aber nicht sinnleer sind. Die Gefahr liegt anderwärts. Wo? Vielleicht im Jargon der Dialektik, wie er in den kommunistischen Staaten offiziell und in der Presse gesprochen wird?

Die Frage ist längst fällig, doch werden wir sie kürzer und bündiger beantworten, als mancher Leser es erwarten oder auch akzeptieren wird. Was man in den kommunistischen Gesellschaften »Diamat« nennt und was behördlicherseits gedacht und gesprochen wird, ist nicht Dialektik, nicht einmal Jargon der Dialektik: Es ist eine rituelle, wenn man will, eine sakrale Sprache von Leerformeln, deren Gültigkeit nicht diskutiert wird. »Was bei Marx«, schreibt Alfred Schmidt in einem Aufsatz zum Verhältnis von Natur und Geschichte, »zur Kritik steht, wurde im Stalinismus in den

Rang einer wissenschaftlichen Norm erhoben.« Den Stalinismus gibt es nicht mehr. Die stalinistische Pseudodialektik aber hat sich erhalten und degenerierte sogar von der Norm zum sinnentleerten sprachlichen Ritual. Der Diamat ist keine Methode, nach der gedacht, noch eine unbewußt kollektiv übernommene Kunstsprache, die gesprochen wird. Er ist Teil eines sich selbst zelebrierenden Machtstils, vergleichbar den patriotischen Tiraden aus Elementarschul-Lesebüchern in den Monarchien einer nahen Vergangenheit. Was *wir* hier Jargon der Dialektik nennen, das suchen und finden wir bis zum Überdruß in der intellektuellen Welt der westlichen Länder, in Deutschland und Frankreich namentlich: Hier ist er auch Gefahr.

Vor mir liegt ein Bericht über ein in Frankreich gehaltenes Colloquium von Soziologen und Psychoanalytikern über das »Faktum Literatur«, eine Unterhaltung, an der unter anderen der bekannte französische Literatursoziologe Lucien Goldmann und aus Deutschland Theodor W. Adorno teilnahmen. In diesem Rapport findet sich der folgende Satz des französischen Gelehrten und Publizisten Serge Doubrovsky über das Wesen des Faktums Literatur: »Die Literatur«, so müssen wir erfahren, »besteht ebenso aus Schweigen wie aus Worten. Was sie sagt, erhält ihren vollen Sinn durch das, was sie nicht sagt: Denn es ist gerade dieses, was sie *sagen will.*« Das Beispiel, wie hier im Jargon die gute alte Tiefschwätzerei gemütlicherer Zeiten zur aggressiv-arroganten Hochschwätzerei wird, ist in höchstem Grade irritierend, nicht nur für den positivistisch nach Eindeutigkeit und logischer Klarheit verlangenden Leser, sondern auch und gerade für den, der dialektisch nachzudenken wünscht; denn auf den ersten Blick wird klar, daß hier die Dialektik nicht Denknotwendigkeit ist, sondern bloßes Stilmittel. Versucht man eine Analyse dieses mit hochfahrender Gestikulation den Leser einschüchternden Ausspruchs, ergibt sich der folgende Tatbestand: Der erste Satz ist, isoliert genommen und in der vorliegenden allgemeinen Form, offenbarer Nonsens: Von Literatur kann erst gesprochen werden, sobald das Schweigen gebrochen und das Wort ergriffen wird. Doch will natürlich der erste Satz seinen Aussagewert aus dem folgenden ziehen und wir haben darum gar kein Recht, ihn auszusondern. Aber auch mit ihm stimmt es nicht beziehungsweise: Er ist dermaßen vage, daß er noch die unverbindlichste Spekulation, um nicht zu sagen, dumpfes Sinnieren herausfordert. Daß nämlich die Literatur gerade das sagen will, was sie nicht sagt, reduziert sich im günstigsten Fall auf die Trivialität, daß die bezeichnenden Wörter niemals identisch sind mit dem, was sie bezeichnen. Warum sie aber gerade aus dieser Tatsache ihren Sinn erhält, ist unerfindlich, denn wenn ich sage »rot«, wird das Wort keineswegs sinnvoll dadurch, daß es *nicht* mit dem objektiven physikalischen Ereignis und der subjektiven Qualität roter Farbe gleich ist, sondern daß es im Empfänger der Botschaft eine bestimmte Vorstellung auslöst. Überträgt man den Ausspruch Doubrovskys in eine common-sense-Sprache, fällt alles ab bis auf die Feststellung: Das nur Gesagte ist niemals das Seiende, darum kann der Schriftsteller mit seinen Worten keine Wirklichkeit schaffen.[2]

Weniger fluid, dafür um so arbiträrer bedrängt uns der Jargon in den Schriften eines anderen Franzosen, des marxistischen Kultursoziologen Lucien Goldmann. In einem Essay über den Nouveau Roman, in dem er die artistische Entsprechung und gleichzeitige Durchleuchtung der kapitalistischen Industriegesellschaft sieht, schreibt Goldmann: »Auf literarischer Ebene äußert sich die essentielle Transformation (der Gesellschaft) – wie Robbe-Grillet und Nathalie Sarraute es uns zeigen – in der strukturellen Einheit Person-Gegenstand, die modifiziert ist durch das mehr oder weniger radikale Verschwinden der Person und durch eine dazu korrelative, nicht weniger bemerkenswerte Autonomie der Gegenstände.« – Warum die essentielle Transformation der modernen Industriegesellschaft die Person zum Verschwinden bringt und den Gegenständen Autonomie verleiht, ist schwer erklärbar, da doch im Kapitalismus des neunzehnten Jahrhunderts die berüchtigte »Verdinglichung« eine noch

[2] Ich darf, ich muß mich hier öffentlich an die Brust schlagen. Einem Buche über die Kondition des Naziopfers gab ich den Untertitel ›Bewältigungsversuche eines Überwältigten‹. Das war nicht als ein Wortspiel gesucht worden, sondern hatte sich mir *jargondialektisch* aufgedrängt, ohne daß ich der Fazilität widerstanden hätte: Der Bewältiger ließ sich vom Jargon überwältigen. Als ich mir klar wurde über das wohlfeile dialektische Klischee, war das Buch gedruckt – und mir blieb das Unbehagen am eigenen Versagen vor den Lockungen einer Modesprache.

aufdringlichere Realität war als heute, was aber Flaubert und Stendhal keineswegs gehindert hat, Personen – um ein von der modernen Literaturkritik verpöntes Wort zu gebrauchen – zu »gestalten«. Was die Einheit Person-Gegenstand (die in diesem Zusammenhang keineswegs phänomenologisch verstanden werden darf) eigentlich bedeuten soll, darüber wird uns keine Auskunft gegeben. Sie liegt ganz offensichtlich nicht in der Wirklichkeit, sondern im Jargon der Dialektik.

Man vergleiche mit der Bedürftigkeit solcher Jargondialektik einen authentischen dialektischen Gedanken, wie er uns entgegentritt in den drei Hammerschlägen der berühmten ersten Sätze von Ernst Blochs Tübinger Einleitung in die Philosophie: »Ich bin. Aber ich habe mich nicht. Darum werden wir erst.« »Ich bin«: die unanzweifelbare Tatsache meines Daseins in der Welt. »Aber ich habe mich nicht«: die antithetische Erkenntnis, daß ich, um wahrhaft zu sein, Welt gewinnen muß und nicht gewinnen kann, solange ich Ware auf dem Markt bin. »Darum werden wir erst«: die synthetische Steigerung, nicht nur zur Idee des vollen Sich-Verwirklichens im Werden, das zum Selbstbesitz führen soll, sondern in die Ausweitung eines erst im Wir sich ganz wiederfindenden Ich.

Es ist nun freilich in der Dialektik schwieriger als irgendwo anders im Raume der Philosophie, Jargon und Authentizität zu unterscheiden. Wäre die Dialektik in der Tat, was die Dialektiker von ihr glauben, daß sie es sei: nämlich eine *Methode*, fiele die Auslese des Echten aus der Fülle des nur Geredeten nicht gar so schwer. Sie ist aber keine Methode im Sinne systematischer wissenschaftlicher Wegbereitung der Erkenntnis; das hat sogar der Dialektik-Forscher Robert Heiss implizite einbekannt, wenn er in seinem Buch ›Wesen und Formen der Dialektik‹ sagt: »Das dialektische Denken hat seine klaren methodischen Prinzipien und seine bestimmte Vorstellung von der Wahrheit, *die freilich weder dem üblichen Begriff der Methode, noch der üblichen Vorstellung der Wahrheit entspricht.*« Und noch viel weniger ist Dialektik eine in Form wissenschaftlicher Hypothesenbildung auffindbare Realität, wie Roger Garaudy das in seiner Auseinandersetzung mit Sartre, Jean Hyppolite und anderen Marxisten einmal nachgerade naiv formuliert hat: »... es gibt ein materielles Ansich, vor uns und außer uns; es hat, ebenfalls vor und außer uns, eine Struktur; die Wissenschaften beweisen uns, daß diese Struktur dialektisch ist...« Wer nicht bedingungslos eingeschworen ist auf die Dialektik, richtiger: Wer nicht diesen Begriff zum Altar einer Religion gemacht hat, verfällt in Konsternation. Die Wissenschaften beweisen es! Die Sentenz läuft jeder Wissenschaftslogik und Epistemologie zuwider, denn die exakten Wissenschaften begnügen sich damit, Hypothesen empirisch zu verifizieren und mögliche Ableitungen daraus mathematisch zu ermitteln. Die Wissenschaft beweist immer nur die Richtigkeit oder Unrichtigkeit von Sätzen; sie schweigt über sich selber. Blockiert wäre wissenschaftliches Denken, wenn der Forscher, statt die Ergebnisse seines Bemühens an der Wirklichkeit zu prüfen, dem Ansich der materiellen Welt das Gerüst einer Struktur *a priori* aufzwingen wollte.

Die Dialektik also ist keine Methode; sie ist auch keine Eigenschaft der Natur. Was aber ist sie dann? Ich proponiere, im vollen Bewußtsein der Vorläufigkeit meines Vorschlags, eine Definition, die bereits angedeutet war: Dialektik ist eine *Allüre des Denkens.* Vielleicht, wahrscheinlich ist sie die Art geistigen Gehens und Stehens, die wir in diesen Tagen nötig haben. Doch ist sie ein sehr unsicheres, schwankes Ausschreiten und zu alledem: Sie ist so erschreckend leicht nachahmbar, wobei zur Nachahmung auch *Selbst*nachahmung gehört. Nicht selten sehen wir denn authentische dialektische Denker als Opfer ihres eigenen Jargons, an den sie sich gewöhnt haben und den sie nun serienmäßig reproduzieren. Daß aber die dialektische Allüre so spielend leicht zu mimen ist, hat wenig zu tun mit der mehr oder minder starken imitatorischen Begabung der dialektischen Denker; es liegt in der Dialektik selbst, in der als Überdeutlichkeit sich selbst spielenden Undeutlichkeit, in der essentiellen Problematik ihres wankenden Vorwärtsschreitens, das ihre Größe ist, aber auch ihre Misere.

Nicht unstatthafte Anmaßung ist es, wenn ich von torkelndem Schritt spreche. »Das Wahre ist so der bacchantische Taumel, an dem kein Glied nicht trunken ist, und weil jedes, indem es sich absondert, so unmittelbar sich auflöst – ist er ebenso die durchsichtige und einfache Ruhe. In dem Gerichte jener Bewegung bestehen zwar die einzelnen Gestalten des Geistes, wie die bestimmten Gedanken nicht, aber sie sind so sehr auch positive notwendige Momente als sie negativ und verschwindend sind.« Wer hat das geschrieben? Wer von Taumel gesprochen und zugleich die Zweideutigkeit dialektischen Denkens exemplifiziert durch die Behauptung, daß dieser Taumel ebenso durchsichtige und einfache Ruhe sei? Georg Wilhelm Friedrich Hegel, nachzulesen in der ›Phänomenologie‹. Das ist gewiß keine originelle Entdeckung. Man kennt die Hegelsche Logik, die mit dem im sprachüblichen Sinne logischen Denken nur den Namen gemein hat. Welch pueriles Unterfangen wäre es jedoch, auf wenigen Seiten eine Kritik der Dialektik zu wagen! Die Logik hat es leicht, die Dialektik zu »widerlegen«, doch wie wenig getan ist mit der positivistischen Beweisführung, hat uns die Wirklichkeit gezeigt. Carnap nahm sich einmal einen Heideggerschen Satz her und führte den Beweis, daß er nach positivistischen Kriterien »sinnlos« ist. Das hat aber keinen nachdenklichen Menschen gehindert, der Faszination Heideggers zu erliegen. So wenig wie logische Analyse die Existenzphilosophie zerschlug, wird sie jemals dialektisches Denken zu ersticken vermögen.

Doch noch einmal: Es geht uns hier nicht in erster Linie um die Dialektik, sondern um den durch sie produzierten Jargon. Dargetan werden soll, daß die Dialektik leichter als irgendeine andere Methode philosophischen Denkens zum Jargon deformiert werden kann. Das Positive ist das Negative; das Wort ist das Schweigen; das Licht ist das Dunkel; der Überwältigte bewältigt ... dialektische Sätze oder auch paradoxe? Der erwähnte Robert Heiss hat in seinem Buch über Wesen und Formen der Dialektik der ›Dialektik der Sprache‹, die er im Paradoxon zu erkennen meint, einen ganzen Abschnitt gewidmet und hierbei nicht nur berühmte logische Widersprüche angeführt wie die Antinomie des lügenden Kreters und das Grellingsche Paradoxon heterologisch-autologisch; er hat ganz ausdrücklich auch den alten Kindervers als Beispiel herangeholt: »Dunkel war's, der Mond schien helle / Schnee lag auf der grünen Flur / als ein Wagen blitzeschnelle / langsam um die Ecke fuhr. Drinnen saßen stehend Leute / schweigend ins Gespräch vertieft / als ein totgeschoß'ner Hase / auf der Sandbank Schlittschuh lief.« Heiss hat dieses Exempel für *leerlaufende* Dialektik hingesetzt. Wer aber kann, wenn es sich nicht mehr um einen Kindervers handelt, sondern etwa um den oben zitierten Ausspruch, daß die Literatur ebenso aus Schweigen wie aus

Worten besteht, in solchem bacchantischen Denktaumel, den zugleich als einfache Ruhe zu erkennen überaus schwerfällt – wer kann, frage ich, im Gebiete solch erwachsener Hochschwätzerei mit einiger Gewißheit die inhaltlich gedankenträchtige von der inhaltslosen Dialektik, wer kann die notwendig antithetischer Formulierung sich bedienende Philosophensprache so ohne weiteres vom Jargon unterscheiden? Hier stehen wir dem Verhängnis der Dialektik gegenüber, dem vom Denken über sie und von ihr über uns verhängten.

Nur eines ist inmitten dialektischer Spiegelfechterei sicher: *Banal ist der dialektische Satz niemals.* Drinnen saßen Leute, ein Wagen fuhr langsam um die Ecke, finster war's: Das ist natürlich hoffnungslose Binsenwahrheit, verglichen mit der im Kindervers sogar poetische Potenz gewinnenden sibyllischen Erzählung vom Wagen, der *blitzeschnelle* langsam um die Ecke fuhr, von der *Finsternis* des Mondlichts, den Leuten, die zugleich stehen und sitzen. Ich glaube, daß die eingeborene Eigenschaft der, wenn dieser Ausdruck erlaubt ist, »Anti-Banalität« dialektisch-paradoxen Sprechens uns den Schlüssel an die Hand gibt zum Verständnis wenn nicht der Dialektik, so doch ihres Jargons. In einem Aufsatz von Theodor W. Adorno ›Meinung, Wahn, Gesellschaft‹ lese ich einen Satz, der uns Auskunft gibt über die vorgebliche Banalität des im Positivismus geläuterten gesunden Menschenverstandes, über die forcierte Anti-Banalität dialektischen Denkens und die Furcht vor der Banalität, die allenthalben geistige Panik erzeugt. »Das Banale kann nicht wahr sein«, heißt es da. Nun sehe der naiv mit empirischer Wahrheitsprüfung und logischer Deduktion operierende Zeitgenosse zu, wie er zurechtkommt! Der Satz stammt aus der Werkstatt eines bedeutenden Denkers, der eine große Leistung im Felde des dialektischen Denkens vollbracht hat. Um so trauriger, daß im deutschen Sprachraum gerade er für den Jargon der Dialektik die Hauptverantwortung trägt. »Das Banale kann nicht wahr sein«: Da haben wir eine geradezu terroristische Behauptung, die sich stützt auf die mehr als nur legitime, nämlich notwendige, unerläßliche Überlegung, daß sich der Gedanke erprobt in der »Liquidation der Meinung: buchstäblich: der herrschenden. Diese ist nicht bloße Unzulänglichkeit der Erkennenden, sondern ihnen aufgezwungen von der gesellschaftlichen Gesamtverfassung und damit von den Herrschaftsverhältnissen.« Dennoch ist das Verdammungsurteil über die Banalität, in der ja durchaus nicht immer und überall »Meinung« steckt, sondern auch zu Recht so und nicht anders Gemeintes, in dieser allgemeinen apodiktischen Form nicht akzeptabel.

»Das Banale kann nicht wahr sein.« Warum eigentlich und was soll das überhaupt heißen? Adorno sagt es: »Was in einem falschen Zustand von allen akzeptiert wird, hat, indem es diesen Zustand als den ihren bestätigt, vor jedem besonderen Inhalt schon sein ideologisches Unwesen.« Darüber läßt sich reden. Es könnte ein solcher Satz sogar als kritische Warnungstafel errichtet werden in weiten Gebieten der Sozialphilosophie. Er gilt jedoch nicht mehr in der im engeren Sinne banalen Sphäre, der alltäglichen nämlich, wo Sätze ständig einer Realitätsprüfung niedrigen Grades unterworfen sind, von einer Information etwa über das eben herrschende Wetter bis zur Rechnung im Restaurant. Das »ideologische Unwesen« redet hier, wie oft, eben nicht drein, und die »Kruste verdinglichter Meinungen beschirmt« – in solchen Fällen keineswegs – »das Bestehende und sein Gesetz«. Noch weniger gilt der Satz natürlich für die exakten Wissenschaften, in denen jede einmal erzielte Erkenntnis »banal« wird und sich entbanalisiert erst im Moment der von Erfahrung erzwungenen Überschreitung. Hier steht das Banale durchaus und immer auf dem leidlich tragbaren Grund der von Philipp Frank so genannten »relativen Wahrheit«, die jeweils abgelöst wird durch eine andere, wiederum relative, die aber ganz unabhängig ist von Ideologie oder »verdinglichter« Meinung oder »falschem« Bewußtsein.

Der vorläufige Triumph dialektischen Denkens ist Theodor W. Adornos letztes, nach seinem eigenen Wort als »Antisystem« konzipiertes magnum opus ›Negative Dialektik‹, das schon im Schilde ein charakteristisches dialektisches Paradoxon führt. Hier wird gleichsam die Dialektik noch einmal »dialektisiert«, und zwar in Denkbewegungen, von denen zum Teil – wie in den so deutlich wie deutend und deutbar geschriebenen Seiten über den Tod – eine außerordentliche Faszination ausgeht. Gleichwohl ist auch dieses Werk durchzogen vom Jargon oder, wenn wir nun einmal bei diesem Begriff bleiben wollen, von Expressionen violenter Anti-Banalität, in denen sich schließlich Sprache und Denken so sehr auflösen, daß der Leser am Ende dasteht wie

Peer Gynt mit der Zwiebel. Wie unstatthaft es auch sei, aus einem Text von vierhundert Seiten einen Satz zu lösen – wer dieses Buch auch nur kritisch erwähnt, fühlt sich gehalten, aus der Disziplin auszubrechen. Verdrießlich genug für den leider Getroffenen, daß wieder einmal Auschwitz herhalten muß, ein dialektisches Exerzitium zu inspirieren. Da heißt es: »Das Gefühl, das nach Auschwitz gegen jegliche Behauptung von Positivität des Daseins als Salbadern, Unrecht an den Opfern sich sträubt, dagegen, daß aus ihrem Schicksal ein sei's noch so ausgelaugter Sinn gepreßt wird, hat sein objektives Moment nach Ereignissen, welche die Konstruktion eines Sinnes der Immanenz, der von affirmativ gesetzter Transzendenz ausstrahlt, zum Hohn verurteilen. Solche Konstruktion bejahte die absolute Negativität und verhülfe ihr ideologisch zu einem Fortleben, das real ohnehin im Prinzip der bestehenden Gesellschaft bis zu ihrer Selbstzerstörung liegt.«

Der erste Satz, übertragen in eine weniger von sich selber bis zur Selbstblendung entzückte Sprache, meint ungefähr: »Nach Auschwitz noch an einen Sinn der Geschichte zu glauben, hält schwer.« Er ist – abgesehen von der Leerformel über die von Transzendenz angestrahlte Immanenz, die er übrigens ja abweisen will, fragwürdig: Die Opfer haben unter Umständen sehr wohl ihrem Geschick einen Sinn abgerungen; wie, läßt sich nachlesen in Jean-François Steiners ›Treblinka‹. Der zweite Satz ist eine jener nachgerade stark abgenutzten Aufsteilungen gesellschaftskritischer Undeutlichkeit, denn: Ob die Annahme einer ohnehin heutzutage kaum noch ernsthaft zu nehmenden Transzendenz-Ausstrahlung die »absolute Negativität«, was immer das sein möge, bejahte und ihr zu einem ideologischen Fortleben verhülfe, ist kein greifbares Problem. Die ganze Aussage ist, reduziert auf ihren Grundgehalt, banal wie nur eine: Ihre Entbanalisierung ist pur verbal und liegt bereits im Felde des Jargons.

Den dialektischen Denkern sitzt allerwegen die Furcht vor der Banalität im Nacken – etwa der Banalität, Opfer Opfer und Quäler Quäler sein zu lassen, wie sie es beide waren, als geschlachtet wurde. Revel schreibt in seinem Buch ›Contre-Censures‹ über das Werk von Claude Lévi-Strauss: »Weil ich ihn bewundere, beschwöre ich ihn, sich einer Platitüden- und Banalitätskur von fünf bis sechs Jahren zu unterziehen.« Die Banalitätskur, genauer gesagt: eine Geistes- und Psychotherapie gegen die Furcht, banal zu werden, ist manchen Denkern und Schriftstellern, die Dialektik treiben und in den Jargon verfallen, dringend zu empfehlen. In Frankreich haben wir alle die ursprünglich vom dialektischen Sartre stark beeinflußten, aber heute den »après-Sartrismus« vorbereitenden Autoren im Sinne: neben dem Anthropologen Lévi-Strauss den Philosophen Michel Foucault, den die Psychoanalyse zur Philosophie, ja Ideologie aufsteilenden Psychoanalytiker Lacan, den Marxisten Althusser, bei denen übrigens der Dialektik-Jargon schon überlagert ist von der jüngsten Version: der Modesprache des Strukturalismus. Sie reden eine Sprache antithetischer Unverbindlichkeit, in einem verletzend hochfahrenden Tonfall, als wollten sie sich rächen an einer exakten Wissenschaft, die ganz undialektisch täglich ihre kleineren oder größeren, immer aber sicher gesetzten Schritte vorwärts tut und sich um sie sehr wenig kümmert. Damit schaden sie der wertfrei und, zugegeben, ohne jede moralische und gesellschaftliche Verantwortlichkeit operierenden, oftmals heillosen Wissenschaft sehr wenig. Sie nützen aber auch der Philosophie nicht, im Gegenteil. Und schon gar nicht wirken sie dem zugunsten, was wir hier ohne weiteren Definitionsversuch die soziale und politische Emanzipation des Menschen nennen, von der sie doch sagen, daß sie ihnen so sehr am Herzen liege. Der Jargon stößt ab, entmutigt. Er ist nicht nur den inkurablen geistigen Vernunftbanausen ein Verdruß, auch allen jenen dialektisch geschulten Lesern, die sich gleichwohl nicht davon abbringen lassen wollen, daß es das Wahre und das Falsche gibt, das Gute und das Böse, und daß unter Umständen sehr wohl, was wahr und gut ist, sich aufs souveränste in Sätzen sagen läßt, die den allzu Gewitzten, allzu Gespitzten als banal erscheinen. Als Sartre in einer Auseinandersetzung über moderne Literatur einmal sagte: »Angesichts eines am Hunger sterbenden Kindes hat mein Buch ›La nausée‹ kein Gewicht«, brach helles Entsetzen aus über einen so von allen guten Geistern der Dialektik verlassenen Ausspruch. Es gab aber solche, die befreit Atem holten, als sie dieses Wort hörten, in dem mehr verborgen lag als »Wörter«.

Die Emanzipation des Menschen, die sich ohne dialektisches Denken bis zum augenblicklichen Stadium gewiß nicht vollziehen hätte können und die weniger als je auf das Risiko des dialektischen schwankenden Schreitens verzichten kann – ist sie nicht zugleich auch angewiesen darauf, daß da und dort das undialektisch grade, das eindeutige, meinetwegen: das banale Wort furchtlos gesagt wird? Das ist dann leicht lächerlich zu machen in einer Kunstsprache, die sich übrigens spielend präfabrizieren läßt mittels der Lektüre von Hegel plus Karl Kraus. Doch sagt die polemische Überlegenheit des dialektischen Jargons so gut wie nichts aus über den Wert seiner mühelos errungenen Triumphe. Gerade in der sozialen und politischen Auseinandersetzung versagt die Dialektik, wenn sie sich nicht äußerste Zucht auferlegt. Der hochachtenswerte moralische Elan, die geistreichste dialektische Formulierung kommt da nicht auf *für* und nicht auf *gegen* die Einfachheit, vor der die Dialektiker einen Horror haben, weil sie sie mit Einfältigkeit verwechseln.

Wie redet der politisch engagierte Dialektiker, wenn er der Gefahr der Jargonisierung seiner eigenen Sprache nicht entgangen ist? Vor mir liegt ein Buch, das mir Beispiele an die Hand gibt, ein sehr gescheites Buch. Es führt den eindringlichen Titel ›Die Einübung des Ungehorsams in Deutschland‹, und sein Verfasser, Ulrich Sonnemann, führt einen guten Krieg. Aber wie? So: »Um das Böse der Banalität zu begreifen, reicht es nicht hin, den Blick auf deren historische Anfälligkeit für das Böse zu richten, denn diese selbst bedarf der Klärung; andererseits ist die Banalität, wo sie mit ihrer Gegenwelt gar nicht kollidiert, in erster Linie schlecht und nicht böse. Gleichwohl muß sie mit dem Bösen von allem Anfang an irgend etwas zu tun haben, denn eine Selbstabsperrung des Menschen gegen das Wahre in der Welt, als die die Banalität bestimmt werden muß, ist etwas Aktives; es ist, da solche Schranken eine Ableugnung des Wahren sind, ein Angriff auf dieses selbst. Das setzt voraus, daß die Banalität des Wahren inne ist, das Innesein aber nicht aushalten kann, und also aus der Spannung eines pervertierten Gewissens sowohl ist was sie ist, als auch die Gewißheit, daß eben dieses *nichts ist,* nicht erträgt; in welchem Nicht-Ertragen ihrer selbst, das in ihrer Weltrolle zugleich dann als Nicht-Ertragen des Wahren und Unerträglichkeit für dieses in Erscheinung tritt, ihr Sein besteht.« – Hier ist nun so ziemlich alles, was den Jargon der Dialektik kennzeichnet. Wieder muß denn auch die Banalität herhalten, die in diesem Falle nicht nur niemals wahr sein kann, sondern gleichweg das

Böse ist. Warum sie es ist, wird freilich nicht auseinandergelegt. Nur *wie* sie es ist, wird uns in dialektischer Schein-Schärfe vorexerziert, und wenn wir's nicht begreifen, sind wir selbst banal, ergo böse. Die Banalität ist des Wahren inne. Wie und auf welche Weise? Das kann sie nicht aushalten. Und warum nicht? Sie hat ein pervertiertes Gewissen, sowohl zu sein, was sie ist, und hat dazu die Gewißheit, daß dieses (was sie ist) nichts ist. Das erzeugt Spannung und diese Spannung erträgt sie, die Banalität, nicht. Warum nicht? Man würde meinen, es sei ihr ganz kannibalisch wohl als wie fünfhundert Säuen! Jedenfalls: Hier erträgt sie sich eben nicht und das Nicht-Ertragen ihrer selbst läßt sie in der Welt die Rolle des Nicht-Ertragens des Wahren spielen, worin zugleich ihre Unerträglichkeit für dieses beschlossen ist. Das ganze aber ist ihr, der Banalität, Sein.

Inhaltlich zu argumentieren, hat hier wenig Sinn. Denn alles Ausgesagte ist weder Erschlossenes noch Exemplifiziertes, bleibt vielmehr im Bereich der rein spekulativen Behauptung. Der Autor meint, so jedenfalls übersetze ich seine Worte ins böse Banale, daß der Mensch, der sich mit Denk-Klischees zufrieden gibt, statt sie zu zerstören, durch Unterlassungsschuld zum Feind der Wahrheit wird. Er meint außerdem, daß, wer mit Binsenwahrheiten sich abfindet, ein schlechtes Gewissen hat, weil er spürt, daß er damit seiner menschlichen Verpflichtung zur Wahrheit nicht genügt hat. Nun: Das mag ja stimmen, in Gottes Namen, aber muß es unbedingt so inextrikabel und unter Spekulationen keuchend gesagt werden? Muß gerade ein Buch des politischen Kampfes, in dem es auf Wurf, Machtwort, Passion ankommt, in einer solchen, gewiß erlernbaren, leider von nur allzu vielen bereits erlernten Geheimsprache geschrieben sein?

Die Frage führt uns zurück zur anfangs hingesetzten Andeutung, daß der Jargon der Dialektik, so gewiß sich diese auch als fortschrittlich verstehen mag, am Ende Gefahr läuft, reaktionär zu werden. Abgesehen von dem jedem authentischen Denken innewohnenden Element des Zweideutigen und Spielerischen; abgesehen auch von der anziehenden, weil mit Kontradiktionen jonglierenden und darum allerwegen amüsant auftretenden dialektischen Manier, die zur Manieriertheit auszuarten eine kongenitale Bereitschaft zeigt; abgesehen schließlich von allen logischen Einwänden, die sich rechtens vorbringen lassen gegen dialektisches Verfahren – es droht der Dialektik, nachdem sie erst in den Jargon ihrer selbst abglitt, die Gefahr, zum Verständigungsmittel einer sich als Elite achtenden Schicht zu werden, die das, was zu verteidigen sie sich anschickt, hoffnungslos kompromittiert.

In wessen Augen? Nicht in den Augen des »Volkes«, leider, wir sind noch nicht dort, wohin zu gelangen wir hoffen müssen; um so mehr freilich darf man auch nicht eine Sekunde lang aus den Augen verlieren, daß jede Sprache, die sich mehr und mehr dem Volk entfremdet, sich selbst herausnimmt aus jenem Prozeß, den zu beschleunigen sie sich verpflichtet. Nicht nur dem Volk aber, sondern auch der Mehrzahl der Intellektuellen hat sich der Jargon der Dialektik entfremdet. An die Stelle der terribles simplificateurs treten die nicht weniger schrecklichen Komplikatoren: Sie werden morgen in geistiger Inzucht verkümmern, wenn sie nicht bereit sind, das Risiko dessen einzugehen, was sie heute die »Banalität« nennen.

Die geistige Gangart der modernen, geschichtlichen Dialektik begreift sich als das Unternehmen, gesellschaftliche Prozesse zu erhellen und durch die Erhellung zugleich auch zu verändern. Wo freilich nicht erhellt, sondern durch rein verbale Schein-Auflösung von Kontradiktionen verdunkelt wird, unterliegt der Prozeß gleichfalls einer Beeinflussung: nur daß er nicht vorangetrieben wird, sondern aufgehalten.

So ist denn die Dialektik zunächst einmal radikal zu entjargonisieren. Des weiteren ist eine dialektische Sprache zu finden, die in äußerster Zucht und unter Verzicht auf jeden polemischen Effekt das schwankende dialektische Vorwärtsschreiten nacherzählt. Schließlich muß der Marxsche Gewaltakt, die Dialektik, wo sie auf dem Kopfe steht, auf ihre Füße zu stellen, in Permanenz neu vollzogen werden. Fortschrittliches Denken kann auf die dialektische Allüre nicht verzichten; es kann aber nicht bestehen, wenn die Allüre zur sakralen Pantomime wird. Die kritische Aufklärung steht, gesellschaftlich, an einem Punkt, wo sie sich sozial nur bewähren kann, wenn sie sich sprachlich radikal entschlackt. Anders wird sie versagen – vielleicht früher und dramatischer, als wir es uns in den schlimmsten Befürchtungen auszumalen vermögen.

Gewalt und Gefahr der Utopie (1969)

Das Prinzip Hoffnung

»So muß Hoffnung schlechterdings enttäuschbar sein können, erstens, weil sie nach vornehin offen ist, in Künftiges hin und nicht bereits Vorhandenes meint. Indem sie darum echt in Schwebe ist, statt Wiederholung aufs Veränderliche setzt, hat sie mit diesem auch das Zufällige mit sich, ohne das es kein Neues gibt. Mit diesem Zufall, so unzureichend er auch bestimmt werden mag, ist das Offene zugleich auch offen bleibend. So weithin mindestens, daß Hoffnung, die darin ihr Feld hat, mit Wagnis dafür zahlt, nicht auf dem Altenteil zu sitzen. Zweitens aber, eng damit zusammenhängend, muß Hoffnung enttäuschbar sein, weil sie auch als konkret vermittelte nie mit festen Tatsachen vermittelt sein kann.« So lautet eine Schlüsselstelle aus dem Aufsatz von Ernst Bloch ›Kann Hoffnung enttäuscht werden?‹ (in dem Band ›Verfremdungen I.‹). Sie soll uns einführen in unsere Überlegungen zum Problem der Utopie, und dies aus zweierlei Gründen: Einmal weil, wie ich glaube, der häufige aktuelle Gebrauch und der damit verbundene *Ver*brauch des Wortes Utopie rückführbar ist auf das Wirken Ernst Blochs, namentlich auf sein Werk ›Geist der Utopie‹, das vor einem halben Jahrhundert erschien, aber erst nach dem Zweiten Weltkrieg in Deutschland zu voller Aufschlagskraft kam; und zum anderen, weil wir hier noch wiederholt werden aufzuweisen haben, in welch hohem Maße Utopie als historisches und psychologisches Phänomen reduktibel ist auf Hoffnung – *enttäuschbare* Hoffnung, um es nochmals sehr ausdrücklich zu sagen.

Wäre ich hier befaßt mit einer fachwissenschaftlichen Arbeit, ich müßte der konventionellen Verpflichtung nachkommen, zuvörderst den Begriff der Utopie zu definieren. Ich darf es mir ersparen, wiederum aus zweierlei Gründen: Von fachlichen Ambitionen kann in diesem Essay schon rein umfangsmäßig keine Rede sein;[1] und im übrigen glaube ich,

[1] Nur am Rande sei angezeigt, daß eine der besten fachwissenschaftlichen Arbeiten zur begrifflichen Abklärung des Ausdrucks Utopie von Arnhelm Neusüss stammt und in dem Sammelband ›Utopie‹ nachgeschlagen werden kann.

daß man zu substantielleren Resultaten kommt, wenn man zunächst einmal den Sprachgebrauch abhört. Dieser enthält nämlich etwas, das ich die »soziale Definition« nennen möchte; sie ist nicht klar, aber reich, nicht präzise, hingegen enger mit der Wirklichkeit unserer Welt verwachsen. In sie redet der Philosoph ebenso drein wie der schlichteste Zeitungsleser, darum läßt sie uns besser als die fachliche Genauigkeit erkennen, was wir als Titel wählten: ›Gewalt und Gefahr der Utopie‹.

Was fällt als erstes auf, wenn wir den Spuren der Sprachüblichkeit nachgehen? Etwas höchst Einfaches, das aber gleichwohl nicht oft genug verdeutlicht wurde: Man redet heute von »Utopie« allerwegen dort, wo man früher einfach »Ideal« gesagt hätte. Es wäre nun freilich falsch und würde der Auffassung einer durch Sprachüblichkeit vermittelten »sozialen Definition« nicht entsprechen, wollten wir hierin nur eine Erscheinung der Mode (beziehungsweise Geistesmode) oder auch der allgemeinen Trägheit im Erfinden neuer Begriffe sehen. Unleugbar, Modisches ist im Spiel, wo ein Ausdruck unbedacht oder, wie es der sprachliche Zeitgeschmack will, »unreflektiert« durch die Rede geschleppt wird. Nur ist es so, daß die Annahme einer Sprach- oder Geistesmode stets auch die zumindest teilweise Übernahme eines Normen- oder Referenzsystems voraussetzt. Das heißt in diesem Fall: Wenn man ständig von Utopie redet, wo man einstens »Ideal« gesagt hätte, wird bedeutet, daß dieses »Ideal« kaum noch Fragmente aus dem Gebäude idealistischer Philosophien in sich trägt; es ist nicht mehr etwas Verschwommenes, Schwärmerisches, es gehört nicht mehr dem unausmeßbaren Felde des Transzendenten an. Das Ideal, das sich modisch, wenn man es durchaus so will, aber doch *nicht ausschließlich* modehörig »Utopie« nennt, das begrifflich auch einen höheren Grad von Temporalität und Historizität erkennen läßt, ist dem blassen Bereich der Ideen entrissen, ist vielleicht vom Kopf auf die Füße gestellt, jedenfalls vom Himmel auf die Erde geholt.

Indem ich die starke Frequenz des Ausdrucks »Utopie« – historisch nachweisbar, wie ich glaube – auf Ernst Blochs geistige Wirkung zurückführe, erkenne ich im modernen Utopiebegriff eine Tendenz zum Irdischen, Zeitlichen, Geschichtlichen. Bloch spricht von *konkreter Utopie* – und konkrete Utopie meint heute, wer das Wort überhaupt in seinem Sprachschatz bewahrt. Wer an Utopie denkt, der denkt an das *Reich der Menschen auf Erden:* Dies ist der erste und wichtigste Punkt, der festzuhalten ist, wobei es nicht unerlaubt sein mag, ein weiteres Mal die Differenz zwischen dem zeitgemäßen Begriff der Utopie und dem ganz offensichtlich von der Zeit am Wege gelassenen des Ideals zu bekräftigen. Die Utopie ist realisierbar, wenn auch – da sie doch in der Hoffnung gründet, die enttäuschbar ist – die Möglichkeit ihrer Verwirklichung nicht garantiert ist. *Wo* sie sich nämlich als schon garantiert bekräftigt, ist sie nicht eigentlich mehr Utopie, untersteht sie nicht mehr dem Prinzip Hoffnung, sondern dem »Prinzip Hybris« – doch davon später.

Nun habe ich mich allerdings auf der Stelle einzuschränken, soferne ich nicht der Sprachüblichkeit untreu werden will um einer These willen. Ganz zweifellos schwingen in den weiten und ungewissen Assoziationsbereich des Begriffs zahllose Reminiszenzen idealistischer Natur hinein; idealistischer so gut wie naiv-szientistischer und sogar ganz träumerischer, denn schließlich ist jeder Tagtraum am Ende so etwas wie eine Utopie. Das Wort hat seine Geschichte: Geschichtlich definiert es sich selbst, bleibt aber dabei abhängig vom Informationsbereich dessen, der es überblickt. Für jenen Zeitgenossen, den wir konventionell einen Gebildeten nennen, wird der Begriff in seiner geschichtlichen Selbstdefinition einen Umfang erlangen, der auf Kosten seines Inhalts geht. Wer einiges Bildungsgut mit sich führt und von Utopie spricht, schließt Reminiszenzen an Platos ›Staat‹ ein, aber auch an die negativen oder »Gegen-Utopien« von Orwell und Huxley; er denkt an den Millenarismus primitiver Inselbewohner und an den Neo-Marxismus, seine Gedankenweite reicht von Thomas Morus' ›Utopia‹ über die Entwürfe der Physiokraten und die der utopischen Sozialisten bis zu den nationalistischen Träumereien eines Moeller van den Bruck. Es gibt im Vorstellungsfeld des Informierten die Utopie, die, wie Bloch es ausdrückt, nur »Künftiges meint, nicht bereits Vorhandenes« (und erst recht nicht Vergangenes) – und auf der anderen Seite die rückgewandte Utopie, die einen vergangenen Glückszustand herbeisehnt. Es ist – das sei hier nur beiläufig notiert – seltsam genug, daß ein Denker wie

Herbert Marcuse im letzten Grunde solch rückwärts in die Zeit gerichteter Utopie-Vorstellung anhängt, wenn er etwa von der »vorhistorischen Vergangenheit« spricht, »als das Leben des einzelnen das Leben der Gattung war«, von der »ursprünglichen Einheit« des Allgemeinen und des Gesonderten.

Dies also, hier nur ganz flüchtig verzeichnet, die vielfältigen, oft einander widersprechenden Elemente der historischen Selbstdefinition des Begriffs, wie sie im Kopfe des Gebildeten sich widerspiegelt. Der Mensch mit eingegrenzterem Assoziationsraum hingegen versteht unter Utopie zumeist einfach das, was auch der Duden offeriert, nämlich Pläne ohne reale Grundlage, Hirngespinste.

Sagte ich nicht oben, daß, wer heute das Wort in seinem Vokabular hat, »konkrete Utopie« damit meint, also das Reich des Menschen auf Erden? Ich habe mich nur teilweise korrigiert: Der Utopiebegriff nach seiner Sprachüblichkeit innerhalb der intellektuell-politischen Diskussion bezeichnet ungeachtet der gleichsam als Obertöne mitschwingenden historischen Definitionsfragmente in der Tat dieses Reich des Menschen auf Erden oder, in aktueller Sprache: einen vom gegenwärtigen sehr radikal verschiedenen gesellschaftlichen Zustand, der den »Sündenfall« ungerechter und unmenschlicher Strukturen aufhebt, der eine *conditio humana* möglich macht, die von der Konditionierung nicht mehr in ihr Gegenteil verkehrt wird. Gleich wird uns, sofern man sich einigen kann auf die höchst unmethodische Methode des Hinhörens nach dem Sprachgebrauch, ein eminent politisches Faktum offenbar: Utopie, in der aktuellen Debatte, ist ein Begriff – und leider, das muß eingefügt werden, auch ein Schlagwort – *der Linken*. Utopisches Denken ist und bleibt vorläufig konzentriert um die »konkrete Utopie« Marxens, von der Ernst Bloch spricht. Es wird getragen vom Prinzip Hoffnung, das, wieder den Lehren Marxens entsprechend, zugleich auch ein Prinzip Aktion ist.

Allerdings ist an dieser Stelle auch die Konstatierung einer Tatsache geboten, um die ohnedies niemand herumkommt, der sich mit dem Utopieproblem befaßt: Jedermann weiß, wie es um die Konkretheit dieser konkreten Utopie bestellt ist. Nicht zum besten. Der Gesellschaftskritiker Marx, so scharfsichtig, wenn es um die Kritik der um ihn bestehenden sozialen Zustände ging, blieb eigentümlich diskret, sobald es um die Vision der freien Gesellschaft sich handelte. Er, Schöpfer der konkreten Utopie, wollte kein »Utopist« sein, wie seine sozialistischen Vorläufer es gewesen waren. Er hat darum aber auch seinen Nachfolgern verzweifelt wenige Anhaltspunkte vererbt, so daß jeder Marxist, ob Lenin oder Stalin, Mao oder Castro, Dubček oder Breschnew, sich seine eigene, nun diesmal wirklich konkrete Utopie hat erstellen und an der spröden Wirklichkeit entwickeln müssen.

Marx vermachte den Marxisten, die nach ihm kamen, das erschreckende und manchmal zur Schrecklichkeit führende Risiko der Freiheit. Dieses Risiko – Ernst Blochs »Wagnis« – schloß die Gefahr ein, daß das Prinzip Hoffnung, entstanden aus dem Glauben, ihm im Zeitenablauf entwachsen, wieder in das Glaubensprinzip einmündete. Was Bloch »konkrete Utopie« nennt, wurde in dem von Marx ausgesparten und nach ihm schlecht genützten Freiheitsraum zur *konkretisierten* Utopie: Ihr seid im Paradies, sagte drohend Stalin seinen Untertanen, und wenn ihr's nicht glaubt, werdet ihr erschlagen.

So wie Ideologiekritik, angefangen mit Marx selber, eine Sache der Linken war, wurde *Utopiekritik*, da doch die konkretisierten Utopien nur allzu verwundbare Stellen zeigten, zur Sache der Rechten – rechts hier in sehr weitem, auch den bürgerlichen Reformliberalismus umgreifenden Sinne verstanden. In seinem Aufsatz ›Utopia and Violence‹ schrieb der aus Österreich stammende, unter bedeutendem Ansehen in England wirkende liberale Philosoph Karl Popper 1963: »Der (politische Utopist) muß alle ketzerischen, konkurrierenden Anschauungen gründlich ausmerzen und vernichten, denn der Weg zum utopischen Ziel ist lang (... man ...) erlaube seinen Träumen nicht, dich von den Bedürfnissen der Menschen jetzt und hier fortzulocken, die jetzt und hier leiden. Unsere Mitmenschen haben Anspruch auf unsere Hilfe, keine Generation darf künftigen Generationen zuliebe geopfert werden, eines Glücksideals wegen, das nie verwirklicht werden kann ... Die utopische Haltung ist der vernünftigen entgegengesetzt. Selbst wenn der Utopismus des öfteren in rationalistischer Verkleidung auftritt, ist er nicht mehr als ein Pseudo-Rationalismus ... Das Bestechende des Utopismus, glaube ich, entstammt der mangelnden Einsicht, daß wir keinen Himmel auf Erden schaffen können. Was wir statt dessen tun können, das ist, wie ich meine, das Leben etwas weniger furchtbar zu machen und etwas weniger ungerecht in jeder Generation. Auf diese Weise kann sehr viel erreicht werden. In den letzten hundert Jahren ist sehr viel erreicht worden ...« Ich habe Karl Popper ausführlich zitiert, da seine Argumentation *mutatis mutandis* für die der gesamten Utopiekritik der Rechten, der eingestanden konservativen wie auch der fortschrittlicher auftretenden, charakteristisch ist. In der Tat ist diese Utopiekritik in genauer Paßform zugeschnitten auf die »konkretisierte Utopie«, von der oben die Rede war – auf eine Utopie also, die am Risiko der Freiheit scheiterte und sich in der falschen Realisierung als Utopie selbst negierte.

Die Utopiekritik der Rechten operiert heute weniger mit dem Argument, es sei besser, das Bestehende zu wahren – in Vulgärsprache übertragen: »sicher ist sicher« –, als kaum Erreichbares zu wollen. Sie hält sich vielmehr an das positive bis positivistische Inventar der vorliegenden melioristischen Ansätze, aus denen dann extrapoliert wird. Die Rechte ist, in ihrer Überzeugung, daß wir im Sinne Poppers »keinen Himmel auf Erden« einrichten können, oft bereit, vom Menschen überhaupt abzusehen und ihren Blick nur noch auf nahe und nächste Zukunft zu richten, wobei der Traum, der ja als ein kollektivpsychologisches Faktum immerhin noch bestehen bleibt, aus dem Menschen in die Dinge verlegt wird beziehungsweise, wie Günther Anders das formuliert: in die »Geräte«. Das Entzücken über Mondlandungen, Computer, aber auch einfache Haushalt-Gadgets ist der Ausdruck solch humaner Resignation. Nun ja, man wird sich weiterstreiten, wird Kriege führen, wird die beleidigenden Ungerechtigkeiten im besten Falle ein wenig mildern. Die hier als böse angenommene Menschennatur ist Ausrede und Vorwand, ist das »Natur-Unrecht«, wie man es sogar aus den Arbeiten von Konrad Lorenz herauslesen zu dürfen glaubt! Man wird die schlechte Welt in ihrer Schlechtigkeit belassen, da man ohnehin wehrlos ist gegen das »sogenannte Böse«: Dafür wird man sich aber im Bösen zumindest komfortabel installieren, die Wissenschaft garantiert dieses Behagen in der Tragödie. – So etwa impliziert es die Utopiekritik der Rechten.

Wenn dennoch die Linke ihr utopisches Bewußtsein nicht aufgeben will, wenn sie beharrt auf dem Prinzip der enttäuschbaren Hoffnung, wenn sie festhält an ihrer Sozialutopie, obwohl diese in manchen sozialistisch sich nennenden Ländern in der Konkretisierung zur Gegen-Utopie geworden ist – woran liegt es?

Eine monokausale Erklärung ist unmöglich. Aus dem Geflecht der Ursachen seien darum nur die wichtigsten gelöst. Die neue revolutionäre Linke – Ungarn war ein Signal, die Verfolgung freiheitlicher Intellektueller in der Sowjetunion waren weitere, der Gewaltakt gegen die Tschechoslowakei hat volle Deutlichkeit gebracht – die neue revolutionäre Linke hat die konkretisierte, sich selbst aufhebende Utopie der sozialistischen Staaten als Gegen-Utopie erkannt: George Orwells ›1984‹, bei seinem Erscheinen von der Linken lächerlich gemacht, muß ein junger Mann wie Cohn-Bendit heute mit Zustimmung lesen! Mit unverminderter Vehemenz aber richtet linksutopisches Denken sich gleichwohl in diesen Tagen weiter gegen die gesellschaftliche Verfassung in den pluralistischen oder pseudo-pluralistischen westlichen Demokratien. In diesen wird nicht nur ein Sozialgefüge durch Schlagworte wie »Entfremdung«, »repressive Toleranz« und ähnliche als Mystifikation entschleiert, sondern noch etwas anderes aufgedeckt, das für unsere Überlegungen wesentlicher ist: Erkennt man nämlich in den Milieus der neuen Linken die sozialistischen Staaten des Ostblocks als konkretisierte und also sich selbst und die notwendige Enttäuschbarkeit der Hoffnung negierende Gegen-Utopien, so werden die westlichen Demokratien als sich *konkretisierende Utopien technisch-administrativen Grundcharakters* eingesehen und verworfen. Linksutopisches, also authentisch utopisches Denken und Bewußtsein, entreißt sich den bestehenden Modellkomplexen in Ost und West und richtet sich nicht gerade nach dem klassischen »Nirgendland«, wohl aber – in die Dritte Welt. Denn es ist dies eine Welt ohne »Geräte« im Sinne von Günther Anders und eine Welt ohne Verwaltung. Die brüderliche Gesellschaft der freien Menschen, entstanden aus dem revolutionären Akt: In der Dritten Welt hofft man sie im Werden.

Man kann gar nicht nachdrücklich genug darauf hinweisen, daß das aktuelle utopische Bewußtsein sich an Referenzen klammert aus Ländern, die technologisch auf vergleichsweise niedrigen Ebenen liegen. Man darf zwar darin nicht jenen antitechnischen Furor sehen, wie er vor ein paar Jahrzehnten die Gesellschaftsphilosophie einer damals noch naiven, die Chance der Technizität nicht erfassenden Rechten in Wandervogelstimmung versetzte. Dennoch kommt man nicht hinweg über das Phänomen, daß ganz offensichtlich gerade im geistigen Felde des linken Utopismus eine gewisse Müdigkeit an der Technik spürbar ist. Es ist bezeichnend hierfür, wie die akademische Jugend in steigendem Maße zum Studium der Psychologie, Soziologie, Anthropologie tendiert. Ein Utopismus beherrscht das Feld, der sich vage an dem brüderlichen Geist kubanischer Plantagenarbeiter entzündet oder auch am planlosen Herumziehen der (inzwischen zur Ordnung gerufenen) Roten Garden in China. Es ist ein utopischer Elan, der zwar auf das Künftige gerichtet ist, sich aber zugleich auch rückwärts wendet in eine Welt *vor dem Sündenfall des wissenschaftlichen Geistes.* Die etwas ambiguose Haltung Herbert Marcuses zum Problem der technisch fortgeschrittenen Industriegesellschaft und zur »großen Weigerung«, die er wider sie setzt, verdient hier als symptomatisch verzeichnet zu werden; denn gerade Marcuse hat – jedenfalls in diesem Augenblick noch – den stärksten Einfluß auf die linksutopische Vorstellungswelt. Zwar hat er sich wiederholt abgegrenzt gegen den technikfeindlichen Rückwärts-Utopismus; andererseits aber stößt man immer wieder bei ihm auf Sätze wie die folgenden: »Nur im Medium der Technik werden Mensch und Natur ersetzbare Objekte der Organisation. Die allseitige Leistungsfähigkeit und Produktivität des Apparats, unter dem sie subsumiert werden, verschleiern die den Apparat organisierenden partikularen Interessen. Mit anderen Worten – die Technik ist zum großen Vehikel der Verdinglichung geworden – der Verdinglichung in ihrer ausgeprägtesten und wirksamsten Form. Die gesellschaftliche Stellung des Individuums ... erscheint als berechenbare Manifestation wissenschaftlicher Rationalität. Die Welt tendiert dazu, zum Stoff totaler Verwaltung zu werden, die sogar die Verwalter verschlingt ...« Man sieht es deutlich: Herbert Marcuse entwirft gewissermaßen, ohne Zuhilfenahme von Modellen und Metaphern, vielmehr in philosophisch verschlüsselter Form eine prononcierte, durch die Signale »Gefahr der Technik, Gefahr der Verwaltung« charakterisierte Gegen-Utopie. Er ist weit entfernt von der schematischen, mehr oder weniger vulgär-marxistischen Idee, daß die Änderung der Besitz- und Herrschaftsverhältnisse auch schon die Probleme der Entfremdung und Verdinglichung löse: Er sieht vielmehr in Technik und Wissenschaft – wie sehr er auch an zahlreichen Stellen Verwahrung einlegt gegen diese Interpretation – die von den Besitzverhältnissen ganz unabhängige, durch das Mittel dessen, was er das »positive Denken« nennt, sich konkretisierende Gegen-Utopie. Die technisch-wissenschaftliche Rationalität, aus welcher Utopien anderer Ordnung und Inspiration ihre Zukunftsvisionen beziehen, ist für die moderne Linke wenn nicht die säkularisierte Sündenfall-Befindlichkeit des Menschen, so doch zumindest das wesentliche Element einer großen Drohung, der man am besten durch die »große Weigerung« und eine sehr weitgehende Entbildlichung der Sozialutopie begegnet.

Ist es vermessen und ungerecht, vom Irrationalismus modernen sozialutopischen Denkens zu sprechen? Mag sein. Gewisse irrationalistische Züge aber sind, so glaube ich, kenntlich – und sie rufen traditionell antirationale Emotionen wach. Finden wir nicht beispielsweise ein irrationalistisches Element auch in dem Ausspruch, der einem mit ›Ende der Utopie‹ betitelten Vortrag Herbert Marcuses entnommen ist? Es heißt da, daß »die neuen (gesellschaftlichen) Möglichkeiten nicht mehr als Fortsetzung der alten, nicht mehr im historischen Kontinuum vorgestellt werden können, daß (sie) einen Bruch mit dem geschichtlichen Kontinuum voraussetzen, jene qualitative Differenz zwischen einer freien und den heute noch unfreien Gesellschaften, die nach Marx in der Tat alle bisherige Geschichte zur Vorgeschichte der Menschheit macht ...« Der Begriff der »qualitativen Differenz« zwischen der Utopie und der Realität ist zweifellos rational, genauer: szientistisch-rational nicht definierbar; er enthält *keine* Extrapolation der uns gegebenen Realitäten, mündet vielmehr ein in das Prinzip der enttäuschbaren Hoffnung Ernst Blochs. Nichts ist zurückzunehmen von der eingangs getroffenen Feststellung, es habe der moderne Utopiebegriff, beziehungsweise der moderne Utopiebegriff der *Linken*, eine Tendenz zum Irdischen, Zeitlichen, Geschichtlichen: Es soll ja, so meinen sowohl Marx als auch Bloch, das Reich des Menschen auf *Erden*, also in der Geschichte und aus der Geschichte, verwirklicht werden. Dennoch hat diese Utopievorstellung etwas von säkularisierter Religion: In ihrer Entbildlichung, in ihrer Evokation der qualitativen Differenz zwischen dem verdorbenen Heute und dem befreienden Morgen hat sie die *religiöse Form des Hoffens* – freilich »säkularisiert« auch sie durch das Zweideutige ihrer Enttäuschbarkeit – in der anderen Sprache eines anderen Referenzsystems aufbewahrt. Dem Reich des Menschen auf Erden, an das die Hoffnung uns bindet, steht gegenüber als Drohung die Enttäuschung, die der Theologe auch Verdammnis nennen könnte. Die Philosophie der Utopie ist eine Philosophie mit der Berufung, die Welt zu verändern. Ob sie sie auch verändern *kann*, ist Teil jenes Risikos der Freiheit, das wir einzugehen haben. Die Zukunft – also die Utopie – hat demnach, sofern sie sich vom Prinzip Hoffnung nährt, *niemals schon begonnen*.

Das Prinzip Hybris

Wenden wir uns nun Utopien ganz anderer Art zu, die mit den hier vage umrissenen nicht mehr gemein haben als den Namen. Ihre Chiffre ist nicht das Prinzip Hoffnung, sondern das Prinzip Hybris.

Daß der Begriff oder die Chiffre Hybris in unserem Zusammenhang nicht negativ wertbesetzt ist, bedarf keiner Bekräftigung: Der prometheische Elan gehört zu den großen Mythen und Triebkräften der modernen Zivilisation. Wenn das Prinzip Hoffnung historisch rückführbar ist auf die religiöse Heilserwartung oder anders: Wenn es die dialektische Antithese dieser Heilserwartung ist, die in ihrer Gestalt als konkrete Utopie gleichsam vom Kopf auf die Füße gestellt wurde – so ist das Prinzip Hybris das ganz jenseits der Heilshoffnung stehende Agens der Naturbeherrschung durch den Menschen. Der Aufbruch zur Domination der Natur, der Wille, diese Natur zu bewältigen und zu *über*wältigen, die Entschlossenheit, nicht so sehr das Reich des Menschen auf Erden zu erschaffen, als vielmehr die Dinge dem Menschen dienstbar zu machen: Das ist die Form der utopischen Tat, die uns nunmehr beschäftigt.

Heißt das, es solle einer strikten Trennung von gesellschaftlicher und technisch-wissenschaftlicher Utopie das Wort geredet werden? Ich zögere mit der Antwort. Die großen Utopien der Vergangenheit waren zugleich technische und soziale. Thomas Morus fand die Grundlage seiner Utopie sowohl im urchristlich-sozialistischen Zukunftstraum als auch in der technisch-militärischen Tatsache einer mächtigen, die Insel der Seligen beschirmenden Flotte. Die Vision einer zugleich technisch und human entwickelten, *durch* eben das technische Mittel zur Humanität gelangenden Welt konnte aber nur bestehen, solange die Technik das Maß des Menschen noch nicht gesprengt hatte und gleichsam autonom geworden war. Das ganze Problem der menschlichen Zukunft, der Utopie, stellt sich neu und anders, seit die Technik die ihr immanenten Gesetze als soziale Verbindlichkeiten ausschrieb. Es ist oft genug gesagt worden, daß der technisch-wissenschaftliche Vorausgang in den letzten hundert Jahren unvergleichlich erheblicher war als in den vergangenen fünftausend und daß neunzig Prozent aller Techniker und Exaktwissenschaftler, die je gewirkt haben, noch heute leben. So mußte denn notwendigerweise die technisch-szientistische Utopie, die heute als wissenschaftliche Futurologie auftritt, sich von der sozialen lösen – so weit, daß Sozial-Utopisten wie Herbert Marcuse die technische Utopie als den Widersacher der sozialen erachten und daß mehr und mehr die technischen Fiktions-Utopien nicht als Menschheitsträume, sondern als Alpträume konzipiert werden, das heißt: sich als negative Utopien präsentieren. Die Wissenschaft, notiert der französische Soziologe Jean Servier, hat das *Credo quia absurdum est* der Religion ersetzt durch das hybrische – und von der Technizität in der Tat zum Teil, wenn auch gewiß nicht vollumfänglich gerechtfertigte – *Credo quia certum est.* Die gesellschaftliche Utopie, die auf dem Prinzip enttäuschbarer Hoffnung basiert, ist inhaltlich *offen*: Das ist ihre Größe und ihre fatale Schwäche. Die technisch-wissenschaftliche, vom Prinzip Hybris aus operierend, ist als Futurologie *geschlossen*: Darin liegt ihre faszinierende Gewalt so gut wie ihre tödliche Gefahr.

Ist es also tatsächlich so, daß heute, um in unserer von Wertakzenten unbelasteten Terminologie zu verharren, die hybrische und die hoffnungsgetragene Utopie, soziale einerseits, szientistische andererseits, einander feindlich gegenüberstehen? Man soll sich keine Theorie abzwingen. Nach wie vor bestehen Querverbindungen. Die technische Utopie beziehungsweise die wissenschaftliche Futurologie ist nicht immer und überall von der Selbstgerechtigkeit des *Credo quia certum est* durchdrungen. Sie hat, wie noch zu zeigen sein wird, eine deutliche Tendenz, wiederum in die soziale zurückzuführen, wenn auch diese, dem Geiste des Szientismus folgend, am Ende vielfach eine administrative wird und uns vom zu verwirklichenden integralen Menschen weg und dem verwalteten oder, wie man heute sagt, manipulierten entgegenführt. Zunächst aber gilt es, der hybrischen Utopie jene Gerechtigkeit zuteil werden zu lassen, die sie verdient.

Die Feststellung drängt sich auf, daß hybrische Utopie als »geschlossene« dem immanenten Gesetz wissenschaftlichen Umgreifens unterliegt. So wie in jedem Tagtraum das Prinzip Hoffnung sich verbirgt, ist in jeder Planung das Prinzip Hybris enthalten. Wer immer was immer unternimmt, geht bei seinem Entwurf – und handle es sich um die alltägliche Planung, beispielsweise ein Ferienprojekt – von bestimmten Gegebenheiten aus, deren Kausalabläufe in der Zukunft er rational zu kalkulieren versucht. Er verläßt sich, wenn er im kommenden Sommer nach Skandinavien zu reisen wünscht, nicht auf das Fatum oder auf Gottes unerforschlichen und darum höchst unberechenbaren Ratschluß, sondern auf Fahrpläne, Hotelprospekte, klimatische Berichte, also im weitesten Sinne auf *Information.* Er handelt, wenn man so will, »wissenschaftlich«, genauer: exaktwissenschaftlich; denn der ganze operationelle und damit soziale Sinn der Naturwissenschaften ist es ja, Voraussagen zu erstellen. Was man heute Zukunftsforschung nennt und was wir in unserem Zusammenhang als technisch-szientistische Utopie bezeichnen, ist im Grunde nichts anderes als die konsequente Weiterführung eines rationalen Verhaltens, das im Dienste der Arterhaltung steht und von langer Hand her bekannt ist. Diese Utopie – bezeichnen wir sie trotz begrifflicher Schwierigkeit noch weiterhin als solche – versucht nun allerdings das Zufällige, von dem Ernst Bloch sagt, es werde von der Hoffnung mit sich geführt, weitgehend auszuschalten.

Ja, die Elimination des Kontingenten ist geradezu ihr Wesensmerkmal. Der obenerwähnte Jean Servier spricht denn auch in seiner ›Geschichte der Utopie‹ vom utopistischen Szientismus als einem quasi religiösen Unfehlbarkeitsglauben. Die besten Köpfe unter den modernen Zukunftsforschern sind sich bereits klar über die Gefahr solch blinden Vertrauens auf die rationale Kalkulierbarkeit des Künftigen. In einem Aufsatz ›Die Zukunft beginnt in den Köpfen‹ schreibt Robert Jungk, dessen Name wie kaum ein anderer Gedankenreihen an die Einsicht in technische Zukunft entstehen läßt: »Die Gefahr der Überschätzung der Zukunftsforschung scheint im Augenblick fast ebenso groß zu sein wie ihre Unterschätzung ... Wir, die wir uns mit Zukunftsforschung befassen, sind uns klar darüber, daß sie noch außerordentlich viele Lücken hat, daß zum Beispiel der ganze Sektor der Sozialpsychologie von ihr erst ganz ungenügend berücksichtigt wurde ... Das Ignorieren des Menschlichen, des Humanfaktors, kann aber dazu führen, daß dieses ganze rationale System der Überschau und Vorausschau als untragbar, unmenschlich empfunden und zerstört wird.« Jedoch – und damit schwingen unsere Überlegungen wieder zurück zum Problem der hypertrophierten Technizität – kommt auch ein humanistischer Futurologe wie Jungk nicht los von jener Überschätzung des Szientismus, die wir bei einem Ideologie- und Utopiekritiker wie dem oben zitierten Karl Popper ebenso finden wie in dem Kybernetik-Chiliasmus eines Karl Steinbuch. Jungk fordert die Errichtung von »Zeitwarten«; er preist die »Denkfabriken«, die in den USA entstanden, die mit Zukunftsvoraussicht befaßte Rand Corporation, das Stanford Research Institute, die futurologischen Arbeiten des Massachusetts Institute of Technology. Weniger naiv als Steinbuch, human beunruhigter, aber im letzten Grunde kaum minder gläubig, führt auch er die Methoden der Datenverarbeitung an, die er in den Dienst sowohl der technischen als auch der demokratischen Sozialutopie stellen will, um dem »Zufälligen« Ernst Blochs zu entgehen und die Enttäuschbarkeit der Hoffnung einzuschränken.

Liegt es nicht auf der Hand, daß, wo erst das Prinzip Hoffnung definitiv vom Prinzip Hybris eingeholt und aufgesogen wird, die uneingeschränkte Technizität *per se* im utopischen Entwurf die sozialen und humanen Strebungen zur *quantité négligeable* machen muß? Mit gutem Recht spricht Zbigniew Brzezinski, Berater am State Department Policy Planning Council, von der »technetronic society«, in welcher Technologie und Elektronik die Erziehung, Volksgesundheit, Arbeitsbeschaffung bestimmen beziehungsweise verwalten oder »manipulieren« werden. Die technische Utopie mag die hochachtenswertesten Anstrengungen machen, in die soziale zurückzuleiten – sie wird unweigerlich von der inneren Gesetzlichkeit ihres Ideals wieder verschluckt: der totalen Kalkulierbarkeit der Zukunft. Die sich selbst ständig unerbittlicher vorwärtspeitschende Leistungsgesellschaft, in der auch die Nicht-Leistung der Mußestunden planbar wird, ist das falsche Paradies, das sie verspricht. In vorwissenschaftlichen Epochen war der Mensch das Maß einer rudimentären Technik und der sozialen Utopie. In der »technetronischen« Zeit setzt die Technik dem Menschen *ihr Maß*, wird die soziale Utopie verwandelt in eine pantechnische.

Klingt, was hier gesagt wird, nach der larmoyanten Klage über das Schicksal der »Seele im technischen Zeitalter«? Mag sein. Das Risiko ist einzugehen. Einschränken kann ich die Gefahr des Mißverständnisses allenfalls mit dem Hinweis darauf, daß im ersten Teil dieser Untersuchung Herbert Marcuses Satz, nach welchem die Technik »zum großen Vehikel der Verdinglichung« geworden sei, mit deutlich kritischem Unterton zitiert, in diesem Zusammenhang auch von irrationalistischen Elementen in solchem Denken gesprochen wurde. Es geht keineswegs um irgendeine naive, gefährliche, letztlich auch reaktionäre Verteufelung der Technik und des Szientismus. Vielmehr soll ein unauflösbarer Widerspruch aufgewiesen werden, den die technisch-gesellschaftliche Entwicklung im allgemeinen und das utopische Denken im besonderen enthält. Technizität und Szientismus sind prinzipiell – als Garanten der kleinen Lebensplanung, der stimmigen Vorhersage – die Voraussetzungen des menschlichen Überstehens; sie sind zudem die ersten Träger der Utopie, des sehr alten Traumes von einem besseren und würdigeren Leben. Zugleich aber scheinen sie, sobald sie ein gewisses Stadium erreicht haben, einen qualitativen Sprung zu tun: Dann muß die Möglichkeit erwogen werden, daß sie sich gleichsam gegen sich selbst und gegen den Menschen kehren und schließlich die Anti-Utopie herbeiführen. Ich sage deutlich, es müsse diese Möglichkeit erwogen werden, und nicht: Sie habe sich schon realisiert oder ihre Realisierung sei Gewißheit. Am Ende kann es vielleicht kommen, wie der französische Germanist und Zukunftsdenker Pierre Bertaux voraussagt: daß in der Tat eine ›Mutation des Menschen‹ eintritt. Die folgenden Zeilen aus Bertaux' Schrift erhellen eindrucksvoll die geistige Grundverfassung moderner wissenschaftlich-futurologischer Utopisten: »Es scheint, daß die menschlichen Probleme ihre Maßstäbe ändern, und wenn dies der Fall ist, ändern sich auch die Einheiten, mit denen man rechnet. Die verbindliche Einheit der westlichen Zivilisationen war – zumindest im Prinzip – bislang das in seine Persönlichkeit eingekleidete Individuum. Auch hierin gab es immer schon Ausnahmen: Im Falle des Krieges oder anderer kollektiver Gefahren zum Beispiel wurde akzeptiert, empfohlen, ja von der Religion, der Moral, vom Patriotismus erzwungen, daß das Individuum seine Persönlichkeit aufgebe zugunsten der Persönlichkeit einer Gemeinschaft, deren Mitglied es ist... Wenn man die auf das Individuum bezogenen Maßstäbe, mit denen man normalerweise operiert, preisgibt, wenn man beispielsweise den Maßstab der lebenden Zelle anlegt; ist es übertrieben, dann von der »Intelligenz« der weißen Blutkörperchen zu sprechen, die bei einer Verletzung der Haut heraneilen wie die Termiten-Soldaten, sobald eine Bresche im Termitenbau entsteht, um die Breschen des Schutzsystems, das unsere Haut bildet, zu reparieren und die angreifenden Mikroben zu neutralisieren? ... Kann man nicht andererseits auf einer höher gelegenen Skala sagen, es gebe die ›Gruppenintelligenz‹ eines Apparates, wie das eine große Industriegesellschaft ist, eine Unilever oder General Motors oder die Besatzung eines Schiffes oder eine militärische Einheit? Eine Intelligenz also, die weder die Summe noch der Durchschnitt der Intelligenzen der integrierten menschlichen Personen ist, sondern die resultiert aus der Vereinigung dieser Personen und einem Apparat höherer Ordnung? Es scheint in der Tat, daß die derzeitige Form biologischen Werdens auf der Erde ... in einem Versuch zur Konstituierung derartiger höherer Organismen besteht.« Bertaux greift sehr weit aus: Er antizipiert eine Form des Menschlichen jenseits des Menschen, versteht aber durchaus diese zu erschaffende Gestalt – hier im Sinne der Gestaltpsychologie – noch als ein, allerdings den Bruch mit der Tradition total vollziehendes humanes Phänomen.

Es will mir jedoch scheinen, als sei dieser wissenschaftliche Humanismus jenseits des Menschen nicht nur Überschreitung der Tradition, sondern Preisgabe seiner selbst. Bei Bertaux, wie bei anderen radikalen Zukunftsdenkern, hat die Technizität beziehungsweise die technische Effektivität den Menschen nicht erneuert, sondern absorbiert. Kein Zweifel, daß diese szientistische Utopie für Denker wie Marx, Bloch, Marcuse als die radikalste Form der Entfremdung gelten müßte.

Der Gegensatz von Sozialutopie und technischer Utopie wird uns nun in aller Schärfe offenbar: Die vom Prinzip Hoffnung getragene Sozialutopie hat eine deutliche Tendenz, technische Modelle zu vernachlässigen und sich an einer vortechnischen Welt, einer Welt ohne Geräte, zu orientieren; die das Prinzip Hybris bergende technische Utopie extrapoliert alle in der Gegenwart angelegten technischen Möglichkeiten, will die Hoffnung von der Enttäuschbarkeit befreien und richtet ihr Auge furchtlos in eine Zukunft, in welcher der Mensch Teil eines Apparates und damit selbst »Gerät« wird. In grober Vereinfachung der Tatbestände, die sich aber vielleicht doch der Wahrheit annähert, kann man denn sagen, daß die Gefahr der aktuellen Sozialutopie in einem irrationalistischen Chiliasmus liegt, während die Drohung in der technischen Utopie ein ins Absurde sich hinaufsteigernder Super-Rationalismus ist. Übertragen in politische Kategorien erscheint dies als eine kopernikanische Wendung: Die fortschrittliche Sozialutopie bekommt im Bezug zu den technisch gegebenen Fakten einen unleugbar kulturkonservativen Charakter; die wissenschaftlich-technische Utopie, die sich insofern politisch auf der Rechten situiert, als sie aus dem von Herbert Marcuse abgelehnten »positiven Denken« ihre Kräfte zieht, nimmt sich in ihrer Gleichgültigkeit gegenüber den geisteswissenschaftlichen Traditionen revolutionär aus.

Auf der Stelle ist hier freilich eine korrigierende Selbsteinschränkung vorzunehmen. Was revolutionär ist und was konservativ, das läßt sich, soferne diese Qualifikationen nicht an bestimmten Wert- und Zielvorstellungen haften, stets erst nachträglich feststellen. Die heute politisch links angesiedelte Sozialutopie wird kulturkonservativ nur dann gewesen sein, wenn die Extrapolation der aktuellen Technizität zu Recht vollzogen und von der Entwicklung bestätigt sein wird. Daß es so kommt, ist aber noch keineswegs ausgemacht. Da wir hier von Utopien reden, ist es wohl nicht unerlaubt, sich spekulativen Träumereien zu überlassen. So denkbar nämlich wie die Termitisierung der Gesellschaft und die Entstehung »höherer Intelligenz-Organismen« in Gestalt der großen Verwaltungseinheiten von Bertaux ist auch eine ganz andere Entwicklung. Ist es durchaus imaginär, sich auszumalen, daß die szientistische Ausdehnung und Verdichtung nur ein *Stadium* in der Geschichte der Menschheit ist, ein Stadium, auf welches zwar nicht eine Um- und Rückkehr in die vortechnische Welt folgt, wohl aber ein Stillstand beziehungsweise die Übertragung der Selbsterweiterung des Menschen aus dem Felde der Technizität in ein anderes, nicht voraussehbares? Was die Wortführer der technischen Utopie stets als Argument für sich anführen: Daß die zivilisierte Menschheit eben erst aus ihrer Frühgeschichte herausgetreten sei und daß darum gewisse Begriffe, wie der einer unverletzbaren menschlichen Person, nicht verabsolutiert und aus der Geschichte herausgenommen werden dürfen, läßt sich gegen sie selber kehren. Auch das Modell des immerwährenden technischen Fortschritts hat keinen Absolutheitswert. Der französische Strukturalist Michel Foucault sagt in seinem vielzitierten Werk ›Les mots et les choses‹, daß der Mensch nach dem klassischen Begriffsinhalt nur einen unbeträchtlichen Moment in der Entwicklung markiere. Das sei hier nicht weiter diskutiert. Es sei nur angemerkt, daß man mit gleichem Recht auch die dauernde Präsenz von Naturwissenschaft und Technik in Frage stellen darf. Das Prinzip Hybris kann grundsätzlich ebenso vergänglich sein wie das Prinzip Hoffnung.

Dieser kleine Exkurs in die bare Spekulation ist vielleicht weniger willkürlich, als es auf den ersten Blick scheinen mag. Wenn nämlich in der Erwägung eines Stops technischer und wissenschaftlicher Dynamik vielleicht ein ideologisches Moment enthalten ist, ein Keim der zugleich vor- und rückwärts gewandten Utopie einer von Konkurrenz und Leistungspeitsche befreiten menschlichen Befriedung, so ist doch auf der anderen Seite auch die szientistisch-technische Utopie, die sich rational versteht, dabei aber das Rationale mit dem *Rationellen* verwechselt, keineswegs so ideologiefrei, wie ihre Wortführer meinen. Die Extrapolation der technisch vorgegebenen Möglichkeiten ist die Fortsetzung einer positiven Wissenschaftsauffassung, die *ein* Mögliches als das *einzig* Mögliche versteht. Sie führt den Glauben daran weiter, daß es wertfreie Erkenntnis gebe und daß es einer logisch geläuterten Wissenschaftstheorie gelungen sei oder jedenfalls auf die Dauer gelingen müsse, alles Wertende und Normative zu eliminieren. Der dialektische Einwand jedoch, daß in der freien Reflexion eine Tendenz liege, über das unmittelbare Sosein hinauszugelangen und das noch Ungewordene zu erreichen, besteht weiter. Pure Wissenschaftlichkeit kann legitim als Ideologie des Bestehenden verstanden werden, sofern man es nur vermeidet, aus einer Deutung ein Dogma zu machen. Und die Extrapolation dieses Bestehenden in den näheren und ferneren Zukunftsraum wird dann vollends als ideologisch am Gegebenen haftende, dieses nicht mehr transzendierende Attitüde erkannt.

Damit rücken aber die Dinge wieder in ihr rechtes Licht und die Einschränkung gegenüber der These, daß die szientistische Utopie revolutionär sei, die soziale konservativ, wird zur klaren Korrektur. Wenn die technisch-szientistische Utopie Elemente einer Ideologie des Bestehenden in sich trägt – und daß dies der Fall ist, kann ernsthaft kaum angezweifelt werden –, ist sie in letzter Analyse doch wieder konservativ; und ihr gegenüber erscheint die im Prinzip Hoffnung gründende Sozialutopie im neuen Lichte als revolutionär. Rechts ist wieder rechts, links wieder links, um es in politischer Terminologie zu sagen. Die Welt der politischen Fakten präsentiert sich in der Tat auch ganz in diesem Sinne: Die wissenschaftliche Futurologie, modernste und präziseste Methodik technisch-utopistischen Denkens, die in den von Robert Jungk so genannten »Denkfabriken« der USA ihre Heimstätten hat, steht politisch und ideologisch im Dienste der bestehenden Sozialordnung; es ist keine Koinzidenz, daß alle diese Intelligenz-Manufakturen entweder von den Regierungen oder von großen Unternehmen subventioniert werden. Die Sozialutopie lebt unter weniger opulenten Umständen: Sie haust, ohne Computer, ohne quantitativ-soziologische Apparate und Statistiker-Teams in den Arbeitszimmern von ein paar Denkern, in Studentenzirkeln, allenfalls in einigen eher begriffskritisch-abstrakt als mit Faktenmaterial operierenden universitären Instituten.

Abschließend noch ein Wort zu dem Faktum, von dem schon im Vorübergehen die Rede war: Die Sozialutopie, das »Reich des Menschen auf Erden«, die Utopie der befriedeten Gesellschaft, ist heute inhaltlich so gut wie leer. Da es ganz offensichtlich nicht mehr möglich ist, sie noch an den Realisationen des praktischen Sozialismus zu orientieren; da vor allem die Sowjetunion keine brauchbare Imago einer sozialistischen Heilsgesellschaft abgibt und kein Mensch guten Glaubens mehr singen kann, was westeuropäische Kommunisten einst sangen: »... denn es gibt kein anderes Land auf Erden, wo so frei das Herz dem Menschen schlägt«; da sich die großen Sozialutopisten unserer Zeit, von Jean-Paul Sartre bis Herbert Marcuse, darauf verwiesen sehen, nach der revolutionären Undeutlichkeit der Dritten Welt zu blicken oder nach Randgruppen der Industriegesellschaft – da dies so ist, entfernt sich die Sozialutopie von dem ihr eigentlichen Terrain, beschränkt sich auf Kritik des Bestehenden, auf Negation und Kontestation. Das um sie besorgte Denken wird zu einem dialektisch-formalen, während die inhaltlich präzise Utopie, die sich gerade infolge dieser Präzision und inhaltlicher Gebundenheit gar nicht mehr als Utopie versteht, der Technizität anheimfällt – auch wenn sie um die Lösung sozialer Zukunftsprobleme bemüht und, in vielen ihrer Träger, von einem authentischen humanen Willen inspiriert ist. Wenn ich ein Wort Kants auf diese Situation anwenden darf: Die Sozialutopie, Begriff ohne Anschauung, ist leer; die technische Utopie, der es an anschaulichen Modellen nicht gebricht, wohl aber an dem begrifflichen Fundament, das ihr den geschichtlichen Sinn gibt, ist blind. Die Rationalität der technischen Utopie, die das Rationale ins Rationelle konvertiert hat, wird schließlich in dialektischer Selbstaufhebung zum Irrationalen hingetrieben, so daß zwei Irrationalismen, der eine aus dem Prinzip Hybris, der andere aus dem Prinzip Hoffnung hervorgegangen, in gleicher Hilflosigkeit nebeneinander bestehen.

Soll dies heißen, daß wir uns in einer Krise der Utopie befinden? Gewiß. Meint es aber dazu, daß wir am Ende der Utopie angelangt seien? Ebenso gewiß *nicht*. Beide Formen der Utopie, wie ich sie hier auseinander und gegeneinander zu halten suchte, die hybrische und die hoffnungsgetragene, die soziale und die technisch-wissenschaftliche, sind jede ein Konstituens der menschlichen Existenz. Es ist unmöglich, zu leben ohne Hoffnung; und niemand kann existieren, ohne die Zukunft kalkulierend meistern zu wollen. Beide Versuche, das Morgen zu ergreifen, werden immer wieder vor der Wirklichkeit zuschanden: Die Hoffnung ist nicht nur enttäuschbar, sondern wird stets von neuem tatsächlich enttäuscht; die Kalkulationen erwiesen sich wieder und wieder als Fehlrechnungen, wie die Pentagon-Vorhersage über den Verlauf des Vietnamkrieges. Die Utopie wird dennoch weiter bestehen bleiben – mit den ihr inhärenten Kontradiktionen, mit ihrer Gewalt und Gefahr. Das Risiko der Utopie, des Prinzips Hoffnung wie des Prinzips Hybris, ist Teil der Ambiguität menschlicher Grundverfassung.

Geist und Gesellschaft, Beispiel Frankreich (1968)

Als 1960, auf dem Höhepunkt der Algerienkrise, französische Intellektuelle mit dem inzwischen historisch gewordenen, die Soldaten zur Gehorsamsverweigerung ermutigenden ›Manifest der 121‹ die Öffentlichkeit aufrüttelten, da hat man, so wird berichtet, dem General de Gaulle nahegelegt, den berühmtesten der Signatare, Jean-Paul Sartre, verhaften zu lassen. Der General jedoch habe den Kopf geschüttelt: das sei unmöglich. Und warum? »Parce que«, habe er gesagt, »Sartre, c'est aussi la France!« Auch Sartre ist Frankreich. Ich kann die Authentizität des Ausspruchs leider nicht garantieren. Sollte jedoch die Anekdote wirklichkeitsgetreu sein, dann würde sie dem General alle Ehre machen. Für den großen Schriftsteller aber, der es offensichtlich damals auf Verhaftung und Prozeß angelegt hatte, wäre sie zwar keine Unehre gewesen, jedoch das Symbol für sein Scheitern. Denn wenn er damals als »la France« dastand und nicht als die große Gefahr für die bestehende Ordnung, nicht als die bedrohliche revolutionäre Aktion – war dann nicht alles, was er seit 1945 im Bereiche der politischen Forderung des Tages versucht hatte, wirkungslos verebbt? Es scheint auch, als empfände Sartre selbst sein politisches Geschick als Niederlage, denn in den ›Wörtern‹ schreibt er an einer Stelle: »Lange hielt ich meine Feder für ein Schwert: nunmehr kenne ich unsere Ohnmacht.«

Und die Stimmung der Ohnmacht ist es, die nicht nur über Sartre, dem Archetypus des französischen Intellektuellen, liegt, sondern über allen seinen Weg- und Geistgefährten. Man braucht nur flüchtig um sich zu blicken, um ein Bild von Desolation und Defaite vor sich zu haben. An der Nominierung des Präsidentschaftskandidaten Mitterand im Jahre 1965, der für die ganze Linke sprach und seit fast zwei Jahrzehnten zum erstenmal wieder so etwas wie eine Volksfront zu zimmern versuchte, hatten die Intellektuellen so gut wie keinen Anteil, und Sartre selbst stand in diesem Wahlkampf zunächst grollend abseits. Die Wochenschrift ›L'Express‹, einst ein intellektuelles Organ von hohem Niveau, reduzierte sich freiwillig unter gleichzeitiger bedeutender

Auflagesteigerung zu einem Sub-›Spiegel‹. – Ein einstmals scharfsinniger Analytiker der sogenannten Massenkultur, der Ex-Kommunist Edgar Morin, gab 1965 ein fast schon närrisches Buch heraus, das die Konflikte unserer Epoche im Bereich der sociology fiction zu lösen sich anheischig machte. – In breiten Kreisen der Intellektuellen gewinnt der geschichtsfreie und politikfeindliche Strukturalismus des ursprünglich vom Marxismus herkommenden und von der Ethnologie zur Metaphysik sich versteigenden Gelehrten Claude Lévi-Strauss an Boden. – Das traditionelle Wochenblatt der Intellektuellen ›Le Nouvel Observateur‹ reflektiert die Kontradiktionen und die Konfusion: Wer es verfolgt, weiß am Ende nicht mehr, worauf seine Mitarbeiter hoffen, woran sie sich engagieren. Revolution oder Adaptation? Ideologie oder Politik des Möglichen? Auflösungserscheinungen allerwegen.

Ich habe hier von den Intellektuellen schlechthin gesprochen, aber lauter Beispiele angeführt, die sich offensichtlich nur auf Linksintellektuelle beziehen: Dies heischt Aufklärung. Doch ist sie schneller erteilt, als man glauben würde. *Es gibt keine Rechtsintellektuellen*. Die Träger der rechtsgerichteten Intelligenz in Frankreich wünschen selbst nichts weniger zu sein als das. Seit Jahr und Tag haben sie »les intellectuels« negativ bestimmt. Schon zur Zeit des Dreyfus-Prozesses, als der Begriff sich Bürgerrecht in der Sprache erwarb, stigmatisierten sie die Intellektuellen als die Anderen, die sie selbst um keinen Preis sein wollten. Damals schrieb der Herold der rechtsgerichteten Geistigen, Maurice Barrès: »Man sieht es nur allzu gut. Sie (die Intellektuellen) fühlen sich nicht im spontanen Einverständnis mit ihrer Gruppe ... arme Teufel, die sich schämen würden, zu denken wie der einfache Franzose.« Dabei blieb es, mutatis mutandis, bis zu Raymond Aron, dem soziologischen Theoretiker des Neokapitalismus, der 1955 sein vielzitiertes antimarxistisches Werk ›L'opium des intellectuels‹ herausförderte und sich in der Titelwahl selbst schon von diesen »intellectuels« absetzte.

Die Begriffsbedeutung der Intellektuellen als *Links*intellektuelle reichte freilich bald über Frankreich hinaus. In Deutschland schrieb Ernst Jünger 1926 von den Intellektuellen als einem »Heer von höchst beweglichen und gewissenlosen Gehirnen ..., das an der Zersetzung des Glaubens, der billigen Ironisierung des Heroischen und der Unterwühlung jeder menschlichen Würde überhaupt arbeitet«. In den USA meinte der Romanschriftsteller Louis Bromfield fünfundzwanzig Jahre danach: »(Der Intellektuelle) ist doktrinärer Parteigänger des Sozialismus und Totalitarismus Mitteleuropas ...« Und in England sagte kurz vor seinem Tode George Orwell: »Englands Intellektuelle sind europäisiert. Ihre Küche haben sie aus Paris, ihre Ideen aus Moskau ... Inmitten des englischen Patriotismus bilden sie eine Insel der Dissidenz ...«

Bei der durch stillschweigendes allgemeines Übereinkommen entstandenen Definition der Intellektuellen als Linksintellektuelle ist es geblieben. So spricht man zwar in Frankreich von »professions intellectuelles« und von »travailleurs intellectuels« (wobei sich bei einer Umfrage den letzteren sogar Stenotypistinnen mit Abitur zuzählten), nennt man aber »les intellectuels«, meint man fast immer Linksintellektuelle. – Ich verhalte mich also nicht willkürlich, wenn ich, die Konfusion im Lager der französischen Intellektuellen behandelnd, mich auch meinerseits auf die Linksintellektuellen beschränke. Wer aber sind sie? Hier wird die Frage, die zunächst so einfach gegliedert vor uns zu liegen schien, schon erheblich komplexer. Sie sind Journalisten wie Jean Daniel und Jean-Marie Domenach; Universitätslehrer wie Jean Duvignaud und Maurice Duverger; Gymnasialprofessoren, wie Jean-Paul Sartre und Simone de Beauvoir es waren. Höhere formale Bildung ist vielleicht nicht einmal eine notwendige, gewiß aber keine ausreichende Bedingung, daß jemand ein Intellektueller sei: Die nur summarisch gebildeten Dorfschullehrer sind es in Frankreich sehr häufig, die Dorfärzte nur selten. Manchmal finden wir in den Reihen der Intellektuellen auch hervorragende wissenschaftliche Fachkräfte. Doch sind diese nicht Intellektuelle, weil sie auf eine fachliche Leistung hinzuweisen haben, sondern weil sie, darüber hinaus, aktiven Anteil nehmen an der polis. Nicht in seinem Laboratorium ist der Biologe Jacques Monod ein Intellektueller, sondern wenn er in Schriften allgemein philosophischen Charakters eintritt für kritische Aufklärung und eine durch Vernunfthumanismus gestaltete gesellschaftliche Ordnung.

Es sind die Intellektuellen, seien sie Hochschullehrer oder Autodidakten, berühmte Gelehrte oder kaum bekannte Zeitungsschreiber, Leute, die sich *an die Gesellschaft engagiert haben*. Mit Recht durfte der Soziologe Louis Bodin in seinem Buch ›Les Intellectuels‹ sagen: »Engagiert sein und Intellektueller sein ist ein Pleonasmus; der desengagierte Intellektuelle ist eine Illusion.« Es ist kein gutes Zeichen für die kulturelle Entwicklung, daß heutzutage in Frankreich nicht anders als in Deutschland das Wort Engagement so häufig in Anführungszeichen gesetzt wird und daß sogar ein so kluger Kopf wie Jean Duvignaud in seinem Buch ›Pour l'entrée dans le XXième siècle‹ vom »Mythos des Engagements« spricht. Das Engagement, das wir hier ein für allemal *ohne* abschätzige Gänsefüßchen schreiben, ist kein Mythos und kein Schlagwort: Es ist nicht mehr und nicht weniger als das Wesensmerkmal demokratischer Moral.

Wir sagten, der Intellektuelle sei an die Gesellschaft engagiert. Es muß darum hier gleich ergänzend beigefügt werden, daß es nicht die bestehende, sondern die *werdende* Sozietät ist, der er sich verpflichtet fühlt. Noch schärfer könnte man formulieren: Sein Engagement gilt dem Werden selbst, dem Umbruch, der Revolution. Nur polemisch erhitzter schlechter Wille kann ernsthaft mit Raymond Aron glauben, der Intellektuelle nehme diese Haltung nur deshalb ein, weil er selbst machtlos sei; er richte seine rebellische Aufsässigkeit gegen die bestehende politische und ökonomische Ordnung, die ihn vernachlässige; mit einem auch nur winzigen Anteil an der Macht wäre er schon befriedigt. Nur aufgebrachter Anti-Intellektualismus kann mit dem österreichisch-amerikanischen Nationalökonomen Joseph Schumpeter supponieren, der Intellektuelle in seinem Ressentiment und seiner Machtlosigkeit sei darauf angewiesen, der Linken oder auch den Minoritätsgruppen zu schmeicheln, sie zu erregen, ihre Forderungen ins Extreme zu steigern.

Die essentiell revolutionäre Verfassung der Intellektuellen erklärt sich besser und gerechter durch die natürliche soziale Funktion des Moralisten und geistigen Menschen, für den die Gedanken und damit auch die Möglichkeiten leicht beieinander liegen, und der es nicht gewöhnt ist, seinen moralischen Anspruch an den Machtrealitäten zu messen. Der Intellektuelle ist revolutionär, weil der Geist selber es ist, der überhaupt nur besteht, indem er sich nicht so ohne weiteres mit der Wirklichkeit abfindet: Das gilt für Platons Ideenlehre so gut wie für die Entdeckung der Relativität oder des

Unbewußten. – Und da das Stichwort Revolution gefallen ist, schwingen unsere Überlegungen von selbst ein in das zur Diskussion stehende Thema: Glanz und Elend der französischen Intellektuellen in den Nachkriegsjahrzehnten.

Durchblicken wir diese schicksalsvollen Jahre, dann werden wir uns bewußt, wie damals, am Morgen der Befreiung Frankreichs nach einer langen Nacht der Besatzung, die Revolution als das unmittelbar bevorstehende, gleichsam natürliche geschichtliche Ereignis erscheinen konnte, zumal ja die Libération selbst schon von vielen Franzosen als Revolution verstanden wurde. »De la résistance à la révolution«, vom Widerstand zur Revolution, war das Motto der in der Illegale entstandenen Zeitung ›Combat‹, in der kein anderer als Albert Camus seine Leitartikel schrieb.

Aus dieser Revolutionserwartung heraus – die freilich weniger tief ins Kollektivbewußtsein hineinreichte, als es für die Intellektuellen den Anschein hatte – erklärte sich die ungeheure Resonanz, die damals Jean-Paul Sartre fand. Es war, als atme man durch diese Philosophie, die nur von sauertöpfischen älteren Leuten als »nihilistisch« bezeichnet und nur von der Boulevardpresse zur Amüsiersensation veralbert wurde, seit Jahren zum erstenmal wieder freie Luft. Sie kam aus der geistigen Revolution und präfigurierte die soziale. Revolutionär war der Ekel, die »nausée« vor allem Seienden, das nicht lebendig ist; revolutionär war es, den Menschen zu definieren durch seinen Entwurf, sein Sichselbstüberschreiten auf das Mögliche hin; revolutionär war der Vorrang, der hier der Existenz vor der Essenz zugebilligt wurde; revolutionär vor allem war die dem Menschen innerhalb einer spezifischen Situation eingeräumte und abgeforderte *Freiheit*.

Jedermann weiß natürlich, daß nicht alle Intellektuellen beziehungsweise Linksintellektuellen Sartresche Existentialisten waren. Orthodox kommunistische Ideologen, Männer wie Roger Garaudy und Jean Kanapa, standen nicht nur abseits, sondern griffen gelegentlich den Existentialismus als eine bourgeoise Düperie mit der ganzen häßlichen stalinistischen Gewöhnlichkeit an. Auch die katholischen Linksintellektuellen, der 1950 verstorbene Emmanuel Mounier, der heute die Zeitschrift ›Esprit‹ leitende Jean-Marie Domenach, salvierten sich ihre Unabhängigkeit. Jedoch – und dies ist das

Entscheidende – sowohl rechtgläubige Kommunisten als auch personalistische Katholiken, ja sogar Persönlichkeiten, die bald geräuschvoll ihr Rechts-um machten, wie Raymond Aron, fühlten sich gehalten, ihre Ideen und sich selbst allerwegen in bezug auf Sartre zu definieren. Das französische Geistesleben der Zeit, die seit Ende des Zweiten Weltkriegs hinging, kann man global einen Dialog mit Jean-Paul Sartre nennen: Streit- und Annäherungsgespräch zwischen ihm und den Kommunisten; Auseinandersetzung mit dem Freunde Camus; Diskussion mit Merleau-Ponty – es reicht bis in die unmittelbare Gegenwart, bis zu den Büchern von Jean-François Revel und bis zu Lévi-Strauss, der in seinem Werk ›La pensée sauvage‹ das letzte Kapitel einer Polemik gegen Sartres Auffassung der Geschichtlichkeit widmet.

Es ist verständlich, daß Sartre und seine Anhänger in den ersten Nachkriegsjahren meinten, ihre Stunde sei angebrochen, die existentialistische Philosophie sei der Wirkungsträger des geschichtlichen Werdens. Und es ist einsichtig, daß alle Intellektuellen, ob geschworene Existentialisten, ob linke Katholiken oder verbissene Rechtfertiger alles dessen, was Stalin unternahm, in dieser allgemeinen geistigen Gestimmtheit sich für revolutionäre Führerschaft auserwählt und berufen fühlten.

Sie waren weder das eine noch das andere, das wissen wir heute. Jean-Paul Sartre, der in seinem Buch ›Die Wörter‹ (dessen beide Hauptstücke ›lire‹ und ›écrire‹ heißen) die Forderung nach dem »agir«, nach Handeln erhob, blieb der Intellektuelle am Rande des politischen Geschehens. Sein erster und eigentlich bis heute einziger Versuch, direkt einzugreifen ins politische Räderwerk, war 1948 die Gründung einer Partei, die sich »Rassemblement Démocratique Révolutionnaire« nannte. Das »Rassemblement« verstand es nicht, auch nur einen winzigen Teil des Volkes zu versammeln. Es war ein ganz ephemeres Unternehmen, brachte es kaum zu mehr als zur Herausgabe von ein paar Nummern der Zeitschrift ›La Gauche‹. – Was 1944 bis 1946 als geschichtliche Logik hat erscheinen müssen – die zweite große französische Revolution, inspiriert und geführt wie die erste: von Intellektuellen –, das zerstob schon 1948 als eine Illusion.

Stand denn die Revolution überhaupt wirklich auf der historischen Tagesordnung? Kaum. Stalin zügelte die revolutionäre Ungeduld seiner aus dem Dunkel des Widerstands ins Licht getretenen Résistance-Kommunisten, denn er wollte, mußte Konflikte mit seinen westlichen Verbündeten vermeiden. Später kamen der Kalte Krieg, die Entzauberung des Stalinismus, an der die Sartresche Zeitschrift ›Les Temps Modernes‹ in gar nicht unerheblichem Maße beteiligt war, schließlich der Marshall-Plan und der Atlantik-Pakt. Ruhe und Ordnung. Das Volk wollte Butter, nicht Barrikaden. Die Intellektuellen waren plötzlich mit ihrer revolutionären Forderung, an die sie sich verzweifelt klammerten, allein.

Jedoch, wenn wir uns hier nicht zufrieden geben mit dem offenbar zutage Liegenden, wenn wir die baren Tatsachen nicht einfach als solche hinnehmen, dann können wir vorstoßen zum Kern unseres Problems: der Macht und Ohnmacht der Intellektuellen. Die spezifische Kulisse, vor der wir uns bewegten, versinkt; wir stehen den prinzipiellen Fragen gegenüber. Die Antworten, die sich geben lassen, sind nicht nur notwendigerweise in unserem Rahmen summarisch und anfechtbar; sie sind auch vieldeutig und stellen ihrerseits neue Fragen, indem sie uns nämlich zu neuen Definitionen der Begriffe Volk, Macht, Intellektueller herausfordern. Welche sind die Umstände, unter denen – sofern wir die Definitionsfrage ausklammern – der Intellektuelle das Volk hinter sich hat und gesellschaftliche Macht ausübt?

Es scheint, als müßten diese Umstände dramatischer, extremer Art sein. Nur in geschichtlichen Grenzsituationen, wenn Völker oder Klassen vor der Entscheidung über ihre menschliche Behauptung oder ihr totales Versagen stehen, werden die Intellektuellen als Führer angefordert. Sternstunden intellektueller Massenführerschaft waren die große französische Revolution und die russische Oktoberrevolution. In solchen Augenblicken, wo der Völker tragische Desolation zugleich auch ihre berauschende Hoffnung ist, vertrauen revolutionäre Volksmassen ihre Sache den Intellektuellen an, denn diese sind per definitionem *Moralisten* und Ideologen und üben inmitten der Ballung von Verzweiflung und Hoffnung unendlich viel mehr Anziehungskraft aus als die Nur-Politiker oder Nur-Soldaten. Wenn die Völker nichts mehr zu verlieren haben – weniger noch als ihre Ketten –, geben sie den Intellektuellen ihre Macht-Chance. Dann greift die Hoffnung des Menschen mächtig aus, so weit, daß er nicht etwas, sondern alles gewinnen will, da er doch alles schon verloren hat. Den Allgewinst heimzuholen erscheinen aber nur die ideologisch-moralischen Intellektuellen als befähigt, nicht etwa, wie man so häufig meint, die Demagogen. Diese versprechen nur Verringerung der Steuern, Senkung der Preise, Kürzung der Arbeitszeit. Jene aber malen entweder die fix und fertige Utopie an den geschichtlichen Gewitterhimmel – die Herrschaft von Tugend und Vernunft, die klassenlose, den Menschen aus der Selbstentfremdung erlösende Gesellschaft – oder auch jene riskante, abenteuerliche Freiheit der Selbstverwirklichung, die Sartre 1945 verhieß. Die stets auf sehr baldigen Widerruf von einem revolutionär gesteigerten Volk an die Spitze gerufenen Intellektuellen, mögen sie gleich als Rationalisten die Göttin Vernunft verehren oder als dialektische Marxisten über die »korrekte Linie« delirieren, werden dann als Kritiker einer bestehenden Ordnung zu inspirierten Predigern, wenn man will: zu Schwarmgeistern. Die Antwort auf die Frage, ob ihr Schwärmen und Ausschwärmen der Realität gerechter ist als vor- und umsichtige Taktik und Strategie, oder ob sie, umgekehrt, an der Wirklichkeit vorbeisehen, gibt die Geschichte selbst, die sie entweder rechtfertigt oder verdammt.

Mit der Anfrage an die Geschichte kehren wir wieder zu unseren französischen Intellektuellen der ersten Nachkriegsjahre zurück. Sie mußten bald erkennen, daß das Volk, im Maße wie die Verwaltung wieder funktionierte, die Lebensmittelversorgung in normalen Bahnen rollte, die Räder von Wirtschaft und Industrie wieder liefen, nicht mehr auf sie hörte, sondern auf seine traditionellen Führer: Partei- und Gewerkschaftsfunktionäre, Betriebsleiter, Kleriker aller Grade, Notabeln in Dorf und Stadt. Die Walze der »Normalität«, damals charakterisiert durch den amerikanischen Slogan »back to normalcy«, überrollte die Intellektuellen so schnell, daß sie kaum Zeit fanden, sich zu fragen, wer eigentlich das Volk sei, auf dessen Gefolgschaft sie geglaubt hatten, zählen zu dürfen. Die Annahme drängt sich auf, daß Sartre, als er sein »Rassemblement« gründete, die aus der Widerstandsbewegung hervorgegangene revolutionäre Vorhut verwechselt hatte mit dem »homme de la rue«, der sich kundtut, wenn er einen Wahlzettel in die Urne wirft, und über den die Statistiken soziologischer Umfragen uns informieren. Ebensowenig gelangten die Intellektuellen zu einer überzeugenden Selbstdefinition. In keiner der von mir durchgearbeiteten, immerhin recht zahlreichen Untersuchungen wurde beispielsweise die so naheliegende Frage aufgeworfen, ob der Intellektuelle auch dann noch Intellektueller ist, wenn er die Macht in Händen hält. Clemenceau etwa war Intellektueller, als er seinen Feldzug für den Hauptmann Dreyfus führte. Aber war er es noch als Ministerpräsident im Ersten Weltkrieg, als er auf alle Fragen stets nur die starre Antwort wußte: »Je fais la guerre«? War Trotzki Intellektueller, als er die Rote Armee kommandierte? Er war es vorher gewesen, und er war es in der Verbannung wieder. Im Augenblick aber, da er bewaffneten Männern zu befehlen, Offensiven zu konzipieren hatte, kann er es unmöglich gewesen sein: Denn es ist – so scheint mir – die intellektuelle Grundverfassung nicht aktivistisch, sondern *kritisch.* Daß Frankreichs Intellektuelle zwischen 1945 und 1948 glaubten, hinausgehen zu können über die in jeder Kritik ohnehin schon eingeschlossene Aktion zur direkten politischen Tat, die stets nur in Extremsituationen möglich ist, war ihr folgenreiches Selbstmißverständnis. Nun verstehen wir auch die überhitzte Begeisterung, mit der die französischen Intellektuellen in den späten fünfziger und frühen sechziger Jahren ihre Revolutionshoffnungen in die Dritte Welt projizierten. Daheim war die Revolution ausgeblieben. Nicht ein in dieser Weltstunde nur noch mythisches »Volk« hatte auf den Barrikaden die Republik gegen die drohende Militärdiktatur der OAS (Organisation de l'armée secrète) und der Offiziere Salan, Jouhaud, Argoud verteidigt, sondern ein anderer Offizier: Charles de Gaulle, der ein viertelautoritäres, aber keineswegs diktatorisches Regime aufbaute und dem man darum auch kaum mit jakobinischem Pathos beikommen konnte. So flüchtete man aus der gegebenen Wirklichkeit hinaus in die Entwicklungswelt. Algerien, Kuba, der Kongo, ah, man werde schon sehen: Von dort würde bald der revolutionäre Funke zurückzünden in die Welt der entwickelten Industrieländer, von dort würde das revolutionäre Heil auch für Frankreich kommen. Man sah. Man sah, sofern man überhaupt sehen konnte, den Zusammenbruch der revolutionären Ideologien in der Dritten Welt. Während Sartre nach Kuba reiste, während er im Vorwort zum Buche Frantz Fanons ›Les damnés de la terre‹ die revolutionäre Violence der farbigen Völker feierte, während er zu einem Werk über Patrice

Lumumba die Einleitung schrieb, machten sich allenthalben auch in den Entwicklungsländern schon platte Polizeidiktaturen breit. In Algerien, das uns als einziges, aber dafür nur um so frappierenderes Beispiel diene, da doch an dieses Landes Revolution die Intellektuellen passionell engagiert waren, riß ein finster blickender Offizier die Macht an sich, ohne daß das »Volk« sich rührte. – Der Funke hatte nicht gezündet. Auch die Dritte Welt hatte enttäuscht – und in Frankreich selbst konsolidierten technokratisch ausgerichtete Persönlichkeiten ihre Positionen.

Nach der kurzen Episode ihrer zweiten Ehrenstunde, die von 1958 bis 1961 währte, als in Sartres Haus eine Bombe explodierte und eine faschistische Militärdiktatur vor der Tür zu stehen schien, begann die überwältigende Mehrheit der Intellektuellen mit dem Prozeß eines umfassenden *Desengagements.* Am Ende kam es dahin, daß Sartre mit ein paar wenigen Getreuen von der Zeitschrift ›Les Temps Modernes‹ als Verfechter des Engagements an die Revolution fast isoliert dastand. Dies wurde sichtbar im Jahre 1964, als zwischen ihm und einer Anzahl von Schriftstellern, die der Richtung des betont apolitischen Nouveau Roman angehörten, eine polemische Auseinandersetzung stattfand. »Ich habe mich verändert«, sagte Sartre, »ich habe allmählich gelernt, das Reale zu sehen ... Was bedeutet die Literatur in einer Welt, die hungert? Wie die Moral, muß auch die Literatur allgemeine Verbindlichkeit haben. Der Schriftsteller muß sich an die Seite der größeren Zahl, der zwei Milliarden Hungernden stellen ... andernfalls dient er einer bevorzugten Klasse und ist ein Ausbeuter, wie sie ... Der Hunger in der Welt, die Atomdrohung, die Entfremdung des Menschen – ich wundere mich, daß sie nicht unsere ganze Literatur färben!« Und Claude Simon, Autor der ›Route des Flandres‹, ehemaliger republikanischer Spanienkämpfer, antwortete ihm: »Die Revolutionen sind bekanntlich tugendhaft und puritanisch, mit all dem, was dies mit sich bringt. Alle sehen sie die Kunst scheel an. Dabei bildet die Kunst doch einen integrierenden Teil des Lebens der Gesellschaft, wie die Feste, die Nahrung, die Wohnstadt, die Kleidung. Wenn sie die letzteren auch nicht ersetzen kann – wie könnte sie das? –, können ebensowenig diese sie ersetzen.« Bei dem engagé Sartre wird die Revolution groß geschrieben, bei Claude Simon, der sich desengagiert hat, die Kunst.

In frappierender Deutlichkeit trat dann die Konfusion im Lager der Intellektuellen – wobei die Sartresche relative Isoliertheit nur einen Aspekt unter vielen bildet – im Präsidentschaftswahlkampf im Dezember 1965 zutage. Sartre lehnte Mitterand, den Kandidaten der gesamten Linken, bis zur letzten Minute vor dem ersten Wahlgang rundweg ab.

Der Sartre-Schüler André Gorz, der den Meister vordem bis zur Idolatrisierung verehrt hatte, sprach sich im ›Nouvel Observateur‹ für Mitterand aus. Sartres ehemaliger Sekretär, der Schriftsteller Jean Cau sowie Emmanuel d'Astier de la Vigerie, einst Chefredakteur der prokommunistischen Zeitung ›Libération‹, riefen die Linke auf, für de Gaulle zu stimmen. Der ›Express‹ stellte sich vorsichtig und unter vielerlei Absicherungen an die Seite des katholischen Zentrumskandidaten Lecanuet. Eine Einheitsfront der Linken war seit der Bildung einer provisorischen Regierung durch de Gaulle im Herbst 1944 wieder von Berufspolitikern verwirklicht worden. Die Intellektuellen aber waren politisch uneiniger, steuerloser denn je zuvor.

Und noch viel dramatischer, um nicht zu sagen: tragischer war die Konfusion im Lager der Linksintellektuellen in den Tagen des Sechstage-Feldzugs der Israelis. Die »sozialistischen Länder« unterstützten arabische Feudalherren gegen die sozialistischen Pioniere der Kibbuzim. Aber ehemalige OAS-Männer tranken auf das Wohl des Generals Dayan. Der linksradikale Publizist und Sartre-Freund Claude Lanzmann rief aus: »Man zwingt mich, vive Johnson zu rufen! Ich bin bereit, es zu tun!« Sartre selbst erklärte sich in sehr gemäßigter und die arabischen Interessen nicht vergessender Form für das Existenzrecht des Judenstaates: Daraufhin wurden seine Bücher in Algerien verboten, ausgerechnet in jenem Algerien, für dessen nationale Freiheit er die eigene, persönliche aufs Spiel gesetzt hatte. Lebenslange Freundschaften unter Linksintellektuellen gingen in die Brüche. Das Debakel erschien als total.

Ich rekapituliere meine Thesen: Der Intellektuelle ist stets dem zwar nicht verneinenden, wohl aber bestreitenden Geist verpflichtet und steht darum links. Er ist an die Gesellschaft engagiert, jedoch nicht an ihr Sein, sondern an ihre Existenz, mit anderen Worten: an ihren Veränderungsprozeß. Er kann als Führer des Volkes nur in dramatisch geballten Situationen in Erscheinung treten, weil er nur in diesen vom Volke akzeptiert und angefordert wird. Er muß seine ursprünglich kritische, bestreitende Aufgabe verleugnen, sobald er als inspirierter, messianischer Revolutionär Wirkungsträger des geschichtlichen Prozesses wird, und vollends dann, wenn ein Umwälzungsprozeß vollzogen ist und er die Macht in Händen hält. Er steht auf schlechtem Fuße mit der Macht: mit der feindlichen selbstverständlich, aber auch mit der eigenen, die für ihn Selbstentfremdung wird. Der dialektische Umschlag der Quantität der Kritik an der bestehenden Ordnung zur neuen Qualität, dem visionären Entwurf einer künftigen Gesellschaft, enthielt nach der Befreiung Frankreichs jenes erwähnte Selbstmißverständnis der Intellektuellen, das seinerseits wieder aus dem Mißverständnis der objektiv gegebenen Situation resultierte. »De la résistance à la révolution«, nun ja, das war wohl eine feurige Parole, aber sie konnte nicht wirksam werden, da die kompakte Masse der französischen Bevölkerung weder an der Violence des Widerstandes teilgehabt hatte, noch zur revolutionären Umgestaltung der Gesellschaft bereit war. Man schrieb Herbst 1944 und nicht 1789 oder 1917. Der schnell erstickten, besser gesagt, noch gar nicht zum Atmen gekommenen Revolution folgte auf seiten der Intellektuellen jene tiefe Enttäuschung, die bis heute andauert. Sie ist am eklatantesten sichtbar am Schicksal Jean-Paul Sartres, aber sie erfaßte auch eine große Anzahl von Intellektuellen, die in Deutschland weniger bekannt sind: den Ex-Kommunisten Edgar Morin, der sich in die Wissenschaftsprophetie flüchtete; den Soziologen Jean Duvignaud, der einen wenig fruchtbaren Frieden mit der desengagierten Soziologie amerikanischer Prägung schloß; den marxistischen Theoretiker Henri Lefèbre, der eine trübe Lebensbilanz in seinem Buch ›La somme et le reste‹ zog und kürzlich ein den Rückzug von der Tribüne in die Studierstube markierendes Werk des Titels ›Metaphilosophie‹ vorlegte; André Gorz, den Sartre-Schüler und marxistischen Geschichtsphilosophen, der Obdach suchte und fand in der strengen Nüchternheit der Nationalökonomie. – Mehr Menschen, mehr Schicksale, mehr Namen als zu nennen hier sinnvoll wäre!

Versucht man, das seit Kriegsende währende Mißverständnis und Selbstmißverständnis aufzulösen, setzt man am besten dort den Denkhebel an, wo es begann. 1944, sagten wir, war nicht 1789. Es hat sich also damals in Wirklichkeit gar nicht um Macht handeln können, und es handelt sich darum heute nicht eigentlich um Ohnmacht. Es konnte nur um etwas anderes gehen – und ging de facto auch darum: um *Einfluß*. Haben wir uns einmal darauf geeinigt, statt von Macht von *Einfluß* zu sprechen, dann fällt auf die französischen Intellektuellen ein anderes Licht, das ihre Profile günstig verwandelt. Dann bekommt auch der eingangs zitierte Ausspruch de Gaulles einen neuen Sinn: »Auch Sartre ist Frankreich« – das heißt nun freilich immer noch, er sei nicht die Bedrohung der bestehenden Ordnung, die er hatte sein wollen und vielleicht noch immer sein will, wohl aber meint es auch, daß er eingegangen sei in die Wirklichkeit der Nation, daß diese Wirklichkeit nicht sie selber wäre ohne ihn.

Was für Sartre gilt, dessen Vokabular und denkerische Linienführung so tief eindrangen ins öffentliche Leben, daß man kaum einen besseren Leitartikel zu Gesicht bekommt, der diese Gedankenwelt nicht reflektierte, ist anwendbar mit nur geringen Modifikationen auch auf diejenigen, die wir hier anführten und auf die viel zahlreicheren, die wir unerwähnt lassen mußten. So wie es kaum einen Psychologen gibt, der sich nicht der Freudschen Erkenntnismethoden bediente, kaum einen Historiker, der nicht auf abgeschwächte Art »Marxist« wäre, so gibt es in Frankreich keinen denkenden Menschen, in den nicht die geistige Welt Sartres, seiner Freunde und Gefolgsleute, seiner Kritiker und Gegner – die aber ihrerseits allerwegen in Relation zu ihm denken – eingeströmt wäre. Und überdies ist ja der Einfluß der Intellektuellen keineswegs beschränkt geblieben auf einen hypothetischen, innerhalb der nationalen Gemeinschaft isolierten »Kreis der Geistigen«. Man hat vielmehr allen Grund zur Annahme, daß de Gaulle nicht unbetroffen war von den Protesten der Intellektuellen, als er in Algerien Frieden schloß, daß der Minister Malraux, selbst ein ehemaliger Linksintellektueller, nicht ohne Seitenblick auf seine Freunde von einst die Kulturhäuser in der früher gegenüber Paris so vernachlässigten Provinz eröffnete. Der wütende Haß, mit dem die radikale Rechte die Intellektuellen in den Tagen der Auseinandersetzung um die Tortur in Algerien verfolgte, legt allein schon Zeugnis ab dafür, daß die Veröffentlichungen, die vielverhöhnten Petitionen und Manifeste der Intellektuellen den Realpolitikern, die sich kläglich hinter ordensgeschmückten Offizieren verbargen, alles eher denn gleichgültig waren. Damals rief Robert Lacoste, Generalgouverneur in Algerien, vor Veteranen dieses Krieges aus: »Verantwortlich für das Wiederaufflammen des Terrorismus sind jene Exhibitionisten des Herzens und des Intellekts, die ihren Feldzug gegen die Tortur inszenierten; ich überlasse sie eurer Verachtung!«

Gewiß, die Zeit seit Kriegsende brachte nicht die Revolution, auf die die Intellektuellen gehofft hatten; sie brachte nicht einmal den Triumph einer Affäre Dreyfus; die Schlüsselgewalt hatte erst ein Nationalökonom und Berufspolitiker, der sich kaum den Intellektuellen zuzählen dürfte, Pierre Mendès-France, und dann ein zugleich menschenverachtender und menschenfreundlicher Offizier wesentlich konservativer Prägung, Charles de Gaulle. Und doch waren die Intellektuellen nicht ganz ohne Anteil am Friedensschluß von Vietnam im Jahre 1954, an der Beendigung des Algerienkonfliktes, an der Loslösung der französischen Außenpolitik aus der elastischen Umklammerung durch einen übermächtigen Alliierten. »Lange hielt ich meine Feder für ein Schwert«, schrieb Jean-Paul Sartre, »jetzt kenne ich unsere Ohnmacht.« Ist es gestattet, den Ausspruch des großen Mannes zu modifizieren? Es würde dann heißen: »Zwar war meine Feder kein Schwert und brachte uns nicht an die Macht; doch sind meine Gefährten und ich nicht ohne Einfluß auf das Geschehen geblieben.« Im übrigen: Sartre hat, was wir hier modifizierend sagen, halb und halb sich zugestanden, denn schon im nächsten Satz nach dem Bekenntnis seiner Ohnmacht fügt er in den ›Wörtern‹ hinzu: »Trotzdem schreibe ich Bücher und werde Bücher schreiben; das ist nötig, das ist trotz allem nützlich.«

Die Niederlage der französischen Intellektuellen der Nachkriegszeit erweist sich bei genauer Analyse nur als eine halbe: Sie bestand zunächst in einer ebenso begreiflichen wie falschen Einschätzung der geschichtlichen Situation, danach in der leidenschaftlichen Anklammerung an die hierdurch entstandene Frustration. Sie führte die einen zu einem Extremismus der Negation und zu aussichtslosen Ansprüchen, die anderen zu einer resigniert-überstürzten Anpassung an die Realitäten des Neokapitalismus, die dritten zu dumpfem Zorn und Groll. – Die Krise ist offenbar. Vielleicht ist sie aber schon auf ihrem Höhepunkt angelangt, dort nämlich, wo die Intellektuellen in der Erkenntnis ihrer Ohnmacht auch die Spuren ihres unleugbaren Einflusses wiederfinden. Sie werden dann die Kraft haben, ihren Auftrag weiter zu erfüllen, der heißt: Anfechtung, Kontrolle, Selbstbehauptung des Geistes und damit des Humanen. Keiner konnte Robespierre oder Trotzki sein. Der Zola des ›J'accuse‹ zu werden hat noch jeder seine Chance.

Links, wo keine Heimat ist

Vom Nutzen und Nachteil der Ideologie für das Leben (1967)

Ein Gespenst geht um in Europa – das Gespenst der Ideologie! Doch nein. Ich habe nicht die Absicht, hier ein »ideologisches Manifest« zu konzipieren, ein Pathos der Re-Ideologisierung zum Grundton meiner Überlegungen zu machen. Es soll nur ein Beitrag geleistet werden zur Antwort auf die offenstehende Frage nach dem Nutzen und dem Nachteil der Ideologie für das Leben. Ideologiekritik denn? Ja und nein. Kritik der Ideologiekritik, wenn man will. Jedenfalls können wir uns vielleicht fürs erste darauf einigen, daß wir uns von dem Gespenst nicht ins Bockshorn jagen lassen; getrost sei es gestellt. Dies wird unserer geistigen Courage nichts Übermenschliches abfordern, denn ohnedies hat man nachgerade den Eindruck, als sei das Phantom eher ridikül als bedrohlich. Ideologie? Ein Begriff von gestern, wenn wir den gängigen Erklärungen, die aus der philosophischen Hermetik längst in die Leitartikelsphäre abgerutscht sind, glauben dürfen. Nach einer Epoche der Ideologien, die rund zweihundert Jahre gewährt hat, seien wir endlich eingetreten ins Zeitalter resoluter *Entideologisierung*, so sagt man uns. Die im Geschwindschritt unseren theoretischen Reflexionen vorauseilende Praxis der exakten Wissenschaften hätte die ideologischen Fesseln gesprengt, gemeinsam mit einer jenseits aller Ideologien sich vollziehenden wirtschaftlichen Entwicklung der industriellen Welt. Man könne sich hierzu nur beglückwünschen: Ideologen seien das, als was Napoleon I. sie schon bezeichnet hat, weltfremde Schwärmer und falsche Propheten. In den Ideologien habe logischer Scharfsinn geistige Pseudostrukturen erkannt, die unglücklicherweise in naher Vergangenheit so traurige Reiseunfälle des Fortschritts verursachten, wie es die leider zum Teil immer noch bestehenden totalitären Staaten sind. Doch seien wir wenigstens in der als frei reputierten Welt erlöst von solcherlei Spuk. It can't happen here and now. Daß wir nicht wieder heimgesucht werden von ideologischen Kalamitäten, dafür sorge man in den Laboratorien und in den universitären Zentren der empirischen Soziologie. Auch in der Großindustrie. Auch in den Studienbüros der Kaufmotiv-Forscher.

Die Arbeiterjugend habe ihre Fahnen weggeworfen, wie Karl Bednarik uns das schon vor einem Jahrzehnt versicherte, und was gar die gebildeten Leute angeht, so seien diese längst semantisch geimpft gegen den ideologischen Virus. – Ideologie, demnach, ist nur noch das Gespenst eines Gespensts: davor zu zittern besteht nicht der mindeste Grund.

Da wir nun aber schon so gründlich entideologisiert sind, da das Entlarvungsgeschick von Helmut Schelsky bis in jene Schichten englischer Arbeiterjugend reicht, die alle ideologischen und damit auch alle politischen Zumutungen als »horseshit« – Verzeihung: Pferdedreck, verwirft, dürfen wir uns in aller Zutraulichkeit die fürderhin ohnedies harmlose Frage stellen, was es eigentlich auf sich hat mit der ideologischen Schaumschlägerei. Was sind Ideologien?

Man erwarte keine Definition, sie würde uns ins Uferlose führen. Wir können nur dem Sprachgebrauch nachspüren, und da sehen wir, wie schwierig, ja unmöglich saubere Begriffsbestimmung ist. Allenthalben herrscht Konfusion. Die im Westen gängigste Meinung wurde sehr scharf und knapp von dem österreichischen neopositivistischen Philosophen Franz Austeda formuliert. Nach diesem sind Ideologien »theoretisch unzulängliche, aber lebensdienliche Fehlbeurteilungen der Wirklichkeit, in denen Wertungen in der Verkleidung von Tatsachenbehauptungen auftreten ...« Doch kann man es ebensogut mit Karl Marx halten: Für ihn waren Ideen allerwegen Ideen der herrschenden Klasse und Ideologien bloßer Überbau, falsches Bewußtsein, Nebelbildungen im Gehirn. In seiner ›Deutschen Ideologie‹ hat er gesagt: »(Es ist auszugehen) von den wirklich tätigen Menschen, und aus ihrem Lebensprozeß wird auch die Entwicklung der ideologischen Reflexe und Echos dieses Lebensprozesses dargestellt. Auch die Nebelbildungen im Gehirn des Menschen sind notwendige Sublimate ihres materiellen, empirisch konstatierbaren und an materielle Voraussetzungen geknüpften Lebensprozesses. Die Moral, Religion, Metaphysik und sonstige Ideologien und die ihnen entsprechenden Bewußtseinsformen behalten hiermit nicht länger den Schein der Selbständigkeit.« Eine gleiche Position nimmt auch ein moderner Marxist wie Robert Havemann ein, für den Ideologie gleichfalls falsches Bewußtsein ist. In seinen Vorlesungen über ›Dialektik ohne Dogma‹ sagte er: »Es ist ein Mißbrauch des Wortes, wenn wir heute von Ideologie in einem positiven Sinn reden. Die Bezeichnung ›ideologische Kommission‹ für ein Gremium, dessen Ziel die Förderung der gesellschaftlichen Bewußtheit ist, wäre demnach eine Contradictio in adjecto.« – Der Widerspruch, den Havemann anzeigt, ist aber so sehr in den Sprachgebrauch eingedrungen, daß wir ihn als eine soziale Realität schlechtweg akzeptieren müssen. Man frage nur einen beliebigen kommunistischen Parteifunktionär nach Ideologie und er wird sie als ein politisch weltanschauliches Programm definieren. Ideologie kann, im Sinne Sartres, ein parasitäres System sein, das am Saume des Wissens einer schöpferischen Philosophie lebt, der es sich ursprünglich entgegenzustellen versuchte, um sich ihr aber später einzugliedern. Kein Ende ist abzusehen. Mit Ideologie kann man ein Wahnsystem meinen wie das des Nationalsozialismus, in dem ein paranoider Antisemitismus die geschichtlichen Perspektiven ersetzte. Doch kann man aber auch mit einleuchtenden Argumenten behaupten, es seien Ideologien mögliche Antworten auf Probleme, die die Wirklichkeit uns stellt, und durchaus nicht Lügen oder Illusionen. Es ist angängig, mit Ideologie die spontan entstandene *Mythologie* einer bestimmten Epoche zu bezeichnen, und es ist ebenso statthaft, nichts anderes darin zu sehen als methodisch produziertes »Opium fürs Volk«. Die Konfusion ist, wie gesagt, entmutigend genug. Die Entmystifizierung des Begriffes ist ein überaus mühevolles und kaum erfolgversprechendes Unternehmen.

Wir machen uns nicht anheischig, einen solchen Versuch zu gutem Ende zu führen. Vielmehr sei der Begriff hergenommen, wie er vor uns liegt, in all seiner Widersprüchlichkeit und Undeutlichkeit. Damit verhalten wir uns zwar nicht logisch und theoretisch, aber immerhin sozial: Denn wenn in der Diskussion das Wort Ideologie fällt, wird es fast immer in gerade jenem undeutlichen Sinne gebraucht, den wir oben andeuteten und der eine überwältigende Fülle potentieller Definitionen umgreift. Der gleiche Gesprächspartner redet uns dann wohl von der Ideologie des Marxismus, der Ideologie der kommunistischen Staaten, der Ideologie Sartres, der Konsumideologie, der Ideologie der Massenpresse, der Ideologie der Naturwissenschaften – schließlich, in fortgeschrittenen Fällen, auch von der Ideologie der Entideologisierung.

Dem Geschäft der Entwirrung muß ich mich entziehen. Im Gegenteil: Ich habe leider der schon bestehenden Verwirrung noch ein weiteres Element beizusteuern. Ideologie, wie ich sie verstanden wissen möchte, enthält zwar Fragmente aller vorhin angeführten potentiellen Definitionen, doch fügt sich ihr noch ein weiteres hinzu: Ich meine mit Ideologie ein geistiges *Referenzsystem* und setze mich damit ab gegen die gebräuchlichen Begriffsbestimmungen, mag ich diese auch da und dort dialektisch mit einbeziehen. Ich sage Referenzsystem, sehr ausdrücklich, und nicht Doktrin oder gar Dogmenstruktur. Und ich will hierfür ein Beispiel geben:

Es gab eine Ideologie der französischen Résistance, dagegen keine Résistance-Doktrin. Die Referenzen dieser Ideologie waren different bis divergent: Ein jakobinischer Patriotismus stand neben einem auf das Ancien Régime bezogenen Nationalismus; ein simplifizierter Marxismus hatte Tuchfühlung mit einem in seinem geistigen Raffinement sehr weit getriebenen Linkskatholizismus; ein mittelständischer freiheitlicher Radikalismus vertrug sich erstaunlich gut mit einem hochbürgerlichen Konservatismus. Die einzelnen Mitglieder der Résistance hatten daneben zumeist auch ihre mehr oder minder wohl gefügten Doktrinen: Der Kommunist bekämpfte im Nazismus die verfaulte Frucht kapitalistischer Wirtschaftsordnung, der Offizier aus Saint Cyr focht für Frankreichs konservative Weltmission, der radikale Bourgeois glaubte an eine individuelle Freiheit, die er im Bankgeheimnis versinnbildlicht fand. Im Rahmen der Résistance-Ideologie aber trat nun eine bemerkenswerte Vermischung, besser gesagt: eine Aufhebung der Widersprüche ein. Jeder Widerstandskämpfer knüpfte seine Aktion an alle möglichen Referenzen der Résistance-Ideologie und nährte aus ihnen sein Lebensgefühl. Manche dieser Referenzen standen zueinander in flagranter Kontradiktion, aber das machte nichts aus. Louis XIV. und Robespierre, Napoleon und die Pariser Commune, das Frankreich Richelieus und die Republik der Herriot und Léon Blum wurden zu gleichwertigen Pfählen, über die man das luftige Zelt der Ideologie eines kämpfenden Frankreich spannte. Der fremde Eroberer und Unterdrücker war da. Man konnte ihm im Zeichen der Jeanne d'Arc widerstehen und zugleich im Gedenken an Clemenceau oder Anatole France. Durchaus war dieses ideologische Referenzsystem oder diese an Referenzen ausgespannte Ideologie zugleich emotionell wie intellektuell durchtränkt. Es war mehr und anderes als ein bloßes im Widerstand sich konstituierendes »Nationalgefühl«. Wie die Résistance-Ideologie auch *geistig* repräsentiert und bewältigt wurde, kann man am besten in den Schriften und der Gestalt Charles de Gaulles erkennen: Der national-konservative Offizier, der sich gegen seine Pairs aufgelehnt hatte, hob in sich den Widerspruch zwischen der Anhänglichkeit an das Ancien Régime und dem Pathos des Jakobinertums auf; wie inkohärent seine Ideologie auch erscheinen mag, sie erwies sich als stark genug, die *Aktion* zu tragen.

Da vorhin das Stichwort »Bewußtsein« gefallen ist, soll am Beispiel der französischen Résistance-Ideologie auch gleich die Behauptung zurückgewiesen werden, daß Ideologie stets *falsches* Bewußtsein sei: Sie *kann* es sein wie im Falle der NS-Ideologie: Der Jude war ja nun wirklich weder a priori Deutschlands Feind noch seine Gefahr. Sie muß es nicht sein – denn mit all seinen Widersprüchen spiegelte das geistige Referenzsystem der Résistance-Ideologie doch kaum verzerrt die objektive Lage eines jeden Franzosen wider. Der Besatzer verurteilte zum Tode, deportierte oder brüllte auch nur »Licht aus«. Der sterbende, im Deportationszug kauernde oder nur durch verdunkelte Straßen sich tastende Franzose reflektierte rein seine Situation des Unterdrückten, wenn er sich geistig zugleich mit Jeanne d'Arc und Clemenceau bewaffnete.

Doch müssen wir, um weiter zu kommen, vorderhand absehen von der Frage echten oder falschen Bewußtseins, müssen uns auch erinnern, daß die Definition der Ideologie als eines vagen Referenzsystems nur eine von den vielen ist, die der Begriff zuläßt und die wir allesamt hier als soziale Wirklichkeit des Sprachgebrauchs akzeptieren. Ich rekapituliere: Ideologie kann falsches Bewußtsein sein und echtes; sie kann Reflex, verzerrter und korrekter einer geschichtlichen Situation sein und Modell einer Utopie; sie kann einengende Doktrin sein und geistiges Instrument antidoktrinärer Emanzipation; sie kann ein Wahnsystem sein, eine parasitäre Erscheinung am Rande schöpferischen Denkens, und kann selbst schöpferische Impulse geben.

Läßt sich ein Wesensmerkmal ausfindig machen, das all diesen Erscheinungsformen der Ideologie eignet? Wenn nicht, dann müßten wir nämlich darauf verzichten, den Begriff überhaupt zu gebrauchen. Wir müßten uns eingestehen, daß seine Sinngehalte vielfältig und widersprüchlich sind, sein Begriffsumfang groß genug, um den Begriffsinhalt auszulöschen, und müßten unsere Bemühungen aufgeben. – Ich glaube nicht, daß ich zu einem solchen Eingeständnis und damit zur Kapitulation genötigt bin. Vielmehr scheint mir, als könne man, zumindest vorläufig, als das verbindende Kriterium aller Formen der Ideologie das Prinzip *Hoffnung* annehmen. Anders ausgedrückt – und auch, um nicht vielleicht den Titel von Ernst Blochs Hauptwerk hier mißbräuchlich zu zitieren –: Wer einer Ideologie verbunden ist, läßt die Wirklichkeit der Fünf nicht gerade sein. Die Tatsachen, wie sie vor ihm ausgebreitet liegen, haben keine unbedingte Überzeugungsgewalt für ihn und er zögert auch nicht, sie im Entwurf hochmütig zu verwerfen. Er ist »Idealist«, im populären Wortsinne wie im philosophischen. Der Vorwurf des Idealismus, den orthodoxe Marxisten gegen Sartre erheben, ist nicht ganz illegitim. Dem Ideologen gilt sein Ideenhimmel, sei dieser auch manchmal nebelig verhangen, mehr als die gesetzte Ordnung der Gesellschaft und die gesetzliche der Wissenschaft.

Gerade an dieser Stelle hat die moderne Ideologiekritik ihren Denkhebel angesetzt und hat mit Argumenten von nicht geringer Brisanzkraft gegen die Ideologien die Feindseligkeiten eröffnet.

Vielleicht die gründlichste Auseinandersetzung mit den Ideologien, die in den letzten Jahren herausgefördert wurde, ist ein Aufsatz des neopositivistischen Philosophen Ernst Topitsch. Die Arbeit heißt ›Begriff und Funktion der Ideologie‹, und man findet sie in dem Band ›Sozialphilosophie zwischen Ideologie und Wissenschaft‹.

Topitschs kritische Reflexionen erscheinen uns nicht nur wegen ihrer logischen Schärfe und theoretischen Kohäsion besonders wichtig, sondern mehr noch, weil sie all das klar artikulieren, was Ideologiekritik, populäre und wissenschaftliche, in unseren Tagen vorzubringen hat. Der – an und für sich unwidersprechliche – Haupteinwand Topitschs gegen die Ideologien ist, daß sie ein *Welt*bild zu geben sich anheischig machen, während sie in Tat und Wahrheit nur ein *Wert*bild entwerfen. Die Hochideologien der Aufklärung und des Marxismus haben nach Topitsch zwar die religiösen

Traditionen als Ideologien bekämpft, sind aber selbst von deren Denkformen in erheblichem Maße abhängig geblieben. An einer Schlüsselstelle des lesenswerten Essays heißt es wörtlich: »(Die ideologischen Lehren) existieren nicht in der kühlen, neutralisierten Atmosphäre akademischer Wahrheitsfindung, sondern standen in direktem Zusammenhang mit den schweren, oft unter Waffengewalt geführten Auseinandersetzungen. (...) Dennoch beriefen sich einige dieser Lehren, vor allem die bürgerlich-liberale und die marxistische, auf jene Macht, welche in der modernen Welt hoch im Ansehen stand, auf die Wissenschaft. Doch bestand diese Prätention nur teilweise zu Recht, denn auch das Naturrecht der bürgerlichen und die Dialektik der marxistischen Revolution enthielten wesentliche vor- und außerwissenschaftliche Elemente. So entstanden damals jene Zwittergebilde zwischen Mythos und Wissenschaftlichkeit, die man im engeren Sinne als Ideologien ansprechen könnte ...« Alle Vorwürfe Topitschs münden ein in den einen und großen, daß die Ideologien Werturteile in der Anschirrung von Tatsachenaussagen am Halfter vorführen. Auf Sachhaltigkeit kommt es ihm, dem Positivisten, an und selbstverständlich auf umfassende Verifizierbarkeit, gemäß der neopositivistischen These, daß der Sinn eines Satzes im Wege seiner Verifizierung liegt.

Damit ist es nun freilich in der Tat schlecht bestellt im ideologischen Raum. Da Ernst Topitsch seine kritische Scharfsicht hauptsächlich am Marxismus erprobt, hat er es vom Standpunkt seiner logischen Philosophie aus nicht schwer, die Grenzen der marxistischen Begriffsbildung zu ziehen und die brüchigen Stellen im Lehrgebäude der marxistischen Ideologie zu entschleiern. Unleugbar ist es ja so, daß sowohl Marx als auch Engels stets von »Wissenschaft«, ja sogar »Naturwissenschaft« sprechen, auch dort, wo diese vorgebliche wissenschaftliche Exaktheit den Anforderungen, die wir heute an wissenschaftliche Sätze stellen, längst nicht mehr genügen kann. Topitsch widerlegt nicht die Hegel-Marxsche Dialektik – das kann er so wenig wie irgendwer: dialektisches Denken läßt sich nur ablehnen, nicht aber widerlegen –, doch muß man sich dort seinen Argumenten beugen, wo er gegen den Anspruch auf Wissenschaftlichkeit der marxistischen und jeder anderen Ideologie mit dem Instrument moderner Logik angeht.

Freilich, wer grundsätzlich (und unter Ausklammerung der für Sonderfälle nötigen Wertbefunde) für die Ideologien eintritt, braucht sich von Topitschs Ideologiekritik nicht gleich geschlagen zu geben. Manches läßt sich einwenden. Man kann etwa die naive Frage aufwerfen, ob Wahrheit beziehungsweise Wahrheitsfindung, aus der moderne Ideologiekritik ihr Recht ableitet, nicht ihrerseits ein irrationaler Wert ist. Muß wirklich ein geistiges Referenzsystem, das den Forderungen nach sachhaltiger Aussage nicht entspricht, nur *weil* es ihnen nicht entspricht, verworfen werden? Ich nehme den Standpunkt der eine solche Fragestellung erlaubt, nur versuchsweise ein, um ihn sehr schnell wieder zu verlassen; nichts liegt mir ferner als die Rechtfertigung nebelhafter Metaphysiken oder Mythologien. Immerhin stehen wir vor der Tatsache, daß sich die Menschheit in Hunderttausenden von Jahren schlecht und recht zu behelfen wußte ohne Wahrheit und Wahrheitsfindung im naturwissenschaftlichen Verstande. Die Forschungen von Claude Lévi-Strauss haben uns gelehrt, wie die »pensée sauvage«, die seelische und soziale Existenz primitiver Zivilisationen, nicht bewegt ist vom Erkenntnis- und Wahrheitsstreben, sondern geregelt wird von logischen *Strukturen* beziehungsweise von totalisierenden symbolischen Systemen. Selbst in Hochzivilisationen wie der ägyptischen hat die Wahrheit nur eine recht untergeordnete Rolle gespielt, im kleinen Alltag. Wo es auf soziale Formgebung ankam und auf die Fundamentalbeziehung des Menschen zur Welt, dort waren Magie und Ritus bestimmend: Osiris kehrte als Herrscher des Totenreiches zurück, das war ein zugleich erhebendes und schlichtes Faktum, zu verifizieren gab es daran nichts. Ja sogar das uns zeitlich viel näher liegende christliche Mittelalter hatte keinen mit dem unsrigen vergleichbaren Wahrheitsbegriff. Den Scholastikern waren alle Wahrheiten in Gott enthalten, der unwandelbaren Urwahrheit, in der sie allein erkannt werden konnten. Jegliche weitere Wahrheitssuche wäre nicht nur vergebliche Liebesmühe gewesen, sondern teuflische Anmaßung. Der moderne, auf empirischer Prüfbarkeit und logischer Deduktion basierende Wahrheitsbegriff ist jungen Datums, Kind von ein paar Jahrhunderten, in denen sich die Menschen um Naturerkenntnis zum Zwecke der *Naturbeherrschung* bemühten. Es ist keine Denkunmöglichkeit, daß kommende Zeitalter, in denen diese Naturbeherrschung ein heute unahnbares Ausmaß erreicht haben wird, verzichten werden auf weitere Naturerkenntnis und in der wiederum eine Gesamtheit von magischen Ritualen oder, im Sinne von Lévi-Strauss, von logischen Strukturen jene Herrschaft ausübt, die heute der Erkenntnis und der verifizierbaren Tatsachenaussage zukommt.

Doch lassen wir dergleichen, ich gebe es zu, luftige Spekulationen. Andere, solidere Argumente gegen die positivistische Ideologiekritik bieten sich an. Wenn ich bei Topitsch lese, der langwierige Weg zu einer erdumspannenden Gesellschaft, die keinem Menschen mehr ein unerträgliches und unwürdiges Dasein zumutet, zeige sich nicht dem »irren Auge des Fanatikers«, sondern dem kühlen Blick des Staatsmannes, für den die Politik die Kunst des Möglichen ist – wenn ich diesen aufs erste so überzeugenden und in seiner angenehmen Nüchternheit erfreulichen Satz lese und ihn recht überlege, erfaßt mich am Ende ein gewisses Unbehagen. Denn verhält es sich nicht so, daß vielmals in der Geschichte gerade das »irre Auge des Fanatikers« richtiger gesehen oder zumindest richtungweisender geblickt hat als der kühle Staatsmannsblick? Hochhuth hat uns gezeigt, daß solche auf die Kunst des Möglichen gerichtete Verstandeskühle unter Umständen nicht einmal den Protest gegen das Verbrechen zuläßt. Kein Zweifel, Marat, Danton, Robespierre hatten jenes irre Fanatikerauge, vor dem Ernst Topitsch uns Reserve empfiehlt. Nur fragt es sich, ob eine Diskussion bürgerlicher Intellektueller heute stattfinden könnte, hätten nicht 1789 irre Fanatiker ihre sozialen Visionen erlitten.

Die positivistische Ideologiekritik der modernen empirischen Soziologie versteht den Menschen einerseits als ein Objekt der Forschung, andererseits als erkennendes Subjekt; die beiden fallen auseinander und haben wenig Aussicht, wieder zur Einheit zu werden. Dabei wird nicht oder zu wenig berücksichtigt, daß der Denkende, Sprechende, ja sogar Schweigende und Gedankenlose stets auch ein *Handelnder* ist; er hält einen Wechsel auf die Zukunft in Händen, den die Gegenwart natürlich nicht honorieren kann. Das ist ein großes Risiko, denn, wie Ernst Bloch es sagt: »Der Prozeß, in dem die Welt steht, ist noch nicht gewonnen ...« Der positivistische Ideologiekritiker, kühlblickender Mann überwundener Leidenschaften, Ablehner des Leidens, will risikolos denken. Tatsachen, Sachgehalte, verifizierbare Aussagen, auf sie ist er aus. Dabei kann man nicht viel verlieren, das ist wahr. Aber es läßt sich auch nicht hoch gewinnen. Selbstverständlich handelt auch der empirische Ideologiekritiker, der sich auf kein dubioses geistiges Geschäft einlassen will und nur sachhaltige Aussagen quittiert. Er handelt, indem er *nicht* handelt. Seine Weigerung kommt seinen Tatsachen zugute. Er steht in ihren Diensten, und sie lassen ihn dafür nicht im Stiche. Damit sichert er sich intellektuellen Komfort. Inwieweit er aber solcherart beiträgt zur Verwirklichung jener von Topitsch beschworenen »erdumspannenden Gesellschaft der Menschenwürde«, ist eine offene Frage. Es wird hier noch von ihr zu sprechen sein. Vorher noch einmal die Berufung auf Ernst Bloch, der an einer Stelle seiner ›Tübinger Einleitung in die Philosophie‹ den Positivismus bloßstellt und hierbei sagt: »Was etwa das Humanum in seinem vollen positiven Inhalt sei, ist keineswegs nötig zu wissen, um völlig entschieden Nero als Unmenschen zu erkennen ... von daher also die in diesem Zusammenhang so gänzlich unpositivistische Negation: desto schlimmer für die Tatsachen. Es ist eine Verifizierungsmaxime, die ja gegebenenfalls so wenig Anpassung an die Tatsachen brachte, daß sie die englische, amerikanische, französische Revolution gebracht hat. Das Recht, kein Hund zu sein, diese empirisch so wenig bestätigte Postulatsannahme großen Stils, ist von manchen der sogenannten Begriffsmärchen großer Philosophien nicht so ganz abgetrennt. Die bloße Faktizität hat keine Dreinrede, eine solche hat einzig die Tendenz des Prozesses und vorzüglich die Latenz der objektiv realen Möglichkeit.« Bloch spricht hierbei in seiner Polemik gegen den Positivismus nur von großen Philosophien, nicht auch von Ideologien, die er marxistisch seinerseits als falsches Bewußtsein versteht. Ich wage es aber, seine polemische Waffe auch einzusetzen gegen die moderne Ideologiekritik, denn Ideologie als Referenzsystem verstanden, ist chemisch kaum rein zu scheiden von Philosophie, sei diese groß oder klein.

Die Ideologiekritik hat die Ideologien wie geistige Leiden behandelt. Daß nicht alle Ideologien Krankheiten sind, haben wir zum Teil schon vorweggenommen und werden wir später zu erhärten uns bemühen. Zuvörderst sei nur noch ein weiterer und wohl der wichtigste Vorbehalt gegen die gängige Ideologiekritik angebracht. Der wichtigste sage ich, weil er sich der unmittelbaren politischen Aktualität zuordnen läßt: *Die aus dem Geistesraum empirischer Soziologie vorstoßende Ideologiekritik ist ihrem Wesen nach konservativ und restaurativ.* Der Vorwurf wurde schon häufig erhoben. Gegen ihn hat nicht nur Topitsch in dem hier zitierten Aufsatz protestiert, sondern unter vielen anderen auch Helmut Schelsky in seinem Buch ›Ortsbestimmung der deutschen Soziolgie‹. Topitsch meint, die Ideologiekritik könne unter Umständen einen »nicht unerheblichen Beitrag zur Lösung sozialer Streitfragen leisten«; die Tendenz zur Entideologisierung, »die der Wahrheitsfindung einen Spielraum freikämpft«, sei unter gewissen Bedingungen »geradezu revolutionär«. Schelsky wendet ein, die Soziologie sei zu einem »Medium der Auseinandersetzung innerhalb der angewandten Wissenschaften geworden, mit dem sich eine Seite gegen die Verharmlosung in ihrer Faktizität gegenüber einer anderen zur Wehr setzt, die in emphatischer und ideeller Übersteigerung der Handlungsfreiheit des Menschen den abgemessenen Spielraum des wirksam Handel- und Veränderbaren verfehlt«.

Es will mir aber durchaus scheinen, als habe zumindest in der westlichen Welt die empirische Soziologie überhaupt keinerlei revolutionäre Mobilität gezeigt und habe auch den »abgemessenen Spielraum des wirksam Handel- und Veränderbaren« eher eingeschränkt als ausgedehnt. Das historische Geschick der amerikanischen Soziologie erscheint uns hierfür als ein Beweis von nicht zu überbietender Durchschlagskraft. Die Soziologen der USA mögen als Individuen so »freiheitlich« sein wie sie wollen – sie *sind* es tatsächlich in vielen Fällen –, ihre wissenschaftliche Leistung kommt dennoch global der bestehenden Ordnung zugute: Man denke nur an den Braintrust um John F. Kennedy, dessen Träger zum Teil bedeutende Soziologen waren wie John Galbraith. Das hat der Administration manchen Nutzen bei ihrer Analyse der bestehenden Verhältnisse gebracht; es hat die konservative außenpolitische Linie Kennedys nicht um Haaresbreite nach der freiheitlichen Seite hin abgebogen. Ist es so abwegig zu fragen, ob eine supponierte *ideologisch* orientierte amerikanische Soziologie in meinetwegen »emphatischer ideeller Übersteigerung der menschlichen Handlungsfreiheit« nicht vielleicht dazu beigetragen hätte, der Regierung Johnson eine etwas humanere Vietnam-Politik zu suggerieren als die es ist, deren konsternierte Zeugen wir sind? Ich habe nicht nachgezählt, wieviele amerikanische Soziologen teilnehmen an den universitären »teach-ins« und den Protestmärschen gegen den asiatischen Krieg der USA. Sie dürften recht zahlreich sein. Ich glaube nur, daß sie zu spät kommen. Hätte ihre Wissenschaft sich weniger auf Ideologiefreiheit zugute getan, es wäre vielleicht eine Gesellschaft entstanden, in der sich heute die tapferen Männer nicht als »peaceniks« verunglimpfen lassen müssen.

Doch müssen wir nicht unbedingt nach den Vereinigten Staaten blicken und nicht das überkrasse und stark verbrauchte Beispiel des Vietnamkriegs heranziehen. Die im Zeichen der Entideologisierung vor sich gehende Verödung des politischen Lebens, die allemal konservativer und restaurativer Tatsächlichkeit zugute kommt, ist auch andernorts einzusehen. Besonders die demokratischen sozialistischen Parteien sind davon betroffen. Man kann hier Mr. Wilsons bedingungslose Ausrichtung auf die amerikanische Außenpolitik ins Gespräch bringen. Man kann, rückerinnernd, sich fragen, ob die französische SFIO (Section Française de l'Internationale Ouvrière) als Regierungspartei auch dann sich in den Jahren 1956 bis 1958 zu ihrer desaströsen Algerienpolitik bereitgefunden hätte, wenn in ihrem Apparat nicht jeder ideologische Funke erstickt worden wäre. In der österreichischen sozialistischen Monatsschrift ›Die Zukunft‹ schrieb der Historiker Ernst Mayer: »Der Sozialismus ist auch als Ideologie so lange nicht überholt, wie die strukturbedingte gesellschaftliche Machtlosigkeit des Einzelnen nicht ab-, sondern zunimmt ... Sobald die Freude über die bescheidene Teilhaberschaft der Arbeiter an der industriellen Konsumgesellschaft verraucht sein wird, dürften manche Politiker Anlaß zu bitterer Klage finden.« Sie finden solchen Anlaß schon jetzt: in Österreich nach der sozialistischen Défaite bei den letzten Wahlen (1966) ebensosehr wie in England nach dem Wahlsieg Wilsons. Alle politischen Anzeichen deuten darauf hin, daß die so leidenschaftlich und teils durchaus mit gültigen Gründen nach vollzogenen authentischen Einsichten verwirklichte Ideologiefreiheit, die von linken Elementen in geradezu suizidärer Lust vorangetrieben wurde, uns in eine neue Knechtschaft führt. Ein ideologiefreier Sozialismus wird im allerbesten Fall da und dort bessere Lohn- und Arbeitsbedingungen erfechten und schließlich auch in diesem bescheidenen Aufgabenbereich versagen. Die Rechte aber wird mit der Aufgabe der Ideologie nichts verlieren, da sie ohnehin im Besitz einer von Ideologieschwankungen unabhängigen *Macht* ist und sich auf die durch diese Macht geschaffenen Tatsachen berufen und stützen kann. Der gesellschaftliche Kon-Nonsens triumphiert. Die Hoffnung auf jene von Topitsch heraufbeschworene »erdumspannende Gesellschaft« der Menschenwürde erlischt.

Sollte nach all dem bisher Ausgeführten der Eindruck entstanden sein, als lehne der Verfasser Ideologiekritik ab, als sei er ein wütender Gegner positivistischen Denkens, als gelte ihm irgendeine illusionär-chiliastische Revolutionshoffnung mehr als die gegebene authentische Problematik von Mensch und Gesellschaft, als stürme er amoklaufend hinweg über vernünftige Argumentation, um seinem Irrbild nachzujagen – sollte ein solcher Eindruck entstanden sein, ist es hohe Zeit, daß ich ihn korrigiere. Ich betrachte jedes ideologiekritische Unternehmen grundsätzlich als legitim. Vom Wert logisch-positiver Überlegungen, ja von ihrer Unerläßlichkeit in der Auseinandersetzung bin ich überzeugt, ich weiß, daß wir ohne ideologiekritische Impulse schließlich geistig dort landen würden, wo gewisse Anarchistensekten sich befinden, die in konfidentiellen Blättchen unerschütterlich allwöchentlich irgendwelche imaginären »Arbeitermassen« auffordern, sofort in den Generalstreik zu treten, die Fabriken zu besetzen und die vom Privateigentum befreite Gesellschaft zu proklamieren. Prinzipielles und sachblindes Anrennen gegen Ideologiekritik gehört ins Gebiet der sozialpsychologischen Pathologie. Ich glaube mich frei vom Wahn, so wie ich mich auch frei hoffe von einer nur dem oberflächlichen semantischen Augenschein als weniger wahnhaft sich darstellenden Vergötzung einer falsch aufgefaßten Vernunft. Sollte ich ein anderes Echo erweckt haben, war es meine Schuld: Man redet sich heiß, bis man sich manchmal an den eigenen Worten verbrennt.

Daß Ideologiekritik legitim ist und daß hierbei die logische Analyse ein unersetzliches Instrument darstellt, darüber braucht nicht erst diskutiert, das muß nicht erst versichert werden. Wie sollte man denn auch anders *Wahnsysteme* als solche entschleiern? Gewiß nicht mittels der Dialektik, bei der es immer darauf ankommt, *wer* sie handhabt, während die Logistik so weit formalisiert ist, daß ihr jeweiliger Programmierer kaum noch eine Rolle spielt. Auf Ideologiekritik, sei sie logisch angesetzt oder nicht, kann unmöglich verzichtet werden. Nur freilich sollte sie sich nicht gegen Ideologie schlechthin richten, sondern gegen *bestimmte* Ideologien. Ihren geschichtlichen Wert gibt sie sich selber dadurch, daß sie eine Ideologie sprengt, um auf höherer Rangstufe gesellschaftlicher Einsicht eine andere als Referenzsystem zu gewinnen. Vielleicht ist es gut, hier nochmals anzudringen auf den Unterschied zwischen Ideologie und Doktrin, den wir eingangs proponierten. Doktrinen geben fix und fertige Pseudo-Weltgebäude, an denen bei Strafe der Exkommunikation nicht gerüttelt werden darf: Wer die generelle Überlegenheit und die Weltmission einer sogenannten nordischen Rasse in Frage stellte, war kein Nationalsozialist mehr, kein Deutscher, kein Mensch. Wer in der DDR die Sätze von Marx und Engels neu interpretiert oder gar einen als von der Wirklichkeit falsifiziert zu verschmähen sich unterfängt, mit dem hat nur noch der Büttel auf seine Art zu diskutieren. Ideologien jedoch betrachten wir als *offene* Referenzsysteme, oder, wie die beiden französischen Soziologen Jean Meynaud und Alain Lancelot in ihrem Buch ›Les attitudes politiques‹ es faßten: »Systeme von variabler Kohäsion, die das Verhalten von Menschen erklären und zur Aktion in einer bestimmten Richtung aufrufen«. Im Augenblick nun, wo die Kohäsion zur Unveränderlichkeit versteinert und damit auch der Aufruf zum Befehl wird, hört eine Ideologie auf, Ideologie zu sein und verwandelt sich zur doktrinären Struktur. Dann ist der Moment gekommen, an dem die Ideologiekritik ihre Sprengminen legen darf, legen muß.

Es gibt Beispiele hierfür. Am interessantesten erscheinen mir zwei nichtpositivistische ideologiekritische Versuche, von denen der eine im Westen, der andere im Osten unternommen wurde. Ich spreche hier von Sartres Marxismus-Kritik in der ›Critique de la raison dialectique‹ und von Robert Havemanns Vorlesungen an der Humboldt-Universität, die in der Bundesrepublik in einem Band gesammelt unter dem Titel ›Dialektik ohne Dogma?‹ erschienen. Sartre macht den groß angelegten Versuch, den Marxismus als eine für ihn große, schöpferische Philosophie durch Aufpfropfung der existentialistischen Anthropologie, die er selbst eine »Ideologie« nennt, vor dogmatischer Erstarrung zu bewahren. Es geht ihm um die Wiedereinführung des *Menschen* in ein weitgehend nicht *den* Menschen sondern sich *vom* Menschen emanzipierendes marxistisches Dogmengebäude. »Der Marxismus wird zwangsläufig zu einer unmenschlichen Anthropologie, wenn er den Menschen nicht wieder einbezieht, ihn nicht zur Grundlage seiner Theorie macht«, heißt es bei Sartre. Und weiter: »Solange die Doktrin sich ihrer Anämie nicht bewußt wird, solange sie ihr Wissen auf eine dogmatische Metaphysik gründet statt auf das Verständnis der lebendigen Menschen, solange sie alle Ideologien, welche die Erkenntnis des Menschen auf die menschliche Existenz zu gründen suchen, unter der Bezeichnung Irrationalismus abtut, wird der Existentialismus seine Untersuchungen fortführen. Von dem Tage an, da der Marxismus sich der Untersuchung der menschlichen Dimension, das heißt: des existentiellen Entwurfes zuwendet und die Grundlegung des anthropologischen Wissens aufnehmen wird, hat der Existentialismus seine Existenzberechtigung verloren. Er ist dann aufgesogen, überschritten und aufbewahrt durch die totalisierende Bewegung des philosophischen Denkens.« Soweit Jean-Paul Sartre.

Es ist dramatisch, wie diese Bereitschaft des wohl stärksten ideologiekritischen Kopfes unserer Zeit, einen sklerotisierten Marxismus neu zu beleben, von orthodoxer Seite zurückgewiesen wurde. Ausgerechnet der Pole Adam Schaff, dem man besseres zugetraut hätte, fühlte sich gehalten, in seiner Essay-Sammlug ›Sartre oder Marx‹ mit einer vorgestrigen Argumentation, die man herzlich gern vulgärmarxistisch nennen würde, Sartre anzugreifen. Schaff wurde offensichtlich von der Orthodoxie mobilisiert, um eine Erhellung des Marxismus durch eine komplementäre und zugleich fortgeschrittenere Anthropologie zurückzuweisen.

Der Versuch Robert Havemanns, der schlimmere persönliche Folgen zeitigte, nämlich Entfernung vom Lehrstuhl und Aberkennung der Akademie-Mitgliedschaft, hat einen weniger methodologischen, dafür einen aktueller politischen Charakter. Havemann war in seinen Vorlesungen bestrebt, die persönliche Freiheit in einem durchaus präzisen und durch eine ebenso präzise Unfreiheit rigoros bestimmten Sinn innerhalb einer schon bestehenden kommunistischen

Ordnung zu retten. Er wagte Angriffe auf genau und vor aller Augen fixierte Ziele. Den offiziellen Pseudo-Marxismus der Sowjetunion und der DDR rückte er in ein Licht, darin er als das erschien, was er in der Tat auch längst geworden ist: als mechanischer, dogmatisierter, als ein überständiger Materialismus, dem man die wahre Dialektik so ausgetrieben hat wie einem mediävalen Häretiker den Teufel. Beide Versuche der Ideologiesprengung, die zugleich Ideologiegewinnung ist, Sartres und Havemanns, die jeder mit den Mitteln der Dialektik operiert haben, sind politisch scheinbar gescheitert. Aber doch wohl nur scheinbar. Denn schließlich mag ein Mann wie der offizielle Theoretiker der Kommunistischen Partei Frankreichs, Roger Garaudy, nicht unbeeinflußt geblieben sein durch Sartre, wenn wir ihn heute bereit sehen zu Kompromissen und Ouvertüren nach allen Richtungen hin; ich erachte es als grundfalsch, darin nichts anderes sehen zu wollen als taktische Manöver. Was Havemanns Wagnis angeht, so sind seine politischen Wirkungen allerdings noch nicht auszumachen. Doch erscheint es als undenkbar, daß sie nicht à la longue sich einstellen sollten. Es müßte eine Dampfwalze uneingeschränkten Terrors die DDR überrollen – realpolitisch wohl eine Unmöglichkeit –, wenn nicht auch Havemanns Unternehmen der ideologiekritischen Fesselsprengung von der jungen Generation weitergeführt und zu einem guten Ende gebracht würde.

Die beiden mit Bedacht ausgewählten Beispiele präsentieren Ideologiekritik *innerhalb* einer Ideologie, mit dem Ziele, die endgültige Petrifizierung des offenen Referenzsystems zur geschlossenen Dogmenstruktur zu verhindern. Sinnvolle Ideologiekritik muß aber nicht unbedingt innerhalb eines bestimmten ideologischen Raumes geübt werden: Sie kann auch außerhalb seiner stehen und sozial akzeptabel bleiben. Mir fällt hier als Beispiel die Kritik des französischen Soziologen Jean Duvignaud ein, die er in seinem Buch ›Pour l'entrée dans le vingtième siècle‹ an der Ideologie der französischen Linksintellektuellen vorgenommen hat; auch die Marxismus-Kritik seines Landsmannes, des sozialistischen Professors Maurice Duverger. In beiden Fällen wird die Ideologie mit den Mitteln empirischer Soziologie beziehungsweise unter Anrufung barer ökonomischer Tatsachen in Frage gestellt, so bei Duverger, wenn er die Unhaltbarkeit des Marxschen Dogmas von der absoluten Verelendung der Arbeiterschaft feststellt. Beide allerdings verzichten nicht auf die soziale Vision. Jegliche Form der Ideologiekritik, sei sie dialektisch wie bei Adorno, der von den Widersprüchen der Aufklärungsideologie handelt, sei sie empirisch wie die eines Duverger oder Duvignaud, ist legitim. Doch besteht sie rechtens nur, solange sie uns nicht den Ariadnefaden in die Dimension der Zukunft abschneidet und nicht ein plattes Behagen an den Errungenschaften der Gegenwart verbindet mit undurchdachten Erwartungen, wie jene schon mehrfach erwähnte »erdumspannende Gesellschaft der Menschenwürde« es ist, von der Ernst Topitsch recht unverbindlich spricht. Empirische Wissenschaftlichkeit und logische Analyse, deren sich die moderne Ideologiekritik bedient, sind doch im Grunde nur ein aufs äußerste verfeinerter und methodologisch ausgerüsteter Commonsense. Jenen droht allerwegen die gleiche Gefahr wie diesen: umzuschlagen in pure Stupidität, da nur gegebene Tatsachen gesehen und hierdurch *nicht* gesehen, will sagen nicht *ein*gesehen werden. Denn Einsicht ist nur dort, wo ein Ereignis als Vorläufer einer möglichen Zukunft erkannt wird.

Die Aufgaben der Ideologiekritik werden uns jetzt offenbar. Es kann nur darum gehen, sinnvolle Ideologien von sinnlosen, humane von inhumanen zu unterscheiden. Das ist manchmal leicht, noch öfter sehr schwierig und riskant. Die Kritik an der nationalsozialistischen Ideologie beispielsweise war gleichsam ein Kinderspiel, soferne man freilich nicht zu Tode geprügelt wurde, bevor man es zu Ende spielen konnte. Die Haltlosigkeit der nationalsozialistischen Begriffe war ohne weiteres kenntlich, die moralische Verruchtheit ihrer Maximen ebenso. Nicht ganz so einfach war es schon, den inhumanen Charakter der Ideologie eines Liberalismus zu erkennen, der so glänzend reüssierte mit seiner mystifizierenden Gleichsetzung von Freiheit des Handelns und Handelsfreiheit. Bei zahlreichen anderen Ideologien ist die kritische Verantwortung noch schwerer zu tragen. Ihr geschichtlicher Sinn wird erst von der Zukunft erhellt. Anders als im Falle des Nationalsozialismus, der auch dann sinnlos und unmenschlich geblieben wäre, wenn Hitler die Welt erobert und wirklich ein Tausendjähriges Reich errichtet hätte, verhält und verhielt es sich mit dem Marxismus. Hier drohte eine ursprünglich humane Ideologie einzumünden in den institutionalisierten Terror: Die Entstalinisierung war noch 1955 nicht abzusehen, und ihr glücklicher Verlauf ist bis heute nicht völlig garantiert. Wie der marxistische Ideologe selbst, so ist auch sein Kritiker in einer zweideutigen Situation. Seine Kritik kann unter Umständen die Emanzipation des Menschen verhindern oder verlangsamen helfen. Seine Zustimmung kann mitwirken an der Heraufbeschwörung unabmeßbarer Gefahren. Wie etwa soll sich der Kritiker stellen zur Ideologie des Kommunismus chinesischer Spielart? China ist das einzige der sogenannten Entwicklungsländer, das der Hungersnöte Herr wurde und das Menschenrecht auf die tägliche Mahlzeit realisierte. China ist aber auch das Land, das vor unseren Augen mit dem dritten Weltkrieg jongliert.

Niemand enthebt uns der Gefahren. Die Wetten auf die Zukunft müssen abgeschlossen werden. Der Sinn eines jeden ideologischen und eines jeden ideologiekritischen Satzes ist der Weg seiner Verifizierung durch das *Kommende*. Wer die Fährlichkeit nicht bestehen will, wer sich nicht aussetzen will, dem bleibt nur die positive Faktizität. Was diese ist, haben wir schon angedeutet. Doch ist es vielleicht gut, noch einigen Nachdruck darauf zu legen. Auch wird noch einmal die Aktualität heranzuziehen sein, daß sie die abstrakte Reflexion erhelle. Es geht ja schließlich nicht um Begriffsspiele, sondern um unser aller Leben. Das kann Knechtschaft sein oder Freiheit, zumindest: Ansatz zum Sprung ins Freie.

Wir bleiben hoffnungslos am Boden kleben, wenn wir uns abfinden damit, daß wir nun einmal im Zeitalter des Ideologieverzichtes leben und uns einem Prozeß überlassen, der jedem einigermaßen hellen Blick bereits deutlich sein müßte. Denn was ereignet sich da eigentlich? Doch offensichtlich dies: Die generelle Abwendung von Referenzsystemen, die auf die Zukunft gerichtet sind. Hier höre ich Widerspruch laut werden. Hat man sich jemals so viel mit der Zukunft befaßt wie heute? Gehören nicht Zukunftsausblicke zum täglichen Brot der öffentlichen Meinung? Demographische Probleme, Hygiene, Eugenik von morgen, nicht erst zu sprechen von den wahrscheinlichen technischen Eroberungen der kommenden Jahrzehnte und Jahrhunderte – das seien doch Fragen, die nachgerade jedem Zeitungsleser geläufig würden. Zweifellos. Nur ist es so, daß die Zukunftsvisionen weniger den Menschen und die Gesellschaft angehen als die Geräte. Die Stelle, die im Vulgärmarxismus die Mythologie der Produktionsverhältnisse einnahm, ist in den modernen Zukunftsvisionen besetzt von den Mythen der Wissenschaft. Das gibt dann im schlimmsten Falle primitive Science-Fiction, im besten die Prognosen der Rand Corporation. Jedenfalls ist für diese neue Art der Zukunftserwartung der Mensch weniger ein historisches und soziales Wesen als ein Produkt der Wissenschaft. Die zweite technische Revolution mit ihrer Automation, ihren Informationsproblemen, ihren interplanetarischen Expansionen läßt in der vorausgeschauten Zukunft gnadenlos den Menschen zum Homunkulus werden. Dabei besteht die stillschweigende Übereinkunft, daß man so tut, als sei die Menschheit beschränkt auf die modernen Industrieländer, namentlich die der westlichen Welt. In dieser westlichen Welt aber, auf die es allein anzukommen scheint, ist offensichtlich alles in so guter Ordnung, daß die Zukunft nur eine ins Ungeheure vergrößerte Projektion der Gegenwart ist. Die verfälschte Zukunftsschau, die den Menschen unterschlägt, wird sozial zur Saturierung mit den gegebenen Verhältnissen und Tatsachen: So entsteht die Ideologie der Ideologiefreiheit. Es ist alles im rechten Lot. Man hat die Demokratie, was will man mehr? Die Frage nach dem Sinn einer Stimmzettelabgabe gehört bereits ins Gebiet der verpönten Ideologie und gefährdet das Idyll. Man ist Ware und Käufer zugleich auf dem Markt einer Wirtschaft, die sich sozial dünkt: Schon die Untersuchung nach der Reichweite dieses Sozialen ist Arglist und ideologische Abirrung. An die Stelle des Klassenkampfes trat die »satisfaction querelleuse«, die »streitbare Befriedigung«, stellt Raymond Aron gelassen fest und akzentuiert die Satisfaktion. Der wissenschaftlich-industrielle Fortschritt ist da und gewährt ausreichende Genugtuung. Kritik an ihm ist erlaubt, sogar bon ton, solange es freilich eine kritische Bemühung ist, die das gesellschaftliche System nicht diskutiert. Welchen Frommen alle diese Dinge zum Besten dienen müssen, sollte längst klar sein. Der erwähnte Raymond Aron, einer der einflußreichsten und gewiß auch scharfsinnigsten Theoretiker des Neokapitalismus hat in seinem jüngsten Buch ›Trois essais sur l'age industriel‹ ein großes Kapitel unserer Gegenwart gewidmet, das er ›La fin des idéologies‹ nennt. Für ihn ist dieses Ende die Befreiung, sowohl von einem drückenden Alptraum als auch von denkhemmender Autosuggestion. Im Grunde wiederholt er dabei nur, was er schon vor rund fünfzehn Jahren in seinem antimarxistischen Buch ›Das Opium der Intellektuellen‹ vorgetragen hat. Die Opfer Hitlers und Stalins, so meint er, hätten ihn wachsam gemacht ein für allemal gegen alle jene, die da »eine neue Gesellschaft« errichten wollen. Ihr Schicksal hätte ihn aus dem »dogmatischen Schlummer der Geschichtsphilosophen« erweckt. Das schlimmste aller Opiate ist für Aron die marxistische Ideologie. Er sagt, sie sei die »Erbin der Aufklärung, welche durch die Hegelsche Dialektik und die Schicksalswandlungen der Geschichte in ein Delirium verfiel«; sie sei weiter das »in ihrer Falschheit konsequenteste Verbalsystem der Ideengeschichte«. Die politische Schlußfolgerung drängt sich dem Entwerfer solcher Gedanken ebenso unwiderstehlich auf, wie sie seinen Leser überwältigen soll. »Unsere Aufgabe«, sagt Raymond Aron mit urplötzlich aufwallender, darum nur um so wirksamerer Freude an der Trivialität, »ist es nicht, die Gesellschaft so zu erhalten wie sie ist, noch so zu zerstören, sondern sie zu verbessern.«

Es wäre in unserem Zusammenhange manches anzumerken zu den Erwägungen des Anti-Ideologen und neokapitalistisch-reformerischen Theoretikers. Zunächst könnte man die denn doch ins Auge springende Tatsache feststellen, daß die ganze Durchschlagskraft ideologiefeindlichen Denkens sich hier nicht etwa gegen die noch keineswegs verschwundenen faschistischen Referenzsysteme richtet, einzig und allein gegen den Marxismus. Ideologie in negativer Wertbesetzung ist hier nicht etwa ein rabiater Konservatismus, wie er sich namentlich auf dem rechten Flügel der Republikaner in den USA manifestiert, sondern ausschließlich der Marxismus aller Versionen. Dabei fehlt natürlich auch nicht die mechanische Wiederholung der seit Ende des Zweiten Weltkriegs im Schwange stehenden Haupt- und Staatsmystifikationen, die uns Kommunismus und Nationalsozialismus als zwei nicht einmal so sehr verschiedene Ausdrucksformen der gleichen ideologischen Verirrung präsentiert. Aron spricht – und dabei darf er auf die längst vollendete Konditionierung der Leserschaft rechnen – von den »Opfern Hitlers und Stalins«, als ob Treblinka und die Deportierung der Wolga-Deutschen auch nur kommensurabel wären! Die heute nicht einmal mehr von orthodoxen Moskau-Kommunisten abgeleugneten Verbrechen Stalins wurden begangen, *wiewohl* in der Sowjetunion die marxistische Ideologie herrschte: Die entschieden fürchterlicheren Untaten Hitlers ereigneten sich, *weil* Deutschland sich der NS-Ideologie ergeben hatte.

Doch davon will der positive Geist nichts wissen. Raymond Aron, so wenig wie irgendein anderer Theoretiker des gemäßigt sozialreformerischen Neokapitalismus, will die gegebenen Ideologien analysieren und bewerten. Er führt Krieg gegen die Ideologie als Ideologie, und diese ist für ihn identisch mit der marxistischen beziehungsweise mit der Revolution. Und die Revolution haßt Raymond Aron wie die Sünde; darin gleicht er dem alten Friedrich Ebert und allen jenen, die in ähnlich unbezweifelbar reinen Absichten die Konterrevolution vorbereiteten.

Uns hat hier die scheinbar vom Thema abschweifende Befassung mit den Gedanken Raymond Arons nur gedient zur Paraphrasierung des Themas der Entideologisierung. Diese bedeutet in der Tat in der politischen Praxis stets eine Ideologisierung nach der konservativ-restaurativen Seite hin, so wie die vielberedete »Entpolitisierung der Massen« eine Politisierung nach rechts ist. Hierbei kommt der folgende Mechanismus in Bewegung: Zuvor werden, wie bei Aron, Ideologien gleichgesetzt mit linken Ideologien, vor allem mit der Ideologie der sozialen Revolution, die man im besten Falle als weltfremde Schwärmerei, im schlimmsten als zynische Dogmatik präsentiert. Nachdem solcherart die Ideologien hinlänglich diskreditiert sind, überläßt man der Faktizität das Feld, die eine Ideologie des Beharrens verdeckt. Die gemäßigte konservative Ideologie muß sich in ihrem ideologischen Charakter nicht zu erkennen geben, tritt vielmehr auf mit der stolzen Allüre des gesellschaftlich schon Verwirklichten und mildert diesen Triumph weise durch melioristische Versprechen. Da schließlich die Ideologien zerstört sind und nur noch die sich nicht einbekennende, ja vielleicht sich nicht einmal selbst begreifende Ideologie der Faktizität und Beharrung herrscht, stehen wir vor einer sozialphilosophischen tabula rasa, oder, mit einer besseren Metapher: auf einem unbebauten Feld.

Was wird auf diesem Felde wachsen? Ich gebe zu, wenn ich jetzt Aussaat und Früchte vorauszuforschen versuche, überlasse ich mich Spekulationen und Ängsten. Nach diesem Eingeständnis aber seien die spekulativen Befürchtungen ausgesprochen. Es scheint mir nämlich, es könne das Feld, aus dem die Ideologien gerodet wurden, einen guten Boden abgeben für die Entstehung von neuen Wahnsystemen. An politischen Beispielen erläutert heißt dies etwa, daß meines Erachtens der McCarthyismus als Amerikas beherrschendes Wahnsystem der fünfziger Jahre nur auf dem Boden einer ideologiefreien beziehungsweise von der Ideologie des Faktischen durchdrungenen Gesellschaft hat entstehen können. Desgleichen glaube ich, daß das nicht nur strategische, sondern durchaus auch politische Wahnsystem der Eskalation, das demjenigen Goldwaters und der John Birch Society näher steht als man allgemein einsehen will, in seiner Genese enge zusammenhängt mit der Ideologiefreiheit der beiden großen amerikanischen Parteien. Schließlich kann man auch noch das deutsche Beispiel heranziehen und von dem immerhin nicht unbeträchtlichen Erfolg einer nationalistisch-revisionistischen Partei sprechen, deren Ideologie sich aus dem Wahnsystem einer nahen Vergangenheit nährt. Auch von dieser Partei, deren Zuzug durch keinerlei wirtschaftliche Notlage der Bevölkerung pseudo-marxistisch erklärbar ist, glaube ich, daß sie nicht denkbar wäre ohne die immer noch lärmend als geistige Emanzipation gefeierte Entideologisierung der Öffentlichkeit in der Bundesrepublik.

So läßt sich denn, was ich hier fragmentarisch, begrifflich notwendigerweise unklar und im ganzen gewiß auch diskutabel vorgebracht habe, recht einfach rekapitulieren. Die Ideologien als geistige, emotionell geladene Referenzsysteme, die vom Prinzip Hoffnung durchdrungen sind, bedeuten, da ihnen ja eine Erstarrungstendenz eignet, eine Gefahr für die Freiheit. Totaler Ideologieverzicht aber, der schließlich zur Indifferenz gegenüber den der Ideologie nicht nur etymologisch verwandten Ideen und Ideale führt, drängt uns mit Sicherheit erst in die geistige, am Ende in die gesellschaftliche Unfreiheit. Gegenüber den Ideologien ist Wachsamkeit geboten. Der prinzipielle Ideologieverzicht aber ist schon ein Akt, den geistige Wachheit erst gar nicht zulassen dürfte. Ideologien *können* gefährlich sein: Totale Ideologiefreiheit aber ist nichts anderes als eine neue Form der Knechtschaft. Wäre ich nun doch dem Pathos der Re-Ideologisierung verfallen, das zu vermeiden ich eingangs versprach? Vielleicht. Es ist aber möglich, daß wir einen neuen

Ideologie-Elan brauchen angesichts der überwältigenden Mächte, die mit dem erdrückenden Gewicht der Faktizität auf uns lasten. Die Zukunft, soll sie die Zukunft des Menschen sein, darf nicht aufgehen in Kybernetik und interplanetarischen Raketen. Gesellschaftliche Visionen, meinetwegen utopischen Charakters, haben ihren Sinn noch nicht verloren: in unseren westlichen industrialisierten Gesellschaften nicht, und um wieviel weniger erst in der Welt, der schließlich auch jene Völker angehören, die vom großen Brotlaib noch keinen Teil geschnitten bekamen!

Die Geburt des Menschen aus dem Geiste der Violenz (1969)
Der Revolutionär Frantz Fanon

Im Jahre 1951 las ich in der linkskatholischen französischen Zeitschrift ›Esprit‹ einen Text, der mich aus vielerlei Gründen ganz ungewöhnlich fesselte. Der Aufsatz, der später in dem Werk ›Peau noire et masques blancs‹ erschien, führte den Titel ›Die gelebte Erfahrung des Schwarzen‹. Der Autor, mir damals gänzlich unbekannt, hieß Frantz Fanon. Wenn ich sage, daß die Arbeit – aber ist es eigentlich statthaft, einen klagenden Aufschrei kühl als »Arbeit« zu bezeichnen? – meine Aufmerksamkeit aus vielerlei Gründen bannte, so habe ich den wesentlichsten hier gleich eingangs ausdrücklich zu nennen, denn wiederholt werde ich noch auf ihn zurückkommen müssen. »Die gelebte Erfahrung des Schwarzen«, wie Fanon sie wiedergegeben hatte, entsprach in manchem Bezuge eigenen prägenden und unverlierbaren Erlebnissen, die ich als jüdischer KZ-Häftling gehabt hatte. Unmöglich – und sei das nun essayistisch zulässig oder nicht – werde ich absehen können von dieser in vielen Mäandern sich hinziehenden Parallelität der Erfahrung des Autors mit der eigenen. Vielleicht wird aber hierdurch die Verbindlichkeit der Aussage eher gewinnen als verlieren: Frantz Fanons ganze Philosophie der Revolution und der Violenz gründet, ohne im engeren Sinne psychologisch zu sein, in der gelebten Wirklichkeit eines Subjekts; das Nacherleben subjektiver Existenz ist unerläßlich zum Verständnis des Autors, die Schicksalsverwandtschaft zwischen ihm und mir selber hat aus der subjektiven Einsicht mir die objektive erst möglich gemacht.

Es war übrigens keineswegs nur die Identifikation mit dem Verfasser, die mich packte, sondern auch der geistige Rang des betreffenden Textes. Die Bildung dieses schwarzen Intellektuellen erwies sich schon nach der Lektüre weniger Seiten als ungewöhnlich weitgespannt und gründlich. Hegel, Marx, Jaspers, Sartre, Phänomenologie und Ontologie, Psychoanalyse und Ethnographie waren hier ebenso souverän geistig umgriffen wie die Schriften der damals dem Europäer noch wenig bekannten schwarzen Autoren Aimé Césaire,

Leopold S. Senghor, David Diop. Dazu kam die außerordentliche dichterische Densität. Ich las – und bei dieser Gelegenheit begegnete ich zum erstenmal dem inzwischen zur Scheidemünze gewordenen Begriff der »Négritude« – eine Schrift, welcher die Redaktion rechtens den Übertitel ›La plainte du Noir‹, die Klage des Schwarzen, beigefügt hatte, in einem Zuge. Zum erstenmal wurde dabei einem Menschen, der in seiner Jugend sich nie etwas Besonderes gedacht hatte, wenn von Kolonien und Kolonialismus die Rede war, der ohne aufwallende Entrüstung Photos hat anschauen können, die lastentragende Schwarze und aufsichthaltende Weiße im Tropenhelm zeigten – zum erstenmal wurde hier einem Europäer klar, daß es nicht »natürlich« ist, ein von den Kolonisatoren beherrschter Kolonialsklave zu sein, daß auch für jene Farbigen, die der Sklavenkondition durch eine Verkettung günstiger Umstände entronnen waren, es nicht »natürlich« sein konnte, eingeschlossen in die schwarze Haut inmitten einer Zivilisation von Weißhäutigen zu leben. Der klagende Aufschrei Frantz Fanons, der inzwischen in mancher Hinsicht und nicht zuletzt durch Fanons eigene intellektuelle und politische Entwicklung als überholt gelten kann, erweckte einen naiven Weißen aus seinem wohligen Halbschlaf: Der »weiße« Humanismus wurde vor ihm als Mystifikation aufgedeckt, die »weißen« Werte in ihrer Totalität wurden ihm fraglich. Ein paar Sätze dieses schwarzen Mannes Fanon prägten sich ein, für immer. Sie seien hier angeführt, denn keineswegs ist ja der notwendige Zweifel an allem Europäischen, die Bestreitung des abendländischen kulturellen Anspruchs schon allgemeine Sache.

»Dreckiger Neger« oder auch nur einfach: »Sieh an, ein Neger!« – so hatte Fanon es wieder und wieder vernommen. Und er meditierte, klagte, empörte sich: »Ich gelangte in die Welt, einen Sinn der Dinge zu entschleiern, meine Seele war voll Sehnsucht, Ursprung einer Welt zu sein, aber ich entdeckte mich als Objekt unter Objekten ... Ich vergaß, vergab, wünschte nur zu lieben, man schlug mir meine Botschaft wie eine Ohrfeige zurück. Die weiße Welt, die einzig ehrenhafte, verweigerte mir jegliche Partizipation ... In seinen Überlegungen zur Judenfrage sagt Jean-Paul Sartre von den Juden, sie seien die Gefangenen der Vorstellung, welche die anderen von ihnen sich machen, sie lebten in der Angst, daß ihre Handlungen dieser Vorstellung nicht entsprechen.

Aber der Jude *kann* von seinem Judesein absehen. Er ist nicht ausschließlich, was er ist. Man wartet, man hofft. Seine Handlungen, sein Verhalten entscheiden am Ende. Er ist ein Weißer, abgesehen von ein paar diskutablen Zügen. Es kommt vor, daß man ihn nicht bemerkt. Er gehört zu jener Rasse, die niemals etwas von Menschenfresserei wußte. Was für eine Idee auch, den Vater aufzufressen! Recht geschieht ihnen, sollen sie eben keine Neger sein! Natürlich, die Juden werden schikaniert, was sage ich, sie werden verjagt, ausgerottet, verbrannt, aber das sind vergleichsweise kleine Familienaffären. Der Jude wird nicht geliebt, sobald man ihn als solchen erkennt. Aber für mich bekommt alles ein neues, anderes Gesicht. Keine Chance ist mir gegeben. Ich bin von außen her überdeterminiert. Ich bin nicht der Sklave der Vorstellung der anderen von mir, *sondern meiner Erscheinung* ... Wenn man mich liebt, sagt man mir, es geschehe trotz meiner Rasse. Wenn man mich haßt, fügt man vielleicht hinzu, es sei nicht wegen meiner Rasse ... Meine Schwärze ist da, dicht, undiskutierbar ...«

Die wenigen Zitate genügen wohl einsehen zu machen, was den jungen Frantz Fanon – er zählte, als er die angeführten Zeilen niederschrieb, siebenundzwanzig Jahre – aufschreien ließ: Das nämlich, was er glaubte, es sei die Unüberschreitbarkeit des physischen Seins. Er war Neger, und nur das, so wollte es die Welt. Die Sünde war schwarz, die Tugend weiß. Sein Erscheinungsbild als Neger überwuchs seine Person, färbte nicht nur seine Bildung, seine Talente, seine Gesinnung ein, sondern löschte jede Möglichkeit aus, sich selbst ontologisch zu erfassen. Die Reaktion war Panik. Fanon, der Neger, war eingemauert in seine Rasse und rannte vergeblich mit dem Kopf gegen die Wand, die allerwegen solider war. Er war im Wortsinne der sich entsetzende Mensch, das Geschöpf, das buchstäblich aus der Haut fahren möchte, der gefangene und ohne Berufungsmöglichkeit verurteilte Delinquent, dessen Vergehen seine so und nicht anders geartete, für jedermann auf den ersten Blick erkennbare Physis ist, Kain, der sein Zeichen trägt, ohne daß er seinen Bruder erschlagen hätte. Und die ästhetische wie die intellektuelle Chirurgie war machtlos gegen dieses Stigma.

Just zehn Jahre danach erschien aus der Feder Frantz Fanons ein Werk, dessen französische Originalausgabe zu Recht ankündigt, dies sei »Das klassische Buch der Entkolonisierung«. Ich spreche von dem Traktat ›Les damnés de la terre‹, das im Deutschen unter dem wörtlich übernommenen Titel ›Die Verdammten dieser Erde‹ 1966 ediert wurde. Dieses Manifest, das nicht zufällig den Kampfgesang der »Internationale« evoziert, ruht auf völlig anderen Voraussetzungen als die ›Klage des Schwarzen‹, aus der wir oben zitierten. Alle Anzeichen der Panik sind verschwunden. Aus der emotionell gesteigerten Klage-Anklage wurde eine zwar gleichfalls emotionelle, jedoch darüber hinaus bereits rational gründlich konzipierte, in Form einer Angriffsstrategie sich präsentierende textliche Aktion, nicht mehr gegen den »Weißen« als vielmehr gegen den Kolonialherrn. Das existentielle Problem der Hautfarbe ist nicht gänzlich ausgespart – sonst hätte das Werk wohl nicht eines der Breviere der Black-Power-Führer werden können –, jedoch steht es nicht mehr im Zentrum der Überlegungen Fanons. Aus einer existentialistischen, anklagenden Rassenanthropologie wurde eine auf weiten Strecken mit dem neomarxistischen Gedankenschema kongruent liegende, radikale Sozialphilosophie. Fanon, der 1951 Opfer gewesen war, trat 1961 auf als Fanon der Inquisitor und Richter. »Schwarzer Mann, was nun?« hätte der Text von 1951 heißen können. »Kolonialherr alten und neuen Stils, du bist gerichtet!« würde ein passender Titel des Buches von 1961 sein. Wie war es zu solcher Wandlung, zu so weitgehender Verschiebung der Perspektive gekommen? Ein paar biographische Notizen über den Autor geben annähernd Auskunft.

Frantz Fanon, Neger aus der französischen Kolonie La Martinique, gehörte zu jenen Erwählten, die in Frankreich studieren durften. In Paris, wo er sich als Mediziner ausbildete und sich in Psychiatrie spezialisierte, lernte er das Problem des Andersseins – des Schwarzseins in diesem Falle – in allen seinen Facetten kennen. Er sah den Neger als Arbeiter in den Slums am Stadtrand, als Studenten im Quartier Latin, auch als Deputierten im Parlament. Aber ob Präsident des Senats, wie Gaston Monnerville, oder Arbeiter bei Renault: Der Neger blieb der allemal gefährdete, nur eine prekäre Duldung genießende Andere.

»Wir hatten schwarze Ärzte, Professoren, Staatsmänner«, schrieb Fanon 1951, »ja, aber in allen diesen Fällen blieb etwas unerklärlich Fremdartiges bestehen. ›Wir haben einen Geschichtsprofessor, einen Senegalesen, er ist sehr intelligent‹, sagen die Leute. Oder: ›Unser Arzt ist ein Schwarzer, er ist so sanft.‹ Es war immer der Neger-Professor, der Neger-Arzt. Ich wußte zum Beispiel, daß der Neger-Arzt keinen Irrtum begehen durfte, es wäre zu Ende gewesen mit ihm und allen, die ihm nachfolgten. Was soll man denn auch von einem schwarzen Arzt erwarten? Er begreift es gar nicht, in welch enger Nachbarschaft seine Position dem Verruf ist ...«

Der Neger, den Fanon während seiner Studienjahre im Paris der Nachkriegszeit kennenlernte, war der Mensch, dessen Exotismus freundliche, unfreundliche, verächtliche, manchmal auch begeisterte Reaktionen hervorrief, der Mensch, der den Liberalen als Beweis für ihre These der Universalität der menschlichen Natur diente und den rassistischen Reaktionären als Beleg für die immerwährende Überlegenheit der eigenen Rasse, er war der wohlwollend oder mißlaunig Tolerierte, niemals der Unbeachtete, der Irgendwer.

In seiner Eigenschaft als Psychiater bekam Fanon 1952 eine Stelle in einem Spital in Algier. Wenige Jahre, nachdem er dort seinen Dienst angetreten hatte, brach die »Rebellion« aus, wie die Franzosen sagten, der »Befreiungskrieg« nach algerischer Terminologie. Fanons psychologische Situation stand nunmehr unter ganz neuen Vorzeichen. Den weißen Kolonialherren war er zwar immer noch ein Neger, aber, da sie ja nicht mit den Schwarzen im Kriege standen, sondern mit den Arabern, sahen sie in ihm nicht mehr den zugleich totalen und verächtlichen Feind: Der »Bicot«, der »Fellagha« stand in ihrer Hierarchie der Werte noch unter dem Neger. Für die Araber war er als Neger trotz seiner privilegierten intellektuellen und ökonomischen Situation gleichfalls nicht der Widersacher, so wenig natürlich wie das Objekt rassischer Verachtung: Ihr rassisch-ideologisch überbauter Haß gegen den Kolonialherrn richtete sich auf jene, die weißer waren als sie selber, die Franzosen. Fanon stand nicht mehr im geschlossenen Stromkreis von Haß, Verachtung, Ressentiment. Er war weder Weißer noch Araber, nicht Vollfranzose und auch nicht Algerier: So konnte er wählen, *sich* wählen im Sinne Sartres. Das Gefängnis seiner schwarzen Hautfarbe war aufgebrochen. Er trat hinaus aus ihm und wählte die Freiheit des Kampfes.

Er identifizierte sich völlig mit den um ihre nationale Unabhängigkeit und persönliche Würde kämpfenden Arabern, was so weit ging, daß er gelegentlich in seinem Buch ›Die Verdammten dieser Erde‹ von »uns Algeriern« spricht. Von Stund ab war er nicht mehr nur der Schwarze, sondern in erster Linie »le Colonisé«, der Kolonisierte. Im Verlaufe des heroischen Befreiungskampfes der Araber Algeriens entwikkelte er, selbst in diesem Kampf stehend, seine revolutionäre Theorie, die schließlich weit hinaus ging über das Kolonialproblem, so daß sie heute eine der großen, aktuellen Doktrinen der Revolution ist, gleichwertig den theoretischen Erwägungen von Régis Debray, Che Guevara, Mao Tsetung, überlegen durch ihre Verklammerung mit der Praxis den revolutionären Gedankengängen Marcuses, richtungweisend auch für Revolutionäre wie Stokely Carmichael, Leroi Jones. – Das Werk erschien 1961, im Jahre des Höhepunktes der Algerienkrise, zu einem Zeitpunkt, an dem die französischen Kolonialherren und Siedler am fürchterlichsten wüteten, ein Jahr vor der Erringung der nationalen Unabhängigkeit. Im gleichen Jahre starb Frantz Fanon, siebenunddreißigjährig, in einem amerikanischen Krankenhaus, in das man ihn überbracht hatte, an einem lange vernachlässigten Krebsleiden. – Die Erschütterung, die ›Les damnés de la terre‹ gerade zu dieser Epoche in Frankreich bewirkte, war gewaltig, nicht zuletzt wegen des in seiner Vehemenz bis zur Outrance reichenden Vorwortes von Jean-Paul Sartre, das freilich nur die hier in zwei Buchdeckeln eingeschlossene, originale, kaum gebändigte Wildheit stilisiert. »In seinem Vorwort«, schrieb gelegentlich des Erscheinens der englischen Ausgabe die amerikanische Zeitschrift ›Commentary‹, »tanzt Sartre wie ein frenetischer Satyr um Fanon herum.« Es gehört viel schlechter Wille dazu, Sartres Einführung durch gerade dieses Bild zu kennzeichnen. In Tat und Wahrheit steht hier der Autor der ›Kritik der dialektischen Vernunft‹ stilistisch und, wenn dieser Begriff eingeführt werden darf: ästhetisch in vollkommener Entsprechung zu dem Text Fanons. Denn es geht in diesem Text um die Philosophie der revolutionären Violenz, die als Thema den violenten Ton anfordert. – Mit dieser Violenz Fanons werden wir uns auseinanderzusetzen haben, wobei es vielleicht gut ist, wenn wir den Terminus, der längst ein internationaler Begriff wurde, in seiner latinisierten Form beibehalten und ihn nicht durch den nicht in allen Nuancen korrespondierenden deutschen Ausdruck »Gewalt« ersetzen. Welcher anthropologischen, phänomenologischen, geschichtsphilosophischen Ordnung gehört diese Fanonsche oder Sartre-Fanonsche Violenz an? In seinem Vorwort schreibt Jean-Paul Sartre: »... Wenn man von dem faschistischen Geschwätz Sorels absieht, wird man feststellen, daß Fanon seit Engels der erste ist, der die ›Geburtshelferin der Geschichte‹ (die Violenz) wieder ins rechte Licht rückt. Und glaubt nicht etwa, daß ein zu heißes Blut, eine unglückliche Kindheit ihm eine besondere Vorliebe für die Gewalt gegeben hätten! Er macht sich nur zum Interpreten der Situation, das ist alles.«

Tatsächlich müssen wir die koloniale Situation – und in weiter ausholender Überlegung vielleicht: die einer jeden sozialen Unterdrückung – als ein Kraftfeld erkennen, in dem Gewalt und Gegengewalt einander notwendig begegnen müssen. Diese Gewalt, beziehungsweise diese Violenz, ist, wenngleich in den individuellen Fällen die Motivationen psychologisch nachweisbar sind, nicht erfaßbar durch den psychologisch oder auch stammesgeschichtlich orientierten Begriff der »Aggression«. Violenz ist für Fanon eine zugleich existentielle und historische Kategorie und sie hat dazu, wie wir noch sehen werden, ausgesprochen messianisch-chiliastische Akzente. Als phänomenologisch wohlgeschulter Schriftsteller sowie als persönliches Opfer und als Träger der Violenz bleibt Fanon dem konkreten Ereignis in seiner Beschreibung verhaftet: Dieses zwingt ihm die Theorie auf. Er weiß, wovon er spricht, im Gegensatz zu Sorel, für den die Violenz eine impotente Phantasmagorie war, da er sie nicht erlitt, noch ausübte und sie darum, wiewohl der Titel seines Werkes ›Reflexions sur la Violence‹ heißt, nicht reflektieren konnte. Sorels Vorhersage von Krieg und Anarchie, seine mit Zustimmung vorgetragene Überzeugung, es müßte im Zeitalter der Massen – das war damals ein neuer Begriff, was man immerhin dem Autor zugute halten muß – anstelle des demokratischen Konflikts die gewaltsame Austragung aller Gegensätze treten und die Versorgung des Massen mit mythischen Fiktionen; dies war wohl wirklich »faschistisches Geschwätz« eines, der gar nicht wußte, was er in seiner einsamen Arbeitszimmer-Excitation anzuzetteln mithalf. Die Violenz bei Sorel war ein »acte gratuit«; bei Fanon ist sie der geschichtlich gerechtfertigte und die Geschichte rechtfertigende, das heißt geschichtliches Recht herstellende, in eine unmittelbar bevorstehende Zukunft verweisende Aktion. So beschreibt Frantz Fanon das Kraftfeld von Gewalt und Gegengewalt in der kolonialen Welt: »... (in den kolonialen Gebieten) sind es der Soldat und der Gendarm, die, ohne jede Vermittlung, durch direktes Eingreifen den Kontakt zum Kolonialisierten aufrechterhalten und ihm mit Gewehrkolbenschlägen und Napalmbomben raten, sich nicht zu rühren (...) Der Agent (der Macht) erleichtert nicht die Unterdrückung und verschleiert nicht die Herrschaft. Er stellt sie zur Schau, er manifestiert sie mit dem guten Gewissen der Ordnungskräfte. Der Agent trägt die Gewalt in die Häuser und in die Gehirne der Kolonisierten (...). Die Stadt des Kolonialherrn ist eine stabile Stadt, ganz aus Stein und Eisen (...). Der Blick, den der Kolonisierte auf die Stadt des Kolonialherrn wirft, ist ein Blick geilen Neides. Besitzträume. Aller Arten von Besitz: sich an den Tisch des Kolonialherrn setzen, im Bett des Kolonialherrn schlafen, wenn möglich mit seiner Frau (...). Es gibt keinen Kolonisierten, der nicht mindestens einmal am Tag davon träumte, sich auf dem Platz des Kolonialherrn niederzulassen.«

Dieser »Neid«, von dem Fanon spricht, ist freilich wiederum nicht als pures psychologisches Faktum wert- und geschichtsneutral zu deuten. Er ist die interiorisierte erlittene Gewalt und als solche ein objektives historisches, fortschrittlich wertbesetztes Phänomen. Er trägt in sich Konversionsforderung und Konversionsmöglichkeit mancher Art. Wenn er, geschichtliche Realität, sich in die Ungeschichtlichkeit konvertiert, wird er zur blinden Aggression, die der Kolonisierte gegen seinesgleichen richtet; oder er setzt sich um in die magische Frenesie, Besessenheit von Vampirismus, Glaube an die Djinn, an Wodu. Sobald der sterile »geile Neid« sich aber selbst erkennt und sich entschleiert als das, was er ist: geschichtlich aufhebbare Konsequenz sozialer Unterdrückung, ergreift er auch seine befreiende Konversionschance: »Nachdem«, heißt es bei Fanon, »(der Kolonisierte) sich jahrelang dem Irrealen, den erstaunlichsten Phantasmen hingegeben hat, geht er endlich, das Maschinengewehr in der Faust, gegen die einzigen Kräfte vor, die ihm sein Sein streitig gemacht haben (...) er entdeckt die Realität und verändert sie in der Entfaltung seiner Praxis, in der Ausübung der Gewalt, in seinem Befreiungsplan.«

Fanon, wie überzeugend immer er auch die Violenz des Unterdrückten als Konter-Violenz beschrieben hat, wie eindrucksvoll und bis ins Detail präzise er uns von der gewaltbedingten und gewaltbedingenden Situation des Kolonisierten erzählt – und ich zitiere hier den halluzinierenden Satz: »Die Füße des Kolonialherrn sind dem Kolonisierten niemals sichtbar, außer vielleicht am Meer, aber man kommt niemals nah genug an sie heran« –, wie leidenschaftlich und zugleich wohldurchdacht seine These von der Interiorisierung der repressiven Violenz auch sei: Er hat es doch, er, der Psychiater und Phänomenologe, unterlassen zu sagen, was *eigentlich geschieht,* wenn die passive Violenz in aktive sich umsetzt. Er hat vorgetragen, daß die revolutionäre Violenz Erlösungscharakter hat: Er bleibt uns die Erklärung schuldig, warum es so ist.

Darf ich an dieser Stelle anknüpfen an eigene Erfahrungen und Erwägungen, um solcherart vielleicht ein kleines Wegstück in der Interpretation der Violenz voranzukommen? Die Situation, in der ich mich als politischer und jüdischer KZ-Häftling befand, war durchaus vergleichbar der des Kolonisierten, wie Frantz Fanon sie schildert. Auch ich erlitt die repressive Violenz ganz ohne stoßdämpfende und mildernde Vermittlung. Auch die KZ-Welt war eine manichäische: Die Tugend war in den SS-Blocks behaust, die Verlotterung, Dummheit, Bösartigkeit, Faulheit in den Häftlings-Baracken. Auch unser Blick auf die SS-Stadt war ein Blick »geilen Neides«. Wie der Kolonisierte Frantz Fanon hat auch unsereins zumindest einmal am Tage daran gedacht, den Platz des unterdrückenden Gebieters einzunehmen. Auch im KZ, genau wie in der Eingeborenenstadt, hat der Neid sich ungeschichtlich konvertiert in Aggression gegen den Schicksalsbruder, mit dem man sich um einen Teller Wassersuppe schlug, während über uns allen die Peitsche der keiner Verschleierung bedürftigen Repressionsmacht geschwungen wurde. Nur in ganz seltenen Ausnahmefällen – in Treblinka etwa – wurde die interiorisierte Gewalt geschichtlich in Gegengewalt umgewandelt, und auch dort war diese Konter-Violenz, wie Jean-François Steiner sie in seinem Treblinka-Buch aufgezeichnet hat, ein Akt der Würdeerlangung oder -wiedererlangung. Ich hatte Muße genug, darüber nachzudenken, wie der Erlösungscharakter der Gegengewalt zu deuten ist. Wie kam es, daß ich, ein anonymes,

winziges Rädchen im Herstellungs- und Verteilungsapparat illegaler Agitationsliteratur, es niemals ganz verwinden konnte, nicht *mit der Waffe in der Hand* den Unterdrücker bekämpft zu haben? Denn in die Freiheit gelangten wir Überlebenden ja schließlich: Ginge es ausschließlich um den Genuß ihrer, ich hätte mich damit zufrieden geben können, daß englische, amerikanische, russische Soldaten sie für mich erfochten. Ich fand mich nicht ab damit – so wenig wie Frantz Fanon es hätte akzeptieren wollen, die algerische Freiheit geschenkt zu bekommen, vorausgesetzt, daß sich ein freiwilliger Geber gefunden hätte, was ohnehin undenkbar ist. – Die Freiheit, die Würde müssen über den Weg der Violenz erkämpft werden, um Freiheit und Würde zu sein. Nochmals: warum? Ich habe keine Scheu, hier den unberührbaren und perhorreszierten Begriff der Rache einzuführen, den Fanon vermeidet. Die rächende Violenz, im Widerspruch zur unterdrückenden, stellt die Egalität im Negativen her: im Leiden. Repressive Gewalt ist die Verneinung der Gleichheit und damit des Menschen. Revolutionäre Violenz ist eminent *human;* ich weiß, man hat es schwer, sich an einen solchen Gedanken zu gewöhnen, man muß ihn jedoch, sei es auch nur in der Unverbindlichkeit der Spekulation, in Betracht ziehen. Um die Fanonsche Metapher weiterzuführen: Der Unterdrückte, der Kolonisierte, der KZ-Häftling, vielleicht auch der lateinamerikanische Arbeitssklave, *muß die Füße des Unterdrückers sehen,* um Mensch werden zu können, gewiß, aber auch, auf daß der Unterdrücker, der in seiner Rolle *kein* Mensch ist, es werde. Es wird, wie ich das an anderer Stelle ausgeführt habe, im Akt der Violenz, die der Physik als irreversibel erscheinende Zeit im Felde des Phänomenalen umgekehrt. Die erlittene Violenz wird ungeschehen gemacht. Der Unterdrücker, hineingerissen durch die vom rächenden Unterdrückten ihm zugefügte Gewalt, wird Menschenbruder. Weißt du, wie das ist, wenn man das Eisen des Gewehrlaufs kalt an der warmen Haut spürt? Du weißt es jetzt. Du bist wie ich, der es zu spüren bekam. So wirst du im Augenblick, wo ich aus dem Gewalterleider zum Gewaltbringer werde, mein Mitmensch. Man muß vorbeugen dem Mißverständnis, als würden durch derlei Überlegungen irgendwelche Mythologien von »Blut und Ehre« gerechtfertigt oder Vorstellungen der Blutrachegesellschaft in die moderne soziale Problemlage eingeführt. »Blut und Ehre«, Blutrache mögen vielleicht genetisch rückführbar sein auf die hier angeführte Intention der Zeitumkehrung und der Herstellung der Egalität. Sie sind aber längst institutionalisiert, formalisiert. Das Duell etwa ist ein inhaltsleeres Sozialritual. Revolutionäre Violenz dagegen, für die es niemals um die Auslöschung eingebildeter Kränkung geht (»Mein Herr, Sie haben mich fixiert!«), vielmehr um Heilung einer wirklichen Wunde, hat auch als Agens der Rache eine humane Aufgabe. Abzusehen ist endlich, so scheint mir, und so geht es aus dem Werk und der Existenz Frantz Fanons hervor, von der falschen Symmetrie: Gewalt ist gleich Gewalt. Die Violenz des als Schreckensherrschaft bezeichneten Stadiums der französischen Revolution, einer Periode, in deren Verlauf übrigens noch nicht ein Zehntel der Menschen umgebracht wurde, die man nach dem Fall der Pariser Kommune ermordete – diese Violenz hat eine menschlich und geschichtlich andere Dimension als die repressive des Ancien Régimes. Wenn die Führer der Black-Power-Bewegung von Gewalt sprechen, ist diese höchstens technisch – und infolge der ungleichen Bewaffnung nicht einmal das –, dieselbe wie die von den Einsatzkommandos der Polizei ausgeübte. Die Violenz des im Befreiungskrieg stehenden FLN (Front de la Libération National) lag nicht symmetrisch zu der von den französischen Fallschirmtruppen gepflogenen, sowenig wie die Gewalttätigkeit des Vietcong gleichgesetzt werden kann mit derjenigen der Marines. Revolutionäre Violenz ist die Affirmation des sich selbst verwirklichenden Menschen gegen die Verneinung des Menschen, ihre Negativität ist positiv geladen. Repressive Violenz blockiert den Weg zur Selbstwerdung des Menschen; revolutionäre bricht die Blockade, verweist und führt in die mehr als zeitliche, nämlich: die historisch-humane Zukunft. »Das Volk setzt sich in Marsch, macht sich bereit, die leere Zeit, die der Kolonialismus verhängt hat, zu unterbrechen, *Geschichte zu machen*«, heißt es bei Fanon.

Für Fanon ist die revolutionäre Violenz – die rächende, füge ich auf eigene Hand hinzu – nicht nur die Geburtshelferin der Geschichte, sondern des geschichtlich sich entdekkenden und gestaltenden Menschen.

»Die Gewalt«, schreibt in seinem Vorwort zu Fanons Hauptwerk Jean-Paul Sartre, »hat (in Algerien) die Richtung geändert. Als wir siegreich waren, übten wir sie aus, ohne daß sie uns zu verändern schien. Sie zersetzte die anderen, und wir, unser Humanismus, blieben intakt. Durch den Profit geeint, nannten die Mutterländer die Gemeinschaft ihrer Verbrechen Brüderlichkeit und Liebe.«

Es zersetzte aber, so würde ich meinen, die repressive Violenz nicht nur den Unterdrückten, sondern auch den Träger der Repression. Die revolutionäre Violenz macht nicht nur den Revolutionär von heute, sondern auch den Unterdrükker von gestern zum Menschen. Ihr Befreiungsakt ist nicht einseitig, sonst wäre er ohne geschichtlichen Wert; er erlöst auch den Gewaltherrn von der ihn selbst zerstörenden Lust, den Mitmenschen elend zu machen. Fanon schreibt über die redemptorische Kraft der Violenz in Zusammenhängen des Kolonialismus, und es bedürfte einer eigenen Arbeit zur Untersuchung, inwieweit seine Gedanken dort noch gültig sind, wo es sich um semi-koloniale Verhältnisse handelt, wie in Lateinamerika, ob sie allenfalls sogar noch Legitimität haben, wenn es um die mögliche – oder unmögliche – Revolution in fortgeschrittenen Industrieländern geht, das heißt in Fanons eigenen Begriffen: Ob sie ihren Wert behalten, wenn zwischen dem Ausgebeuteten und dem Ausbeuter Zwischeninstanzen von Tradition und Ideologie stehen, die den Tatbestand der Ausbeutung verschleiern und auch de facto mildern. Eine Präsentation des Revolutionärs Fanon muß leider diese Frage offenstehen lassen. Wir haben uns wieder, nach einem langen Exkurs über die revolutionäre Violenz als solche, der spezifischen kolonialen Situation zuzuwenden, die das natürliche Milieu Fanons war und um die es ihm geht. Unser Autor verliert sich ja auch nicht in theoretischen Überlegungen, gibt vielmehr klare Maximen und Direktiven. Er fordert das, was er »Europa« nennt und womit er alle in der ostentativen Opulenz ihrer »Überflußgesellschaft« die Szene beherrschenden fortgeschrittenen Industrieländer meint, im Namen der Dritten Welt, eben der »Verdammten dieser Erde«, in die Schranken. Er ruft nach umfassender Wiedergutmachung; karitative, als Tropfen auf dem hochgradig erhitzten Stein verdampfende Entwicklungshilfe lehnt er ab. Durchaus ist er sich klar darüber, daß nichts gelöst ist, keine Spannung befriedet, keine Tragödie aufgehoben, wenn es formale Unabhängigkeit gibt, eine nationale Fahne weht, ein Wappen sich spreizt. Der Neokolonialismus, der die Preise der Rohprodukte der jungen Staaten nach Belieben und Profitgesetzen festlegt, ist für Fanon nicht die Aufhebung, nur die Fortsetzung der Situation des Kolonialismus: Da und dort steht an der Stelle des weißen Kolonialherrn die durch den Kolonialismus erzogene, seine Werte übernehmende, seine Lebensform nachäffende heimische Bourgeoisie, unfähig zwar, die echte Aufgabe jeder Bourgeoisie zu erfüllen, die Kapitalbildung, doch mächtig genug, das Volk weiter im Zustand tauber Unwissenheit festzuhalten.

Der Kampf geht weiter.

Die Violenz muß weitergehen, gerichtet nunmehr in kontinentalem Ausmaß gegen die herrschenden Gewalten, die zwar ihre Zwischeninstanzen entwickelt haben, aber immer noch die kaum veränderten Unterdrücker von einst sind.

»Die Wahrheit ist«, heißt es in dem als bezeichneten Titel ›Von der Gewalt im internationalen Kontext‹ führenden Kapitel des Buches ›Die Verdammten dieser Erde‹ – »Die Wahrheit ist, daß wir diese Bedingungen nicht annehmen dürfen. Wir müssen die Lage, zu der uns die westlichen Länder verurteilen wollen, rundweg ablehnen. Der Kolonialismus und der Imperialismus sind mit uns nicht quitt, wenn sie ihre Fahnen und Polizeikräfte von unseren Territorien zurückgezogen haben. Jahrhundertelang haben sich die Kapitalisten in der unterentwickelten Welt wie wahre Kriegsverbrecher aufgeführt. Deportationen, Blutbäder, Zwangsarbeit, Versklavung sind die Hauptmittel der Kapitalisten zur Vermehrung ihrer Gold- und Diamantenreserven, ihrer Reichtümer und Machtpositionen gewesen (...). Alle Europäer waren sich nach dem Siege von 1945 darüber einig: ›Deutschland muß zahlen‹ (...). Mit dem gleichen Recht sagen wir, daß die imperialistischen Staaten einen schwerwiegenden Fehler und eine unerhörte Ungerechtigkeit begingen, wenn sie es beim Abzug ihrer militärischen Kohorten bewenden ließen (...). Die moralische Wiedergutmachung, die uns mit der nationalen Unabhängigkeit zuteil wurde, blendet uns nicht; sie kann uns nicht ernähren.«

Was soll aber geschehen, wenn die Staaten, die Fanon die imperialistischen nennt, sich nicht zu solch umfassender Reparation bereit erklären? »The fire next time« – ist man versucht, mit dem amerikanischen Negerdichter James Baldwin zu antworten. Zur Violenz als der auch hier einzig anwendbaren Methode muß geschritten werden. Revolutionäre Violenz gegen die nationalen Bourgeoisien, die typische Denkmechanismen des ehemaligen Mutterlandes vorbehaltlos übernommen haben, Violenz, wenn es sein muß, gegen das weltweite Unternehmen des Neokolonialismus!

»Natürlich hat die Dritte Welt keineswegs vor, einen Kreuzzug des Hungers gegen Europa zu führen«, schreibt Fanon. »Aber es ist klar«, meint er im nächsten Absatz, »daß wir, die ehemals Kolonisierten, nicht mit dem guten Willen und der Zusammenarbeit (der europäischen Regierungen) rechnen. Das kolossale Werk, den Menschen, den ganzen Menschen zur Welt zu bringen, wird nur mit Hilfe der europäischen Massen gelingen. Die Massen Europas müssen sich darüber klar werden, daß sie sich in den kolonialen Fragen allzuoft mit unseren gemeinsamen Herren verbündet haben. Heute müssen sie sich entscheiden, sie müssen aufwachen, zu einem neuen Bewußtsein kommen ...«

Fanon sagt es nicht ausdrücklich, doch impliziert er, daß diese europäischen Massen, auf deren Hilfe er hofft, vom selben Elan revolutionärer Violenz getragen sein sollten wie die Kolonisierten in ihrem Befreiungskrieg. Ist es nötig, erst noch auszusprechen, daß eine solche Rechnung nicht aufgeht, daß sie in absehbarer Zeit unter vernünftigerweise voraussehbaren Umständen immer weniger wird aufgehen können? Was Frantz Fanon sagt über den revolutionären Kampf, was er uns über die Violenz als Redemption erzählt, hat die geschichtliche Realität vor unseren Augen bereits verifiziert: Jede sachgetreue Geschichte des Algerienkriegs, jede redliche Reportage über Nordvietnam bestätigt uns, daß tatsächlich aus dem Geiste der Violenz im nationalen Befreiungskampf die Nation entsteht, daß mit der nationalen die individuelle Würde erlangt wird, daß autochthone Kultur jenseits des Exotismus und der Folklore sich schafft, daß wirklich in diesen stets so ungleichen Konflikten im Lager der Befreiungskämpfer der *Mensch sich gebiert.*

Fanons Hoffnung aber auf die »Hilfe der europäischen Massen«, nach siegreicher Beendigung der Befreiungskriege auf die Weltrevolution, wenn man sich an die herkömmliche Terminologie hält – stößt ganz offensichtlich in den geschichtlich leeren Raum. Die Verdammten dieser Erde kennen wir: Die Internationale als Erkämpferin des Menschenrechts ist eine melancholische Erinnerung, ein Singsang, der in Amerika sich vielleicht verjazzen läßt und der im Machtkreis der UdSSR als ein marche funèbre erklingt. Auch hat Fanon trotz seiner brillanten Analyse des Neokolonialismus und des Versagens der nationalen Eliten der Dritten Welt denn doch nicht vorausgesehen, *wie* tragisch oder sogar nur kläglich hinreißende revolutionäre Bewegungen verebben und wie der kaum erst aus dem Geist der Violenz geborene Mensch sich wieder seiner Würde begeben und unter eine Diktatur ducken kann. Es ist ihm erspart geblieben, dabei zu sein, wie schon das Algerien Ben Bellas und erst recht dasjenige des Obersten Boumedienne den revolutionären Traum dementierte. – Aber die Dementis sind vielleicht in den unterentwickelten, zur Unabhängigkeit gelangten Ländern nicht definitiv. Noch ist nicht ausgemacht, daß die revolutionäre Violenz nicht am Ende doch zur Erfüllung ihrer humanen Aufgabe gelangt. Wer noch ein paar Jahrzehnte Leben vor sich hat, wird, daran ist nicht zu zweifeln, noch Zeuge mancher revolutionären Erhebung in der Dritten Welt sein. Was Frantz Fanon lebte, »wird bleiben stah'n«; und noch ist nicht gewiß, daß, was er lehrte, abgetan ist.

Kann man noch Linksintellektueller sein? (1968)

Es scheint also, daß jene, die man übereinkunftsgemäß die Linksintellektuellen nennt, nunmehr, da sowjetische Panzer in der Tschechoslowakei stehen, sich irgend etwas »abringen« müssen: was, wird nicht spezifiziert. Doch darf man annehmen, es fordere die Rechte von eben jenen Linksintellektuellen, in denen sie teils verstiegene Schwarmgeister, teils Laufburschen des russischen Imperialismus oder auch beides sieht, ein umfassendes atlantisches Loyalitätsbekenntnis. Sie sollen abschwören, dann wird man weiterreden. Vielleicht. Es ist hohe Zeit, daß sie reueschluchzend der »Welt des Westens«, zu der ja wohl auch Griechenland, Portugal, Spanien, Südafrika gehören, an den Busen sinken. Ob man die Konvertiten dann aber auch aufnehmen wird, steht dahin. Sie haben so zügellos gesündigt, daß abzuwarten ist, ob man ihrer Bußfertigkeit Glauben schenken darf.

Zunächst denn Gewissenserforschung. Was haben die Männer, die nachdenken über Segen oder Unsegen der Konsumgesellschaft, über den Sinn des Begriffs Entfremdung, über die kulturellen Chancen der Koexistenz (die als Realpolitik seit Jahr und Tag von der UdSSR und den USA praktiziert wird, weil es keine Alternative gibt) – was haben sie sich vorzuwerfen angesichts des Gewaltaktes einer Großmacht, die um die Grundlagen ihrer Verteidigungsstrategie bangt? Eines ganz gewiß: Sie haben geirrt in ihrer Überzeugung, daß ein bestimmtes Stadium technologisch-industrieller Entwicklung jene Form völkerrechtswidriger Brutalität und Repression, deren konsternierte Zeugen wir alle sind, einfach nicht mehr zulasse. Was in Santo Domingo geschah, was in Vietnam geschieht, der Stil auch, in dem man in den USA die Negerfrage durch spezial-trainierte Einsatztruppen lösen zu können meint, hätte eigentlich eines Besseren belehren sollen. Die Linksintellektuellen hätten auch Muße gehabt, darüber nachzudenken, wie es kam, daß die Massaker von ein paar hunderttausend angeblichen Kommunisten in Indonesien nach der Entmachtung Sukarnos den Westen nicht zu weltweiten Protesten und wirksamen Sanktionen gegen die Schlächter aufgerufen haben; die technologisch-industrielle

Fortgeschrittenheit hatte ganz offensichtlich auch im Westen keinerlei Entsprechung im moralischen Raum. Die Köpfe der Linken, die sozialphilosophischen Theoretiker namentlich, haben die Moral von der Geschicht', die als ewige Unmoral der Geschichte sich doch so klar manifestierte, nicht verstanden. Sie bildeten sich ein, es könne die nach den USA fortgeschrittenste Macht der Welt, die Sowjetunion, nicht mehr *Macht* schlechthin und als solche zum radikalen Bösen fähig sein. Melancholisch schrieb im ›Monde‹ der Philosophieprofessor und Linksintellektuelle Jean-Paul Charrier: »Es wird klar, daß nicht nur der utopische Sozialismus sich täuschte in seinem Glauben, man könne das Herz des Menschen ändern, bevor man die Strukturen revolutioniert, sondern daß die mentalen Strukturen sich langsamer wandeln als die sozialökonomischen. Man entledigt sich nicht so geschwind der psychologischen Erbschaft, die uns vier Jahrhunderte Kapitalismus hinterlassen haben ...« Nun, das ist eine grundeinfache Überlegung. Bei Marx steht es klarer und suggestiver. Die Linksintellektuellen, soweit sie Marxisten sind, waren schlechte Marxisten, als sie glaubten, die ökonomische Entwicklung der Sowjetunion habe einen synchronen und parallelen moralischen Fortschritt bewirkt. – Das ist alles, aber auch schon alles, was sie reuig einzubekennen haben.

Jenseits dieses theoretischen Fehldenkens war ihre Reaktion auf die das humane Gewissen beleidigenden Ereignisse in der CSSR die denkbar würdigste. Jean-Paul Sartre sprach bündig von einem »Kriegsverbrechen«. Man kann diesem harten Urteil nur traurig zustimmen, wenn es vielleicht auch gut ist, sich unpopulärerweise auszumalen, wie andere Kriegsverbrecher, die Nazis, gehandelt hätten, wenn 1939 tschechische Studenten auf deutsche Panzer geklettert wären, um mit den Soldaten des Führers zu diskutieren. Heinrich Böll, weniger scharf, weil weniger radikal der Linken verpflichtet als Sartre, sagte dem Interviewer der deutschen Wochenschrift ›Spiegel‹: »Nach meinem letzten Eindruck (in Prag) war die Situation sowohl mörderisch wie selbstmörderisch ... die einzige (Lösung), die ich sehe, und das klingt sehr illusionär, scheint mir aber doch realpolitisch richtig zu sein: daß die Sowjets die Tschechoslowakei freigeben.« Michel Rocard, Generalsekretär des linksradikalen »Parti Socialiste Unifié« (PSU) in Frankreich schrieb: »Es ist nicht mehr hinzunehmen, daß ein Experiment sozialistischen Aufbaues sich *a priori* und *per definitionem* dem Willen und Interesse der UdSSR und der Kommunistischen Partei Sowjetrußlands unterwirft ... Die von den russischen Kommunisten errichtete bürokratische und zentralisierte Gesellschaft wird mehr und mehr als inakzeptabel empfunden, vor allem wegen ihres oppressiven Charakters.« Die erste Nummer der von den Linksintellektuellen Frankreichs meistgelesenen Wochenschrift ›Nouvel Observateur‹ erschien mit dem Deckblatt ›Das Verbrechen der Russen‹ ...

Der Protest der Intellektuellen reichte bis tief in jenes Lager hinein, das man gestern noch das orthodoxe hat nennen können. Der österreichische Kommunist Ernst Fischer, Mitglied des Zentralkomitees der Kommunistischen Partei Österreichs und ehemaliger österreichischer Unterrichtsminister, einer der markantesten Köpfe des internationalen Kommunismus, ließ sich also vernehmen: »Panzer haben eine große Hoffnung zermalmt. Dennoch: Was vor acht Monaten in Prag begonnen wurde, die Entwicklung eines demokratischen und humanitären Sozialismus, wird auf die Dauer stärker sein als jede Gewalt und Phrase.« Die kommunistischen Autoren Louis Aragon, Elsa Triolet, Vladimir Pozner unterzeichneten mit anderen ein Communiqué, in dem es hieß: »Nichts ist möglich, ohne daß die gesetzliche Regierung, die sich die Tschechoslowakei frei gegeben hat, ihre volle Ausübungsgewalt zurückerhält, ohne den sofortigen Rückzug der Besetzungsstreitkräfte, deren Anwesenheit zu jedem Augenblick eine irreparable Tragödie hervorrufen kann ...«

Von Max Frisch und Günter Grass bis zum kleinen SDS-Studenten und zum namenlosen Teilnehmer an Deutschlands außerparlamentarischer Opposition, von Bloch, Marcuse, Russell bis zu jenen Organisationen, die maßgeblich an der Mai-Revolte in Frankreich beteiligt waren, von trotzkistischen Persönlichkeiten wie dem belgischen Nationalökonomen Ernest Mandel bis zu Parteikommunisten wie Roger Garaudy hat die linke Intelligenz mit mehr oder weniger Vehemenz, mit durchreflektierter oder auch nur emotionell gesteigerter Argumentation die Intervention der Warschaupaktmächte verurteilt. Kein Linksintellektueller trug die Verantwortung für die Kommandos, die sowjetische Generäle ihren Truppen gaben. Keiner hat schmutzige Hände. Keiner hat auch nur den mindesten Anlaß, an seine Brust zu schlagen.

Und ist es erst noch nötig, jenen zu antworten, die da triumphierend erklären: Der Kommunismus kann sich nicht ändern, wir haben's euch ja stets gesagt, aber ihr wart blind und taub.

Man sollte meinen, daß sich eklatant genug das genaue Gegenteil erwiesen hat. Die Sowjetpanzer hätten gar nicht Prag angesteuert, wäre in dieser Stadt nicht die Entwicklung und Differenzierung des Kommunismus zur einleuchtenden Wirklichkeit geworden. Der marxistische Pluralismus, wenn er auch in jenem Raum, den die UdSSR als ihr strategisches Vorfeld abstecken zu müssen glaubt, jetzt blockiert ist, gibt seit einigen Jahren schon den Theoretikern marxistischer Renovation die überzeugendsten Argumente in die Hand. Heute ist die Auffächerung innerhalb des kommunistischen Global-Experiments so weit gediehen, daß sie bereits die Mehrzahl der kommunistischen Parteien des Westens umfaßt: Es ist unmöglich, weiterhin guten Glaubens die Distanznahme von der UdSSR durch die Parteien Italiens, Frankreichs, Belgiens, Englands et cetera als ein »taktisches Manöver« abzutun. In ihren Entrüstungs-Festivitäten, ihrer allgemeinen Indignationseuphorie, in der die miserable Genugtuung, recht behalten zu haben, bei weitem die Anteilnahme am Geschick des tschechoslowakischen Volkes überwog, wollte die Rechte freilich nichts davon hören. Wie in den hohen Tagen der Dulles-Ära gab man sich dem kalkulierten Rausch amalgamierender Ächtung hin: Die Sowjetunion, Mao, Castro, Dutschke, Cohn-Bendit, das war, das ist für die Rechte ein einziger Komplex, der »Kommunismus« eben, dessen düsteres Symbol der Panzer der UdSSR auf dem Wenzelsplatz ist und demgegenüber man den zugleich raffinierten und geistesschlichten Manichäismus als einzig mögliche Haltung empfiehlt und sogar drohend fordert.

Was die Linksintellektuellen anlangt, so haben sie innerhalb dieses Agglomerats ihren besonderen Platz als die ewigen Narren, die Schönfärber, die betrogenen Betrüger im Dienste des kommunistischen Totalitarismus. Da man die auf der Hand liegende Tatsache abstreitet – die Entwicklungsfähigkeit marxistischer Theorie und Praxis –, ist es ein leichtes, hinwegzusehen über die eminent wichtige Rolle, welche die linke Intelligenz bei der politischen Auffaltung des Kommunismus gespielt hat. Die zahllosen Treffen und Diskussionen zwischen Marxisten (und Nichtmarxisten) aus Ost und West, die in den letzten Jahren stattgefunden haben und wobei stets der Sklerose des Marxismus durch eine gleichsam geriatrische Therapie entgegengewirkt wurde – man wünscht nicht, über sie zu reden. Wie die Brisanz des Denkens eines Ernst Bloch, eines Sartre, eines Marcuse – und nicht die Propaganda von »Radio Free Europe« oder die schönen Bilder des Kapitalismus – die festen Mauern doktrinärer Struktur angeschlagen haben, so daß am Ende die Tschechoslowakei das wurde, als was sie in ihrem wunderbaren Frühling der Welt sich zeigte, es wird totgeschwiegen oder abgeleugnet. Nur weil die verjüngenden Injektionen linksintellektueller Bemühung in der Sowjetunion selbst noch nicht das Resultat ergaben, auf das gehofft werden konnte und auf das weiter zu hoffen ist – denn auch für diese Hoffnung gibt es keine Alternative –, versucht die Rechte, vom kleinen SPD-Funktionär bis hinauf zu den neo-konservativen Theoretikern wieder einmal, die Linksintellektuellen zu demütigen. Das Medikament hat noch nicht ausreichend gewirkt: So werft es in den Mülleimer, verjagt den Arzt, erschlagt den Patienten. Das ist die radikalste Kur.

Es ist wahr: Tiefe Niedergeschlagenheit bemächtigte sich der linken Intelligenzia, als in Prag das sehr Unwahrscheinliche, übrigens auch machtpolitisch Stupide Ereignis wurde. Nicht nur, weil viele sich eingestehen mußten, sie hätten die rationale und moralische Verfassung in der Sowjetunion allzu günstig beurteilt, sondern weil gerade die Tschechoslowakei ihrer, der Linksintelligenz, liebstes Kind war. Mit tiefer Bitterkeit hörte man Hochrufe auf Dubček und Svoboda aus den Kehlen derer, denen im Grunde diese beiden Männer verhaßter sein müssen als Breschnew und Podgorny, denn jene sind es und nicht diese, die den verabscheuten Sozialismus repräsentieren.

Aber die Depression muß und kann überwunden werden, dies um so leichter, als allem Anschein nach hinkünftig nicht *nur* die »heimatlose Linke« durch permanente Kritik auf Erosion des doktrinär-marxistischen Panzers hinarbeiten wird, sondern auch die bis zum Prager Drama der Orthodoxie Verschriebenen. Eine völlig neue Situation ist gegeben, wenn Männer wie Aragon und Roger Garaudy aus dem dogmatischen Schlummer erwachen und zu einer Selbstkontestation sich verstehen, die mehr und anderes ist als rituelle Autokritik. Der politische Horizont der Linksintellektuellen hat sich zugleich verdüstert und erhellt: verdüstert durch eine sowjetische Gewaltaktion, die sowohl Irrtum als auch Verbrechen war, erhellt durch den Schritt in die geistige Freiheit, den zahlreiche, gestern noch stumpf die offiziellen sowjetischen Lesarten nachplappernde kommunistische Intellektuelle taten. – Dafür nimmt man gerne hin, daß die Rechte von »Verwirrung« und »Verlegenheit« redet, denn es sind solche Verwirrungen, Unklarheiten, Ungewißheiten und Unwissenheiten keine Niederlage, sondern ein Sieg der Linken, die mehr und mehr zu einer »offenen« wird.

Kann man noch Linksintellektueller sein? Man kann es, so scheint mir, trotz allem was geschah, mit besserem Gewissen und größerer Hoffnung als irgendwann in den vergangenen zwanzig Jahren. Die Aufgabe linker Intelligenz als eine humankritische stellt sich mit der gleichen Dringlichkeit wie eh und je. Es geht um die Verwirklichung des Menschen, der zu seiner Selbstschöpfung eben erst ansetzte. Kein generelles Umdenken ist hierbei nötig, keine totale Neubewertung, denn längst schon hat die linke Intelligenz, einschließlich der fortgeschrittenen Elemente unter den Parteikommunisten im Westen, darauf verzichten gelernt, in der Sowjetunion das maßstabsetzende Exempel für eine sozialistische Wirklichkeit zu sehen. Andererseits ist durch das sowjetische Vorgehen auch nicht ein einziges Argument gegen den Kapitalismus amerikanisch-westeuropäischer Prägung entwertet: Human engineering wurde nicht humaner seit die Russen Prag völkerrechtswidrig besetzten. Die Transgression des Bestehenden, die Selbstüberschreitung des Menschen auf ein Mögliches hin, die kritische Reflexion des Wirklichen, das in dieser Reflexion erst ein Vernünftiges wird, sie sind als geschichtliches Gebot in diesen Tagen so imperativ wie in der Epoche des Dreyfus-Prozesses, als der Begriff des Intellektuellen (als eines damals schon *Links*intellektuellen) seinen noch heute verbindlichen Sinn erhielt. Die Stunde jener, die nicht bereit sind, alle fünf gerade sein zu lassen, die die Welt als Antiphysis ergreifen, als Rohmaterial des sich selbst erschaffenden Menschen, schlägt ohne Unterlaß.

Es werden viele sehr konkrete Pflichten in den nächsten

Monaten zu erfüllen sein. Die erste und wichtigste ist, so glaube ich, die Weiterführung des Gesprächs mit dem Osten, entgegen allen wohlgezielten Boykottermunterungen im Westen, entgegen einer durch Beleidigungen, Unwahrheiten, intellektuelle und politische Brutalitäten sich selbst taubschreienden Widerspenstigkeit im Osten. In Prag haben die Linksintellektuellen – und sie in erster Linie – eine Schlacht verloren. Das darf keine Ausrede sein. Kein Intellektueller der Linken hat das Recht zu selbstmitleidigem, verbittertem Defätismus.

Ein Linksintellektueller – was ist das?
Antwort an Jean Améry von François Bondy

Ich zum Beispiel dachte, ich sei einer, aber wenn ich Jean Amérys Voraussetzungen im Aufsatz ›Kann man noch Linksintellektueller sein?‹ annehmen müßte, wäre ich bestimmt keiner. Damit ist, ich gebe es gerne zu, meine Vorstellung von mir selber in Frage gestellt, aber auch Amérys Voraussetzungen sind, mindestens mir, problematisch. Sie erscheinen mir als unreflektiert, zu wenig selbstkritisch, und jedenfalls ein guter Anlaß, um die von ihm angeregte Diskussion weiterzuführen. Gerade weil ich manche seiner Ansichten teile, glaube ich, daß es lohnt, die hier bestehenden Unterschiede und auch Gegensätze deutlich zu machen. Interessante Dispute sind immer ein Streit um Nuancen, »Haarspaltereien«, wenn man will; die grobe Unterscheidung gegenüber dem »Reaktionär«, dem »Nationalisten«, dem Lobredner eines griechischen Oberstenregimes oder südafrikanischer Apartheid muß zwar gelegentlich hervorgehoben werden, ist aber geistig so unergiebig wie die Feststellung, daß man nicht der Meinung Breschnews oder von Thaddens ist. Mit Jean Améry teile ich grundsätzlich viele Ausgangspunkte und auch eine Art emotioneller Atmosphäre, durch die mich, was auf der »Linken« vorgeht, ob in Hoffnung oder im Ärger, mehr betrifft als das meiste andere; gerade deshalb scheint es mir der Mühe wert, den Gegensatz, in dem ich mich diesem Aufsatz gegenüber befinde, deutlich zu machen.

Für Jean Améry gibt es offenbar zweierlei Menschen: die Linksintellektuellen, wozu die SDS-Studenten und die kritisch gewordenen Kommunisten gehören, und »die Rechte«, worin sich als Gegner des Fortschritts der sozialen Gerechtigkeit und der zu leistenden »Selbstschöpfung des Menschen« allerlei Leute vereint finden, die gar nicht wissen, daß sie politisch und ideologisch so sehr zusammengehören.

Die »linke Intelligenz« reicht nach Améry »von Max Frisch und Günter Grass bis zum kleinen SDS-Studenten und zum namenlosen Teilnehmer an Deutschlands Außerparlamentarischer Opposition, von Bloch, Marcuse, Russell bis zu jenen Organisationen, die maßgeblich an der Mairevolte in Frankreich beteiligt waren«. Die Rechte hingegen reicht – ich zitiere Améry – »vom kleinen SPD-Funktionär bis hinauf zu den neo-konservativen Theoretikern«. Die Rechte huldigt dem »Kapitalismus amerikanisch-westeuropäischer Prägung«, und in den USA will sie die »Negerfrage durch spezial-trainierte Einsatztruppen« lösen; sie fordert von den durch die tschechische Tragödie aufgewühlten Linksintellektuellen »ein umfassendes atlantisches Loyalitätsbekenntnis«; wenn diese Rechte mehr gegen Breschnew als gegen Dubček hat, so irrt sie sich über sich selber, denn nach Amérys Definition, die sie nachzuleben hat, »müßten ihnen Dubček und Svoboda im Grunde verhaßter sein als Breschnew und Podgorny«. Hauptsache sei »die Weiterführung des Gesprächs mit dem Osten, entgegen allen wohlgezielten Boykottermunterungen aus dem Westen«. Von dieser so pauschal definierten Rechten weiß Jean Améry, daß ihr die Tschechen gar nicht leid tun, und daß sie sich mit »der miserablen Genugtuung, recht behalten zu haben«, begnügt.

Zweierlei stört mich an diesen Behauptungen: Einmal gehört vieles, das unter dem vagen und allgemeinen Begriff »die Rechte« visiert wird, überhaupt nicht zusammen; es sind Pappkameraden, Schießscheibenfiguren, die genau so konstruiert wurden, daß jeder Schuß sie auch trifft; ferner werden, zur Bildung der großen Familie der »Linksintellektuellen«, ebenfalls die disparatesten Elemente zusammengeworfen, die nicht nur durch Nuancen, sondern durch scharfe politische Gegensätze getrennt sind. Ist er ein »Linksintellektueller«, jener SDS-Student, der in einem öffentlichen Gespräch in Frankfurt am 23. September erklärte, die tschechischen Sozialisten hätten sich auf den schiefen Weg des »Wischi-waschi-Sozialdemokratismus« begeben, und es gäbe »auch noch Idioten wie Grass, die mit ihnen diskutieren«, und jener andere, der hinzufügte: »Hätten sie nicht von den Russen eines über den Schädel bekommen, so hätten sie, da sie sich auf den Westen hin orientierten, bald eines von den westlichen Imperialisten über den Schädel bekommen«? Und wenn sie es sind, ist dann Günter Grass, der mit diesen Tschechen seit Monaten ein erhellendes, brüderliches Gespräch über die Fragen des Sozialismus in der ›Zeit‹ geführt hat, seinerseits noch ein »Linksintellektueller«? Ist in diesem

Fall – es ist nur ein Beispiel unter andern – ein Begriff wie »linksintellektuell«, der so entgegengesetzte Haltungen deckt, im politischen Gespräch noch nützlich? Ich für mein Teil bezweifle es.

»Die Rechte« – »Die Linksintellektuellen«; möchte man nicht meinen, alle entscheidenden Auseinandersetzungen auf der Welt spielten sich zwischen diesen beiden Lagern ab! Dabei verhält es sich doch so, daß die Mehrzahl jener, die in Fragen der wirtschaftlichen, sozialen, politischen Analyse weitergedacht haben, in keines dieser Lager gehört. Nenne ich Namen, um nicht mit Schablonen gegen Schablonen anzurennen und vorfabrizierte polemische Siege zu feiern, so wären es etwa Richard Löwenthal, Herbert Lüthy, Manès Sperber, F. R. Allemann, Arthur Schlesinger, Richard Crossman, André Philip, Ignazio Silone, Jürgen Habermas; viele andere Namen könnten hier ebensogut stehen.

Kein einziger davon paßt vollständig in die Kategorie »Linksintellektueller«, wie Jean Améry sie festlegt; aber noch viel weniger paßt irgendeiner von ihnen in den Begriff »Die Rechten«, selbst wenn man ihm eine so große Reichweite gibt, daß »der kleine SPD-Funktionär« mit Selbstverständlichkeit dazu gezählt wird. Im Augenblick, wo das moderne engagierte politische Denken sich in die polemisch so bequeme Zweiteilung – hier »Linksintellektuelle«, dort »Rechte« – nicht mehr fügt, ist es wohl an der Zeit, Zweifel an herkömmlichen, nicht mehr ganz relevanten Etiketten anzumelden. »Linksintellektuell« ist man nach meinem Gefühl – und ich gebrauche hier mit Vorbedacht das Wort Gefühl, auf das ich noch zurückkommen werde –, wenn man willig ist, die eigenen Voraussetzungen und Vorurteile ständig selbstkritisch in Frage zu stellen, bereit ist, umzudenken und in neuen Erfahrungen etwas anderes zu sehen als die Bestätigung vertrauter Ideen.

In diesem Sommer hat der linksintellektuelle Chefredakteur des ›Nouvel Observateur‹, Jean Daniel, einmal ein ganzes Register von Vorurteilen der französischen intellektuellen Linken aufgestellt, um zu zeigen, daß sie vor allem der Selbstprüfung und der Aufnahme neuer historischer Erfahrung bedürfte. Unter den einstigen Selbstverständlichkeiten dieser Linken, die gar nicht der Diskussion wert schienen, aber dennoch irrig waren, nannte Jean Daniel die Gewißheit, daß de Gaulle wegen der Umstände seiner Machtergreifung niemals fähig sein werde, einen Frieden mit den algerischen Aufständischen zu schließen, geschweige dem von ihnen geschaffenen Regime nach der Vertreibung der Algerienfranzosen jede Art von Entwicklungs- und Erziehungshilfe angedeihen zu lassen. Es ist nur ein Beispiel unter vielen, die Jean Daniel nennt – aber es zeigt, daß nichts irriger sein kann als eben jene scheinbar nicht mehr diskutierenswerten »Selbstverständlichkeiten«, durch die eine große Zahl von Linksintellektuellen das eigentlich kritische Denken, wie Karl Marx selber es innerhalb der Linken seiner Zeit geleistet hat, vernachlässigt.

Ein Linksintellektueller in diesem kritischen Sinn ist jemand, der die veränderten Problemstellungen bedenkt und sich mit keinem einzigen liebgewordenen Klischee zufrieden gibt, also jemand, der nicht ein Kollektiv der »Linksintellektuellen« gegen seine Widersacher verteidigt, deren Einwände mit dem Schlagwort »Die Rechte« vereinfacht und diffamiert werden. Den Lokalpatriotismus des Kollektivs »Linksintellektueller« respektiere ich. Nur handelt es sich hier um eine sagen wir »existentielle« oder biographisch bestimmte Haltung, deren sich niemand zu schämen braucht – im Gegenteil! –, die aber noch in keiner Weise den Anspruch rechtfertigt, irgend etwas besser zu wissen oder besser zu machen als Menschen, die nicht zu dieser »Familie« gehören.

Jean Améry kommt, so meine ich, dort mit Selbstverständlichkeiten aus, wo die Probleme erst anfangen. Er konstruiert bequeme Alternativen, wo die Wirklichkeit deren andere, unbequemere bietet: Bei Améry ist man entweder linksintellektuell oder man muß »ein umfassendes atlantisches Loyalitätsbekenntnis« ablegen, wie »die Rechte« es ultimativ fordert. Frage: Was ist dann General de Gaulle? Frage: Wenn Tito seinen eigenen Weg gehen konnte und Dubček nicht – könnte es nicht daran liegen, daß damals die europäisch-amerikanische Solidarität größer war und daß ein »Spannungspolitiker« wie Truman, dessen Verhalten für Moskau nicht genau kalkulierbar war, Stalin jene Angst einflößte, die Johnson heute einem Breschnew nicht einflößt? Frage: Könnte es sein, daß der Beginn einer »Auffächerung« im kommunistischen Lager durch die Solidarität eines westlichen Blocks erst möglich wurde? So kraß formuliert rufen diese Fragen ihrerseits nach manchen Nuancierungen. Immerhin noch eine Frage: Ist heute das Bedürfnis nach amerikanischem Schutz, also nach atlantischem Bündnis, das ein Willy Brandt, ein dänischer, ein norwegischer Sozialdemokrat empfinden, einfach »reaktionär«, schafft es bereits eine sündhafte Gemeinschaft zwischen diesen westlichen Sozialdemokraten und den griechischen Obersten?

Und weiter: Ist die Okkupation der Tschechoslowakei »Gewaltakt einer Großmacht, die um ihre Verteidigungsstrategie bangt«? Ich bezweifle es. Andrzejewski in Polen, Jewtuschenko in der Sowjetunion und viele andere weniger berühmte Literaten haben offen ihren Protest gegen diese Okkupation ausgesprochen und übrigens dabei nicht die panische Angst einiger westlicher »Linksintellektueller« verspürt, sie könnten durch diesen Protest »Wasser auf die Mühlen der Reaktion leiten«. Die Furcht vor der Anstekkung durch die Idee der Meinungsfreiheit, vor der Erschütterung von Dogmen, die zu Herrschaftsformen gehören und die sich von Prag aus ansteckend auf Warschau, Pankow, Moskau ausdehnen könnten, ist vermutlich für die Okkupation der Tschechoslowakei entscheidender gewesen als strategische Überlegungen. Ich sage: vermutlich, denn so genau weiß ich es nicht. Mehr als Mutmaßungen bietet jedoch auch Améry nicht. Warum formuliert er sie als Gewißheiten?

Eines hätten, nach Améry, die Linksintellektuellen reuig einzusehen: Die ökonomische Entwicklung der Sowjetunion habe »keinen synchronen und parallelen moralischen Fortschritt bewirkt«. Jedoch: »Kein einziges Argument gegen den Kapitalismus amerikanisch-westeuropäischer Prägung sei entwertet.« Wirklich? Ist »Kapitalismus« der richtige Name für jene Mischform von Markt- und Planwirtschaft in Sozialstaaten, wie sie einen großen Teil des Westens heute kennzeichnet? Und war der Wirtschaftserfolg der EWG, den ein oft unbefangener Geist wie Chruschtschow einmal in einem grundsätzlichen Aufsatz zugegeben hat, nicht einer der Gründe des wirtschaftlichen »Revisionismus« im Osten, der Wiederentdeckung der Rolle des Konsumenten? Ist alles, was hier neu gedacht wurde, nur eine innerkommunistische, ideologische Weiterentwicklung, die nicht durch bestimmte Erfolge des Westens angestachelt wurde? Die Tatsache, daß die marxistischen Krisenprophezeiungen für den Westen nach 1945 sich nicht bestätigt haben – ein Gunnar

Myrdal hatte ihnen als Handelsminister so sehr vertraut, daß er die schwedische Wirtschaft damals, zu ihrem Schaden, ganz auf die Sowjetunion ausrichtete –, hat zum neuen Wirtschaftsdenken im Osten beigetragen, so wie die atlantische Solidarität, die 1948 Stalins Vormarsch in Berlin Einhalt gebot, zur »Auffächerung« des Kommunismus und zum Erwachen neuer kritischer Gedanken beigetragen hat. In Frankreich sagt man: »Le diable aussi porte pierre.« Beim Bau einer Kathedrale muß auch der Teufel seinen Stein herbeitragen. Wollen wir uns darüber einig sein, daß in der Erneuerung des marxistischen Wirtschaftsdenkens auch der heutige »Kapitalismus« einige Steine herbeigetragen hat?

Und warum wird der Westen dargestellt als spannungswillig, voll von Kalten Kriegern, stets auf den Vorwand lauernd, um die Beziehungen zum Osten abzubrechen? Die schnöde Gleichgültigkeit gegenüber der tschechischen Tragödie, und nicht die Bereitschaft, sie als Vorwand für eine neue ideologische Eiszeit zu verwenden, hat Johnson, Wilson und de Gaulle in gleicher Weise gekennzeichnet – sie und noch manche andere. Ihr Tun oder Nichttun läßt sich in verschiedener Weise rechtfertigen oder tadeln. Mit »Kaltem Krieg«, mit Boykott Rußlands, mit Spannungspolitik, mit der »Schadenfreude« einer Rechten hat es wahrlich nichts zu tun. Man soll sich in einen altvertrauten Feind nicht so verlieben – oder verhassen – daß man entscheidende Veränderungen des politischen Klimas nicht wahrhat oder als belanglos übergeht. Jean Améry tut das.

Damit ist nur ein Teil dessen, war mir als Amérys unreflektierte Selbstverständlichkeiten erscheint, in Frage gestellt. Bekanntlich braucht jeder Widerspruch mehr Raum als der »Spruch«, der ihn herausforderte – mehr in diesem Fall als ich der Redaktion und den Lesern zumuten kann.

Zum Abschluß möchte ich festhalten, was mir als das Entscheidende gilt: Ich sehe »die Rechte« nicht, wie sie sich in geschlossener Bosheit und massiver Fortschrittsfeindlichkeit für Jean Améry darstellt, und noch weniger sehe ich die Gruppe »Linksintellektuelle«, wie er sie definiert. Die Linksintellektuellen, wie immer man diese Bezeichnung versteht, sind in verschiedene, zum Teil entgegengesetzte Tendenzen gespalten, auch wenn sie sich gegenüber bestimmten Formen von Reaktion jeweils wieder als einhellige Gruppe formieren mögen. In der Wahl zwischen dem Verleger Fritz Molden – meines Wissens kein »Linker« –, der so viele tschechische Schriftsteller in seinem Verlag betreut, in seinem Haus beherbergt, und jenen Studenten (wenn es Studenten waren), die auf der Buchmesse vor seinem Stand Stinkbomben warfen, weiß ich, wem meine Solidarität gehört und frage nicht nach Etiketten. Die Unterschiede zwischen jenen tschechischen sozialistischen Intellektuellen, die einem erneuerten Kommunismus grundsätzlich das Machtmonopol wünschen, und jenen andern, die es als Prinzip ablehnen, sind ebenso erwägenswert wie ihre zahlreichen Gemeinsamkeiten. »Linksintellektuell«, gegen die »Reaktion« zu sein ist in den westlichen Demokratien leicht. Linksintellektuell sein im Sinne des kritischen Durchdenkens neuer Probleme unter dem Risiko der Mißdeutung, der nicht gewollten Gegnerschaften und der nicht gewünschten Sympathien ist schwieriger. Jene, die es nicht mindestens versuchen, möchte ich mit aller Sympathie – denn mein Gefühl ist bei ihnen – und sogar mit einigem Neid – denn sie haben es leichter – der Klärung halber fortan als »Linksemotionelle« bezeichnet sehen. Ihnen bietet Jean Amérys Zuspruch, was sie gerne hören, aber nicht, was sie heute brauchen. Das wenigstens ist meine, von Jean Améry abweichende Überzeugung, die ich hier nicht apodiktisch, sondern als Beitrag zu einer offen bleibenden Diskussion formulieren wollte.

Neue Klischees eines Linksemotionellen (1968)
Zu François Bondys Diskussionsbeitrag

Ein Zeitungsartikel ist keine Sozialphilosophie. Unter dem technischen, durch Raumzumessung bestimmten Gesetz der Reduktion stehend kann er die Begriffe nicht definieren, muß er Komplexe in groben Konturen nachzeichnen. Manchmal ist sein Verfasser dem Druck eines aktuellen Ereignisses ausgesetzt, so daß ihm klare Standortbestimmung wichtiger scheint als vorsichtig wägende Analyse und politische Semantik. Worauf sich leicht die unvermeidliche Verknappung als Simplifikation, die Kontur als Klischee disqualifizieren läßt. Die aktuelle Standortbestimmung hat – wie denn auch anders? – ihre schwachen Stellen. Wer suchet, der findet sie; ein wenig guter Wille genügt. Die *loci minoris resistentiae* werden photographiert. Ein Blow-up und sie erscheinen als riesenhaft. Unterstellungen sind unter diesen Umständen kaum noch nötig, verletzende Schärfen auch nicht. Der Ton milder Belehrung und unerschöpflicher Toleranz kann als wirksam empfohlen werden. Das Verfahren ist ebenso einfach wie probat. François Bondy hat sich der Mühe unterzogen, sehr ausführlich auf meinen Artikel ›Kann man noch Linksintellektueller sein?‹ einzugehen. Ich habe ihm hierfür zu danken: Sein Diskussionsbeitrag gibt mir die Möglichkeit, ein paar zusätzliche Überlegungen anzustellen, die vielleicht über die Polemik hinaus einigen Informationswert haben. Verstehe ich recht, so wird mir vorgehalten, ich hätte »unreflektierte« Selbstverständlichkeiten vorgebracht, indem ich von Linksintellektuellen einerseits, von der Rechten anderseits sprach.

Daß es für mich »zweierlei Menschen« gibt, die Linksintellektuellen und die Rechte, ist meinem Kritiker »offenbar«, es geht jedoch aus keiner Zeile meines Artikels hervor. Ich habe von Linksintellektuellen gesprochen, natürlich, und auch von der Rechten: Nirgendwo habe ich die absurde Behauptung aufgestellt, es existiere nicht zwischen beiden Lagern eine schwer definierbare Zone. François Bondy fühlt oder fühlte sich als Linksintellektueller, zweifelt aber anderseits, ob der Begriff im politischen Gespräch noch nützlich sein kann. Wir stehen denn vor der Frage, ob es den Linksintellektuellen (oder die Linke überhaupt) und die Rechte noch gibt. Verlieren wir uns nicht in theoretischen Problemen. Schweigen wir vom Geist der Utopie, vom sich selbst schöpfenden Menschen, vom Protest als einem Existential, vom eindimensionalen Menschen – von all den Komplexen und Begriffen, wie sie zu unserer Beschämung uns ohnedies wieder unter Anführungszeichen zurückgereicht würden. Fragen wir ebenso naiv wie präzise, ob wir einfache Kriterien für rechtes – und damit auch den Widerspruch, also linkes – Verhalten anführen können. Ich unterziehe mich solcher Prüfungsfrage mit Vergnügen, es fällt mir die Antwort in einigen sinnfälligen Beispielen nur allzu leicht:

Rechts stand für mich, wer – und hier findet mein »kleiner SPD-Funktionär« seinen Platz – in Berlin an einer pro-amerikanischen Kundgebung teilnahm, die in ihrem spezifischen Kontext eine Manifestation zugunsten der amerikanischen Kriegsführung in Vietnam war.

Rechts stand, wer da dem souveränen Staat Kuba nicht das gleiche Recht zuerkannte wie dem souveränen Staat Türkei, nämlich: auf seinem Territorium einer verbündeten Macht Raketenbasen einzuräumen.

Rechts steht, wer zwar den sowjetischen Gewaltakt gegen die CSSR verurteilt, nicht aber ganz ausdrücklich von den Geschehnissen in Vietnam als einem Genozid spricht (siehe Jean-Paul Sartres Aufsatz ›Le Génocide‹ in ›Les Temps Modernes‹, Nummer 259). Rechts steht, wer den bösen Prager Streich von 1948 verdammt, nicht aber die Bagatelle von Guatemala 1954, wer gegen das Kidnapping Tschombes protestiert hat, ohne sich vorher empörter wider die scheußliche Ermordung Lumumbas aufgelehnt zu haben, wer der Niederschlagung der griechischen Revolution 1949 applaudierte und die verschleierte Diktatur einer feschen Königin als Rettung des Landes vor der totalitären Gefahr pries, wer den von einer auswärtigen Großmacht und deren Geheimdienst organisierten Putsch gegen Mossadegh 1953 widerspruchslos akzeptierte und an der den Volkswillen verhöhnenden Entmachtung Goularts in Brasilien 1964 nichts auszusetzen fand. Die Reihe der hier ganz assoziativ und willkürlich gewählten Beispiele ließe sich verlängern wie eine Leporelloliste. Ich muß mich wieder auf unreflektiert exemplarische Klischees beschränken. Immerhin läßt sich in diesem Zusammenhang noch zurückkommen auf das Problem der

Rand- und Zwischenzonen, die im Zwielicht liegen. François Bondy nannte einige typische Persönlichkeiten, die in »keines der Lager« gehören. Er wird vielleicht besser wissen als ich, wie seine Beispielträger Richard Löwenthal, Herbert Lüthy, Manès Sperber, F. R. Allemann, Arthur Schlesinger, Richard Crossman, André Philip, Ignazio Silone angesichts der oben angeführten Ereignisse reagierten. Aus ihren Reaktionen kann er jedenfalls ablesen, ob sie in dem von mir proponierten Sinne Linksintellektuelle sind oder nicht, dies ungeachtet der Wahrscheinlichkeit, daß sie selbst es ablehnen dürften, sich mit dem von notorischer Unreflektiertheit fabrizierten Etikett versehen zu lassen. Im allgemeinen verhält es sich, glaube ich, so, daß die Rand- und Zwischenzonen gerade durch dramatische Konstellationen plötzlich aufgehellt werden, so daß Rechts und Links dann mit einem Schlage sogar in diesem undeutlichen Bereich sich identifizieren und mit der je fundamental verwandten Gesinnung solidarisieren.

Daß die Dinge im politischen und sozialen Diskussionsraum trotz der gelegentlichen Leuchtblitze anläßlich geschichtlicher Dramatik niemals offen zutage liegen – nun, ich würde meinen, daß gerade diese Feststellung eine geistig nicht gewinnbringende Selbstverständlichkeit ist. François Bondy notiert, man könne seines Erachtens linksintellektuell nur dann sein, wenn man bereit ist, die eigenen Vorurteile und Voraussetzungen ständig in Frage zu stellen. Richtig. Aber wer auf der Linken tut denn etwas anderes? Was meine unwichtige Person betrifft, so habe ich in einem Beitrag in der ›Weltwoche‹ (›Entwurf eines neuen Klassenbewußtseins‹, Nummer 1767 und 1768 vom 22. und 29. September 1967) wörtlich geschrieben: »Die erste Forderung ist kritische Reflexion und Kontestation des tradierten linken Gedankengutes. Die zweite geht auf Neuformulierung der sozialen Problematik. Kritik denn – unablässige und engagierte – nicht nur an einem theoretisch erstarrten, entdialektisierten Marxismus, sondern auch an der Praxis der Ostblockstaaten ...«

Die pluralistische Uneinigkeit der Linksintellektuellen mag ihr politisches Verhängnis sein: Sie ist jedenfalls ihre intellektuelle Ehre. Und sie ist ihre permanente Selbstdefinition. Der Ratschlag zu reflektieren – oder, um für einmal dieses häßliche, typisch linksintellektuelle Modewort von gestern preiszugeben: Der Ratschlag *nachzudenken* wurde befolgt, noch ehe er gegeben ward. Das von François Bondy evozierte »Risiko der Mißdeutung« geht jeder Linksintellektuelle mit jedem Wort ein; die gleichfalls beschworenen »nichtgewünschten Sympathien« und »ungewollten Gegnerschaften« verfolgen ihn. Er hat es nicht leicht und er macht es sich nicht leicht – auch wenn er, herausgefordert von einer jäh sich enthüllenden Konfliktsituation, einen Zeitungsartikel schreibt, in dem er nicht rechts, links, Kapitalismus, Sozialismus, Revolution, Reformation, Entfremdung, Befriedung umfänglich definieren kann.

Mein Kritiker war so ausführlich – und hat in diesem Bemühen um Weite des Zugriffs auf das Problem sogar die nicht ganz begreifliche Frage gestellt, ob de Gaulle ein Linksintellektueller sei, weil er zeitweise Vorbehalte gegen die NATO hatte –, daß es unmöglich ist, in allen Punkten auf einen Demystifikationsversuch einzugehen. Darf ich aber vielleicht noch ein paar Stellen mir vornehmen, da auch sie die Gegensätze zwischen B und A sehr deutlich und greifbar machen? François Bondy führt ins Treffen, daß die interkommunistische ideologische Weiterentwicklung durch bestimmte Erfolge des Westens angestachelt wurde, daß durch ebendiese Erfolge der wirtschaftliche Revisionismus im Osten, die Wiederentdeckung der »Rolle des Konsumenten«, möglich geworden sei. Das Argument trifft in einer weit obenauf gelegenen Schicht sozialphilosophischen und psychologischen Denkens: Natürlich will jeder Tschechoslowake seinen Skoda haben. Es ist aber für mich die charakteristische Selbstsituierung meines Zensors als eines Mannes der Rechten! Die »Wiederentdeckung des Konsumenten«, die Wirtschaftsreform war, wie ich es sehe, das am wenigsten begeisternde Element des tschechoslowakischen Modells. Man muß nicht so weit gehen wie Alberto Moravia, der in seinem Buch ›Die Kulturrevolution in China‹ sagt: »Das China in seiner heutigen Lage ist das Beispiel für die arme, das heißt die normale und menschliche Menschheit, die Vereinigten Staaten sind das Beispiel für die reiche, also anomale und unmenschliche Menschheit ...« Nein, man muß nicht so weit gehen, um dennoch nicht in Verzückung zu geraten angesichts des Menschen in der »Rolle des Konsumenten«. Daß der Mensch konsumieren muß, um Mensch sein zu können, ist gewiß. Konsum ist auch ein Teil der Expansion seiner Menschlichkeit. Daß er aber nicht Mensch sein soll, um zu konsumieren, wie die Pyramidenspitze der Marktwirtschaft, der kapitalistischen, die ich beim besten Willen nicht als »Mischform« sehen kann, das so will, dies erscheint mir als ein ebenso dringliches Gebot. Wer in der tschechoslowakischen Januar-Revolution in erster Linie den Willen zu einem menschlichen Sozialismus sieht, der steht links. Wer dieses Ereignis begrüßt als einen Triumph dessen, was Erhard einst die soziale Marktwirtschaft genannt hat, steht rechts. Womit wir wieder an dem Problem links und rechts angelangt wären.

Mag sein, es geht in letzter Analyse um eine fundamentale *Wahl* – und François Bondy hat recht, wenn er von einer »existentiell« bestimmten linken Haltung spricht, einer »biographischen«. Sofern ein persönliches Wort mir gestattet ist, würde ich beifügen, daß in meinem Falle das Wählen des linken Lagers mir leicht wird, weil ich niemals und nicht einmal in der Résistance und im Après-guerre der Faszination des Stalinismus unterlag und mir nachher die Bitterkeit der Enttäuschung erspart blieb. Ist man auf biographisch-existentielle Weise »Linksemotioneller« eher denn Linksintellektueller? Daß die Emotion den Intellekt ausschließt, ist zumindest nicht sicher. Sie steht am Anfang als Entrüstung über Ungerechtigkeit und Unterdrückung, durchläuft die Stadien der Reflexion, läutert sich, mündet schließlich wieder in sich selbst ein. Einen Linksemotionellen will ich mich gerne und mit einigem Stolz nennen lassen, wenn man mir nur das bißchen Intelligenz und Rationalität, um das ich mich bemühe, zubilligt. Die Wahl, von der ich sprach, die Wahl zwischen dem so und so Seienden und dem Noch-Nicht, ist allemal zu treffen. Und sie kann in den skurrilsten Spielarten von uns gefordert werden. François Bondy nennt einen Großverleger, der nicht nur tschechische Autoren betreut, sondern, soviel ich weiß, auch ein bemerkenswertes Buch, ›Die grünen Teufel‹, geschrieben zu Ehren der Marines und ihrer Heldentaten in Vietnam, der deutschsprachigen Welt zugänglich macht. Und er meint, zwischen diesem Verleger und den »stinkbombenwerfenden Studenten« habe er schon gewählt. Ich auch. Ich zitiere Herbert Marcuse (›Weltwoche‹, Nummer 1822, 11. Oktober 1968): »Ich fühle mich solidarisch mit der Bewegung der zornigen Studenten«, auch wenn man mich dort zum liberalen alten Eisen wirft. Daß unter den Studenten (und Nichtstudenten) politische Dilettanten, Flegel, Dummköpfe sind, weiß ich so gut wie mein Kritiker. Es erschreckt mich nicht: Stinkbomben sind kein Napalm, die Störung der Buchmesse ist kein Genozid. »Law and order«, die augenblicklich im amerikanischen Wahlkampf in mancherlei Modifikationen eine so zentrale Rolle spielen, sind mir nicht unter allen Umständen heilig.

Ein letztes Wort, und dies zu François Bondys Frage, ob das »Bedürfnis nach amerikanischem Schutz, das ein Willy Brandt, ein dänischer, ein norwegischer Sozialdemokrat empfinden, ›reaktionär‹ sei, ob es eine sündige Gemeinschaft zwischen diesen westlichen Sozialdemokraten und den griechischen Obersten schaffe ...« Mit dem Begriff der Sünde kann ich mich nicht anfreunden. Die Motivationen der westlichen Sozialdemokraten sind mir verständlich, gewisse Nötigungen der Realpolitik auch. Daß aber die Gemeinschaft objektiv besteht, ist wohl nicht zweifelhaft, und daß die griechischen Obersten, daß das Regime Franco, daß Südafrika, Portugal, die lateinamerikanischen Diktaturen als Bollwerke der »freien Welt« die Sozialdemokratien ebenso alterieren und verderben, wie die Intimität mit dem Stalinismus die kommunistischen Parteien des Westens infizierte und schließlich auf den Tod krank gemacht hat, dessen bin ich gewiß. Man treibt sich nicht ungestraft in schlechter Gesellschaft herum. Man wird von ihr geprägt, wider Willen, und muß es sich dann gefallen lassen, durch das gleiche Klischee gekennzeichnet zu werden.

Der Identitätsverlust der Neuen Linken (1969)

Erkenne ich die Signale richtig, dann ist der Augenblick gekommen, an dem die Neue Linke ihre Positionen radikal revidieren, eine Selbstdefinition auf neuen Grundlagen erarbeiten, eine brauchbare, für die Welt entzifferbare Imago finden muß. Die Kritik an der Theorie und Praxis neolinker Aktivität kommt zuhauf – und die Warner, Unzufriedenen, die resigniert Abwinkenden sind vielfach »repressiver« und »faschistoider« Tendenzen unverdächtig.

In Paris schreibt Jean-Marie Domenach, einstiger Widerstandsmann, antifaschistischer Publizist von langer Hand her, engagierter Linkskatholik: »Die Sprache der Kontestation, früher erfinderisch und poetisch, versteinert in einem absurden Manichäismus (...). Die Wortführer der jungen Linken verhalten sich, als lebten sie inmitten eines apokalyptischen Klassenkampfes, einer unbarmherzigen Diktatur. Den Lügen der Macht stellen sie ein lügenhaftes Vokabular entgegen, wenn sie nämlich von blutiger Repression, dem Elend der Massen, dem in Agonie liegenden Kapitalismus sprechen ...« – Gleichfalls aus Frankreich redet uns die Stimme des deutsch-französischen Hochschullehrers Alfred Grosser an: »Für die Vorhut der revolutionären Studenten ist man ein Unterdrücker, sobald man ihnen nicht erlaubt, alles zu treiben, was sie wollen, sei es auch zum Schaden aller anderen. Der Satz ›Es ist verboten zu verbieten‹, wird neu formuliert und lautet jetzt: ›Es ist verboten, uns irgend etwas zu verbieten, aber es ist uns gestattet, alles zu verbieten, was wir nicht wünschen‹ (...). ›Vilar, Béjart, Salazar!‹ riefen vor einigen Jahren beim Avignon-Festival die jungen Rebellen. Es gab einen Naziführer, der seinen Revolver ziehen wollte, wenn er das Wort Kultur hörte. Wer ist es heute, der gegen jede Kultur, die ihm nicht paßt, die Trillerpfeife, wenn nicht den Schaufelstiel in Aktion treten läßt?« In der Bundesrepublik – und damit seien die paar, wie mir scheint, unerläßlichen Zitate abgeschlossen – notiert als Kritiker nicht so sehr der Praxis als der Theorie des junglinken Aktivismus der Philosoph und Soziologe Ernst Topitsch in einem eben erschienenen Pamphlet ›Freiheit der Wissenschaft und der politische Auftrag der Universität‹: »Hatte Carl Schmitt im

Dienste des Dritten Reiches die Volks- und Rassefremden und Ernst Bloch in demjenigen des Ulbricht-Regimes die Klassenfremden disqualifiziert, so tut Marcuse dies mit allen, die im Rahmen der ›bestehenden falschen Ordnung der Tatsachen‹ sich nicht zur ›Großen Weigerung‹ auf dem Wege nach Utopia bereitfinden. Im Schutze solcher Strategen kann man natürlich mit historischen Tatsachen recht großzügig umgehen. So wird bei Marcuse die moderne Wissenschaftstheorie, welche in den autoritären und totalitären Systemen als gefährliches Ferment der Freiheit bekämpft wurde und noch wird, als Herrschaftsideologie denunziert, die Dialektik aber, die von der preußischen Militärmonarchie bis zu den Diktaturen Hitlers und Stalins noch jeder Herrschaft zu willen war, als Logik des Protests und der Befreiung gepriesen.«

Es wird also, wie wir aus den angeführten Aussprüchen erkennen, von zwei Seiten her die Neue Linke in die Schranken der Diskussion gefordert: Einerseits hält man ihr den »absurden Manichäismus« vor, den ihr *praktisches* Verhalten ausdrückt, und zum anderen werden die *theoretischen* Grundlagen, aus denen ein solcher Manichäismus hat erwachsen können, in Frage gestellt. Es wird sich zeigen, und zwar sehr bald, ob man in junglinken Milieus bereit und intellektuell gerüstet ist, die gepflogene Praxis und die ihr zugrunde liegende Theorie ernsthaft – das heißt hier: rational, emotionsfrei und mit einem unerläßlichen Minimum an gutem Willen – zu debattieren, oder ob man den Weg der Fazilität geht und Verachtung, Hohngelächter und die von Grosser erwähnte Trillerpfeife einsetzt. Dann wird sich herausstellen, ob erstens der bereits da und dort im Gespräch aufklingende Begriff einer »faschistoiden Linken« sich traurig legitimiert und ob schließlich zweitens ein authentisch-faschistischer Reflex auf der Rechten mit allen seinen Folgen auf brutalere und, wer weiß, blutige Weise der ganzen Auseinandersetzung ein jähes Ende bereiten wird.

Von der persönlichen Unruhe zu sprechen, die mich seit geraumer Zeit gerade wegen der Entwicklung in Deutschland erfaßt hat, kann ich mir nicht ersparen. Ich glaube die Mentalität der revolutionären Linken sowohl in diesem Lande als auch in Frankreich einigermaßen zu kennen: Die Kenntnis zwingt mir im Hinblick auf Deutschland einige Konklusionen auf, die ständig, im Maße wie ich sie weiterführe, neue Unruhe hervorrufen. Was mir im persönlichen Umgang mit französischen Junglinken einerseits, deutschen andererseits merkbar wird – ein in allem revolutionären Furor sich erhaltender ironischer, gelegentlich auch gutmütig-zynischer Humor westlich des Rheins, eine düstere Bitterkeit und ein namenlos akademischer Ernst östlich –, ist gewiß nicht Sache eines fragwürdigen »nationalen Temperaments«, hingegen ist es rückführbar auf die objektiv sehr verschiedenen Situationen, durch welche die linken Gruppen in Frankreich und Deutschland bedingt sind. Wie immer es nämlich bestellt sein möge um den verstockten Konservativismus der französischen Rechten (»La droite la plus bête du monde« hat einst Guy Mollet gesagt), um die theoretische Hilflosigkeit der französischen Sozialdemokratie, um die petrifizierte Struktur der Kommunistischen Partei Frankreichs: Unleugbar ist es dennoch so, daß Frankreichs radikale Linke, die während der Mai-Juni-Revolte 1968 am Ende doch von der Arbeiterschaft unterstützt wurde und zeitweilig sogar mit den Sympathien des Mittelstandes rechnen durfte, nicht in einem politischen Vakuum steht. Die revolutionäre Tradition, erscheine sie auch nur noch als Liturgie, ist nicht völlig liquidiert; die Kommunistische Partei Frankreichs kann, selbst wenn sie es wollte, was noch nicht ausgemacht ist, ihr revolutionäres Erbe nicht preisgeben; die Intelligenzia in ihrer kompakten Majorität steht links. Frankreichs Junglinke hat ein vom Herkommen umfangenes, in der Geschichte der Republik wurzelndes Selbstbewußtsein. Sie zehrt vom unerschöpflichen Kapital eines allgemeinen Wohlwollens, das selbst noch in den oben zitierten kritischen Auslassungen Domenachs und Grossers nicht fehlt.

In Deutschland dagegen lebt die revolutionäre Linke in einer quälenden und als gequälte Aggressivität reaktiv sich dartuenden Isolation. Diese Vereinsamung, die immer wütendere Reflexe erzeugt, welche ihrerseits dann der Rechten ihre Argumente an die Hand geben, läßt Deutschlands Neue Linke verzweifelt nach einem doppelten Ausweg suchen: Man verbündet sich mit peripheren, an den Grenzen der Kriminalität sich bewegenden Gruppen wie den »Rockers« in Berlin; und man flüchtet nach vorn in die »Große Weigerung« eines irrationalen Begriffs-Fetischismus. Die Querverbindung zu Rabauken, die im besten Falle »rebels without a cause«, im schlimmsten Gangster in Kleinformat sind (Frankreich hat da allerdings auch sein Beispiel in den »Katangais«, die sich im Mai 1968 an der Sorbonne breitmachten!) – diese Querverbindung ist objektiv erklärbar, wenn darum auch keineswegs entschuldbar, durch die Haltung der deutschen Arbeiter: Diese hassen offensichtlich immer noch die Revolution wie die Sünde und sind nicht willens, den revolutionären Studenten auch nur den kleinen Finger zu reichen. Das Bündnis mit der Rocker-Subkultur kompromittiert die Linke, was hinzunehmen wäre: Daß es sie aber auch *korrumpiert*, ist ebenso inakzeptabel wie auf die Dauer unvermeidlich. Muß man auch für derartig widernatürliche Allianzen Herbert Marcuse verantwortlich machen, der, namentlich in seinem Buch ›Der eindimensionale Mensch‹, die Arbeiterschaft gleichsam abschrieb und alle Hoffnung der Revolutionäre auf Randgruppen verwies und damit verstieß? Man darf eine solche Frage gewiß nicht so ohne weiteres bejahen. Man ist aber leider gezwungen, sie zu stellen, was schon schlimm genug ist.

Nun ist zwar gewiß, weil da und dort gewöhnliche Radaumacher sich unter protestierende Studenten mengen, noch nicht alles verloren, und durchaus mag es sein, daß die Verbindung der linken Intelligenz mit der Zwischenwelt nur eine unerhebliche Episode gewesen sein wird. Was meines Erachtens schwerer wiegt, ist der Neuen Linken theoretische Verstiegenheit: »Verstiegenheit« sei hier zurückgeführt auf den metaphorischen Inhalt des Ausdrucks, der die Situation eines im Fels weder vorwärts noch rückwärts weiter gelangenden Alpinisten meint. Die deutsche Junglinke hat sich, mehr als die französische, die amerikanische oder gar die englische, im Begriffsgeröll verstiegen. Sie hat niemals sich der Untersuchung gestellt, wie haltbar die marxistisch-hegelianisch-marcusisch-adornitischen Begriffe sind: Jeder mit den Methoden logischer Stringenz vorgenommenen Analyse entzieht sie sich in mehr oder weniger großer »Weigerung«, deren letzte Ausrede zumeist darin besteht, es seien Logik beziehungsweise Logistik, ja es sei die ganze positive Wissenschaft überhaupt »Ideologie« – Ideologie der Herrschenden. Das ist ein allzu bequemer Weg, sich der Unbequemlichkeit eines Nachdenkens zu entziehen, dessen Ergebnis gewißlich eine durchaus anti-repressive Toleranz sein würde.

An dieser Stelle habe ich einem Mißverständnis vorzubeugen: Der Anschein soll vermieden werden, als identifizierte ich mich hier einschränkungslos mit den kritischen Bemerkungen des positivistischen Philosophen Ernst Topitsch, die oben zitiert wurden. Davon kann gar keine Rede sein. Sowenig das Verhalten eines dem Ulbricht-Regime »dienenden« Ernst Bloch gleichgesetzt werden darf mit der NS-Loyalität nur allzu vieler deutscher Hochschullehrer (da es doch gar nicht angezweifelt werden kann, daß noch im deterioriertesten sozialistischen Staat *Möglichkeiten eines Humanen* geborgen sind, welches der Nationalsozialismus mit Stumpf und Stiel schon am Anbeginn auszurotten sich aufmachte), sowenig ist es statthaft, die dialektische Denkbewegung abzutun, weil sie angeblich »noch jeder Herrschaft zu willen war«. Politik und Philosophie kommen nicht aus ohne die über das Sosein hinausstrebende dialektische Antriebskraft, ohne das kontestierende negative Denken. Sie geben sich aber preis, wenn sie nicht zugleich auch sich selbst positivistisch zu erfassen suchen, präziser gesagt: wenn sie sich der Kontrolle durch das positive Denken nicht unterwerfen. Die Dialektik kann über den Positivismus hinauslangen: Sie ist nichts wert, wenn sie ihn ignoriert oder als »Ideologie« beiseite schiebt.

Wie sehr auch das dialektische Instrument in den Händen der deutschen Junglinken mutierte und zu einem ideologischen Werkzeug wurde, ahnt diese Linke nicht; in welchem Ausmaße sie sich »entfremdet« in ihrer dialektischen Begriffs-Idolatrie, hat sie nicht erkannt. Die spezifisch deutsche geschichtliche und geistesgeschichtliche Situation – muß sie noch einmal zum Verhängnis werden? Es gibt einen Satz Thomas Manns – ich zitiere aus dem Gedächtnis –, der annähernd den folgenden Wortlaut hat: Klänge es nicht so vermessen, man wäre versucht zu sagen, daß die Nazis ihre Verbrechen aus weltfremdem Idealismus begangen haben. Weltfremden Idealismus finde ich leider auch bei der deutschen Junglinken wieder, wenngleich von Verbrechen gar keine Rede sein kann und der beleidigende Vergleich zwischen dem Irrealismus der deutschen Protestjugend von heute und dem Sadismus der Schlägertypen von 1933 mir gar nicht in den Sinn kommt. Immerhin: Die *Wurzeln* der »Weltfremdheit« sind dieselben. Wir erkennen sie in der permanenten deutschen Konterrevolution, die jeden revolutionären Elan, den bürgerlichen erst, den proletarischen danach, erstickte; und wir finden sie in der übermächtigen Auswirkung der deutschen idealistischen Philosophie, die sich als Welt- und Wirklichkeitsflüchtigkeit perpetuierte bis zur menschlich ebenso attachierenden wie philosophisch undeutlichen Gestalt eines Herbert Marcuse.

Nur am Rande sei hier hingedeutet auf gewisse, nicht ganz geheure, zivilisationskritische Obertöne in Marcuses Werk, die wir heraushören aus Sätzen wie diesen: »Nur im Medium der Technik werden Mensch und Natur ersetzbare Objekte der Organisation. Die allseitige Leistungsfähigkeit und Produktivität des Apparates, unter dem sie subsumiert werden, verschleiern die den Apparat organisierenden partikularen Interessen. Mit anderen Worten – die Technik ist zum großen Vehikel der Verdinglichung geworden, der Verdinglichung in ihrer ausgeprägtesten Form. Die gesellschaftliche Stellung des Individuums (...) erscheint als berechenbare Manifestation wissenschaftlicher Rationalität. Die Welt tendiert dazu, zum Stoff totaler Verwaltung zu werden, die sogar die Verwalter verschlingt ...« Derlei Überlegungen sind angestellt ganz und gar aus dem Geiste der idealistischen und irrationalistischen deutschen Geistestradition. Ihre Auswirkungen für den junglinken Aktivismus werden manifest, wenn sich der junge deutsche homme revolté den Problemen der irreversibel sich ausdehnenden Technizität moderner Industriegesellschaft entzieht und seine Blicke – fast möchte man sagen: traumverloren – richtet nach einer Welt, die im Sinne von Günther Anders keine »Geräte« hat, nach der prätechnischen Dritten Welt, von der man meint, sie setze hinweg über die versäumten Jahrhunderte, gelange über den Weg der violenten Revolution beziehungsweise des »nationalen Freiheitskampfes« direkt aus der Hölle der Kolonisation in das Paradies des integralen Menschen. Deutscher Idealismus, deutscher Irrationalismus, deutsche Romantik sind eingedrungen in den geistigen Raum der Linken und sind drauf und dran, dem revolutionären Denken und Handeln die nur unter den Bedingungen disziplinierter Rationalität bewahrbare Identität zu rauben.

Meine ich damit, es bestehe eine unmittelbare Gefahr, daß Deutschlands junge Linke einen faschistoiden bis faschistischen Charakter annehme? Ich sehe keine solche Drohung.

Trotz begrifflicher Verstiegenheit, trotz Intoleranz und romantischer Versuchung sind die Junglinken Deutschlands zu intelligent, zu belesen, zu international informiert, letzten Endes auch, sofern persönliche Erfahrungen mir ein Urteil gestatten, zu gutartig, als daß sie zum qualitativen Sprung von Linksradikalismus zum Faschismus bereit wären.

Die Gefahren liegen anderswo. Über kurz oder lang nämlich wird, so glaube ich, die Neue Linke sich der theoretischen und praktischen Ausweglosigkeit ihrer Aktion bewußt werden. Die beharrliche Weigerung der stets evozierten »Massen«, namentlich der Industriearbeiterschaft, sich von den selbsternannten Bewußtseinsbildnern erwecken und anführen zu lassen, wird diese in eine Verfassung der Frustration treiben, an deren Ende Zerfall, Sektenstreit, schließlich allgemeine Lethargie stehen müssen. Schon ist es ja so, daß der »absurde Manichäismus«, von dem J. M. Domenach spricht, nicht nur in Deutschland die besten Köpfe und Kräfte dem Linksradikalismus entfremdet. Die Frustration wird man nicht konvertieren in revolutionäre und rationale Energie, sondern in Resignation und eine neue politische Indifferenz.

Währenddessen aber wird die Rechte, die heute schon auf der Lauer liegt, die ihre viel solideren und präziseren Hoffnungen auf eine kommende autoritäre bis faschistische Ordnung nicht aufgegeben hat, am Werke sein. Sie wird – und tut das ja schon zur Stunde – mit der Vogelscheuche des Chaos wedeln und dabei, man verlasse sich darauf, in Deutschland das Ohr der demokratisch unzulänglich erzogenen, nur auf Ruhe und Ordnung bedachten »Massen« finden. Ich komme nicht los von der Befürchtung, es werden eines Tages die »Bewußtseinsbildner« zur schrecklichen Einsicht gelangen, daß *sie* es waren, die in den Massen jenes *falsche* Bewußtsein aufgebaut haben, welches der Faschismus noch immer mit überlegenem Geschick seinen Zwecken dienstbar gemacht hat.

Es ist spät, aber vielleicht noch nicht zu spät. Pflicht der *alten* Linken ist es jedenfalls, unermüdlich, ungebrochen von Spott und Verachtung, auf Grund besserer Lebenseinsicht und weitläufigerer politischer Erfahrung, Deutschlands junge Linke zu warnen. Der Versuch, die im Gebirg verstiegenen Kletterer zu bergen, darf nicht aufgegeben werden.

Rückkehr des Positivismus? (1971)

Die geistesgeschichtlichen Landschaften verändern, im Maße wie man sich zeitlich von ihnen entfernt, ihre Konturen und damit ihre von den Zeitgenossen ihnen verliehenen politischen Titel. So konnte beispielsweise die deutsche Romantik, entsprechend dem Zeitort, von dem aus man sie in Augenschein nahm und beurteilte, erst als der Anbruch einer Moderne sich ausnehmen, danach als reaktionäre Verfinsterung der Szene, wiederum später, da sie doch gewisse psychologische, ja sogar psychoanalytische Erkenntnisse vorweggenommen hatte, als fortschrittliche Erhellung – bis sie schließlich als dies alles zusammen in ihrer unauflöslichen Widersprüchlichkeit von der Historie überschaut und konserviert wurde. Ganz ähnlich erging es offenbar dem Positivismus und namentlich seiner entwickeltsten Form: dem Neopositivismus.

Er, dieser Neopositivismus, war die letzte und wie seine Vertreter meinten, unüberschreitbare, richtiger gesagt: nur innerhalb seines eigenen Gefüges durch sich selbst überholbare Errungenschaft philosophischen Denkens. Dies war die Lage in den dreißiger Jahren. Niemand hätte je gedacht, es könne positivistisches Denken in seiner Breiten- und Tiefenwirkung je wieder abgelöst werden durch eine Denkrichtung, die sich damals ausnahm wie ein Kuriosum aus tiefer Vergangenheit: die Dialektik Hegelscher Observanz. Man weiß, wie es anders kam. Die Neo-Hegelianer triumphierten auf der ganzen Linie, und nach dem Zweiten Weltkrieg wurde langsamerhand auf dem europäischen Kontinent der Positivismus zu einem philosophischen Fossil oder sogar zu einem philosophischen Schimpfwort. In Diskussionen genügte es oftmals, den gegnerischen Debatter positivistischen Denkens zu überführen (oder ihn auch nur als Positivisten zu denunzieren), um ihn unmöglich zu machen. Kaum ein Denker wagte es, sich als Positivist zu bekennen, aus Angst, er verscherze sich damit jegliche persönliche Sympathie und intellektuelle Achtung.

Heute stehen wir vor einer erheblich veränderten Situation. In Deutschland jedenfalls – aber vielleicht auch in Frankreich, wo der Sartresche Einfluß verblaßt vor strukturalistischen Intentionen, von denen sich Fäden spinnen lassen zu positivistischen – geht es zu Ende mit der Alleinherrschaft, welche die Dialektik so rund zwei Jahrzehnte ausgeübt hat. Ziemlich einsam steht unter den großen Figuren der deutschen zeitgenössischen Philosophie noch der Dialektiker Ernst Bloch, eine verehrungswürdige Prophetengestalt eher denn eine fachphilosophische Präsenz. Natürlich ist dies alles nicht so wörtlich zu nehmen, und Symbolsituationen haben die kleine Unannehmlichkeit an sich, daß sie die Realität niemals ganz sauber und widerspruchslos spiegeln. Noch immer sind dialektische Bataillone an strategisch wichtigen Punkten wirksam, und Adorno-Schüler, vor allen anderen Jürgen Habermas, werden auf lange Zeit hin noch dialektische Brückenköpfe halten. – Doch genug der militärischen Metaphern! Was wir jedenfalls einsehen können, ist der Tatbestand, daß das dialektische (lies: neo-hegelianische bis neo-marxistische) Denken einerseits im blinden und recht eigentlich idealistisch verstiegenen Aktionismus der Neuen Linken, andererseits in der Begriffs-Scholastik dialektischer Fachphilosophie vor unseren Augen sich selbst aufhebt. Was wird an seine Stelle treten?

Nicht ohne guten Grund habe ich im Titel nach ›Rückkehr des Positivismus‹ ein Fragezeichen gesetzt. Mein Eindruck geht dahin, daß wir einem *retour en force* des Positivismus entgegengehen. Aber in der Geistesgeschichte sind Prognosen nicht weniger riskant als im politischen Felde – und so bleibe denn der fragende Vorbehalt stehen, ehe ich versuche, ganz knapp und in unerläßlicher Vereinfachung darzulegen, worauf meine Voraussage sich stützt.

Wir haben zunächst einmal zurückzugreifen auf das, was als ›Positivismusstreit in der deutschen Soziologie‹ zu einem Schlagwort wurde, seit vor nahezu zehn Jahren zu diesem Thema Theodor W. Adorno und Sir Karl Popper in Tübingen referierten, insbesondere aber seit der Luchterhand-Verlag die weitere Auseinandersetzung hierüber, zu der nebst Adorno und Popper auch Hans Albert, Jürgen Habermas, Ralf Dahrendorf und einige andere Gelehrte beitrugen, im Rahmen seiner ›Soziologischen Texte‹ 1969 herausbrachte. Hier trat trotz gebotener akademischer Höflichkeit auf beiden Seiten der Konflikt in seiner ganzen Schärfe zutage:

Die Dialektiker (Adorno, Habermas) hielten den Positivisten vor, ihre Auffassung vom Wesen und den Aufgaben der

Philosophie und der Soziologie sei erstens wissenschaftslogisch nicht so wohlverankert, wie man auf positivistischer Seite meine, und diene zweitens der bestehenden Ordnung als manipulierende und manipulierbare Ideologie.

Die Positivisten führten ins Treffen, es zeitige die dialektische Reflexion überhaupt niemals sachhaltige Erkenntnisse, sei vielmehr ihrerseits Ideologie, und zwar Ideologie dogmatisch-theologischen Charakters, die brauchbar sei sogar zur Rechtfertigung konservativen politischen Verhaltens.

Für die Dialektiker sind die Positivisten Leute, die niemals etwas begriffen haben vom Auseinanderfallen von Gesellschaft und Individuum, die gesellschaftliche Vermittlung und Verstricktheit jeglichen Erkennens leugnen und sich flüchten in eine »Wertfreiheit«, die es nicht gebe, da doch jegliches Denken sozial mediatisiert und darum allein schon werthaft besetzt sei.

Die Positivisten dagegen beharren auf den mystifizierend-mystagogischen Akzenten dialektischen Philosophierens, aus dem sich schließlich alles folgern lasse und womit jede politische Struktur zu rechtfertigen sei.

Unmöglich kann ich mir anmaßen, hier richten zu wollen zwischen den Argumenten, die von beiden Seiten, der dialektischen wie der positivistischen, mit nicht geringem Aufwand an Scharfsinn, spekulativem Elan und authentischer Gedankentiefe schon seit vielen Jahren vorgebracht werden. Nicht nur *kann* ich nicht richten – ich will das auch nicht. Denn ich glaube in der Tat *an die Notwendigkeit einer Koexistenz von Dialektik und Positivismus,* von Bewerten und wertfreiem Erkennen, von analytischer und dialektischer Vernunft. Nur scheint mir, daß das Pendel im Begriffe steht, auszuschlagen nach der positivistischen Seite, da die Philosophie es offenbar müde wird, sich spielerisch weiter zu üben in Reflexion und Konter-Reflexion, da die Positivisten sich nicht länger einschüchtern lassen durch den Vorwurf der »Oberflächlichkeit«, den man in den letzten Jahrzehnten ebenso nachhaltig gegen sie erhob, wie man einst um die Jahrhundertwende jegliche Form des Rationalismus von irrationalistischer Seite aus als »Aufkläricht« denunzierte.

Die kritische Vernunft des Positivismus (nicht zu verwechseln mit der dialektischen »kritischen Theorie«) erhebt sich gegen die von Sartre so benannte *raison dialectique* und wagt es, ihre Argumente vorzubringen. Vor allem bricht sie energisch das Tabu, das der Neo-Hegelianismus aufgerichtet hat. Man kann, darf also denken, jenseits von Hegel, über Hegel hinaus. Man kann, darf die Dialektik in Frage stellen. Ernst Topitsch sagt: »Hegel denkt durchaus in gnostischen Modellen: Gott verendlicht sich zur Welt und kehrt in dem sich aus der Endlichkeit befreienden Ich zu sich selbst zurück.« Dergleichen Feststellungen bleiben von dialektischer Seite aus nicht unwidersprochen, natürlich nicht. Sie finden aber bereits unerwarteten Widerhall, und der Anwurf der Oberflächlichkeit, die übrigens noch niemand hinreichend definiert hat, die aber als magische Bannformel nur um so öfter und gedankenloser gebraucht wurde, verfängt nicht mehr. Ist aber erst einmal das irrationale Anathema, das gegen den Positivismus geschleudert wurde, außer Geltung, und ist andererseits nicht mehr jede philosophische »Reflexion«, die verzückt ihre eigenen Widersprüche spiegelt, durch die Berufung darauf, daß sie dialektisch sei, unangreifbar, kann ein neues und vorurteilsfreies Denken, das in einer permanenten Läuterung und Differenzierung des vielverlästerten *common sense* besteht, sich neuerdings hervorwagen.

Der Positivismus hat ein gutes philosophisches Gewissen und muß nicht unbedingt ein schlechtes politisches haben. Denn keineswegs – um politisch zu argumentieren – ist positivistisches Denken als »Rechtfertigung des Bestehenden« historisch auf der Rechten angesiedelt. Das Gegenteil ist wahr.

Positivistische Philosophie, bezogen hier auf die Emanzipation des Menschen vom Druck der Wirklichkeit und von der Pression des metaphysischen Dogmatismus, war immer schon, sofern wir bei den gängigen Kategorien von »rechts« und »links« bleiben wollen, ein eminent *linkes* geistiges Erlebnis. Von David Hume über Auguste Comte, d'Alembert zu Ludwig Feuerbach, Richard Avenarius, Ernst Mach und schließlich zu den Neopositivisten des »Wiener Kreises«, war positivistisches Philosophieren stets ein radikal emanzipatorisches. Keineswegs war es ein Zufall, daß das Haupt des Wiener Kreises, Moritz Schlick, im Jahre 1936 unter dem deutlich vernehmbaren Beifall der kleriko-faschistischen Rechten von einem rechtsorientierten, querköpfigen Studenten in der Aula der Wiener Universität erschossen wurde.

Wer, wie der Verfasser dieses Beitrags, diese Epoche erlebt und Zeuge des Ereignisses am Tatort, also in Wien, war, der erinnert sich noch deutlich, wie die Ermordung Schlicks der Linken als ein die Katastrophe ankündigendes Signal erschien. Tiefe Niedergeschlagenheit bemächtigte sich der linksintellektuellen Milieus. Ein verstörter, in irrationalistischen Träumereien gefangener junger Mensch hatte Moritz Schlick umgebracht. Der Täter sagte, er arbeite an einer »negativistischen Erkenntnislehre«. Die Begriffe *positiv-positivistisch, negativ-negativistisch* bekamen einen moralischen und politischen Sinn. Die Katastrophe ereignete sich denn auch bald darauf: Eine negativistische Rechte triumphierte, die positivistische Linke blieb auf der Strecke. – Dies nur am Rande zum Problem der politischen Ortsbestimmung des Positivismus.

Das gute *philosophische* Gewissen aber kann der Positivismus aus der schlichten Tatsache beziehen, daß er allerwegen die logische Grundlage der exakten Forschung war, auch wenn die Forscher selbst sich wissenschaftslogischen Gedanken gar nicht überließen. Schließlich – auch das soll und muß gesagt werden, wie trivial es klingen möge! – ist der Positivismus mit seinem Beharren auf empirischer Wahrheitsprüfung und logischer Deduktion schlicht und recht die *unformulierte Philosophie unseres Alltags.* Wir alle sind, ob wir uns über das Wetter orientieren, ob wir eine Steuervorschreibung begleichen oder einen Arbeitsplan aufstellen, »Positivisten«, mit anderen Worten: Leute, die sich an den sehr zu Unrecht von der Philosophie lächerlich gemachten gesunden Menschenverstand halten. Der Positivismus als Philosophie einer szientistischen, will sagen: mit Voraussagen wissenschaftlichen Charakters operierenden Epoche ist die unüberholbare Denkweise eines nicht mehr auf außerirdische Eingriffe sich berufenden Handelns und Planens.

Das soll nun aber keineswegs meinen, es sei dialektisches Denken, wie ein gelegentlich in der Tat etwas enggefaßter Positivismus es darstellt, abstrus oder überflüssig. Dialektische Denkallüre, Bestreiten des Gegebenen, das Eingreifen und Bestehen von Widersprüchen, *Bewegungsdenken,* das auf morgen hin sich richtet, ist ebenso existentielle Voraussetzung des Menschseins wie distanzhaltende Erkenntnis der Faktizität. Es geht mir nur darum, daß der Positivismus nicht weiterhin das Odium von oberflächlicher Anti-Philosophie trage, daß nicht jeder, der eine dialektische Phraseologie abzuspulen in der Lage ist, sich schon dem mühsamen und verantwortungsvollen Vorwärtstasten positivistischer Prägung überlegen fühle.

Es hat übrigens der Positivismus mein Eintreten für ihn wahrhaftig nicht nötig. Bedeutende Köpfe sind da, positivistisches Denken zu repräsentieren. In mannigfachen Spielarten hat der Positivismus, der durch die Bemühungen des Wiener Kreises der Zwischenkriegszeit zum Neopositivismus sich entwickelte, nicht aufgehört, die philosophische Szenerie zu beleuchten. Vor allem in den angelsächsischen Ländern hat er sich auf breitester Basis durchgesetzt und hat nach der Emigration zahlreicher Wiener schulbildend gewirkt.

In den USA hat der kürzlich verstorbene Rudolf Carnap, eine der profiliertesten Persönlichkeiten des Positivismus, als Professor in Chicago und Los Angeles Generationen junger Philosophen entscheidend beeinflußt. Ebenso ist der Wiener Paul Feyerabend als Professor in Berkeley zu einem positivistischen Lehrer großen Stils geworden. In England, wo der Boden bereitet war einerseits durch Bertrand Russell, andererseits durch Wittgenstein, dessen ›Tractatus logico-philosophicus‹ noch immer ein Brevier positivistischen Philosophierens ist, hat der Positivismus sich gleichsam als »nationale Denklehre« etablieren können, und zwar durch Alfred J. Ayer, einen Wissenschaftslogiker neopositivistischer Färbung, und dank dem zum *Sir* geadelten Wiener Karl Popper, der als Sozialphilosoph der *Open Society* und militanter Gegner des Hegelianismus und Marxismus seinen spezifischen Umriß hat. Auch der belgische Logiker Chaïm Perelman, der außerfachlichen Welt weniger bekannt als die Obengenannten, darf in unserem Zusammenhang nicht vergessen werden.

Und wie steht es in Deutschland, dem Lande der weitgespannten Wirkung des dunklen Heidegger einerseits, der Adornoschen Dialektik andererseits? Nun, auch in Deutschland – und gerade darauf will ich hinweisen – hat ein positivistisches Philosophieren wieder an Ansehen gewonnen. Zu nennen ist der Universitätslehrer Hans Albert, der in seinem eindrucksvollen Werk ›Traktat über kritische Vernunft‹ die Aufmerksamkeit der philosophischen und soziologischen Milieus auf sich lenkte.

Es ist gut, gerade bei Hans Albert einen Augenblick zu verweilen. Er selbst nennt sich, soviel ich weiß, mitnichten einen Neopositivisten, steht aber doch als Vertreter der »kritischen Vernunft« dem Neopositivismus näher als irgendeiner anderen modernen Philosophie. Doch hat er durchaus neue Wegzeichen gesetzt, so vor allem in seinem Versuch, die dialektische Methode von der Hegelschen Begriffsdichtung loszuketten und sie dem modernen wissenschaftlichen Denken nutzbar zu machen. Dabei entsteht unter seinen Händen natürlich ein völlig neuer Dialektikbegriff. Er proponiert für die Methode der Wahrheitsfindung die folgende Maxime: »Suche stets nach relevanten Widersprüchen, um bisherige Überzeugungen dem Risiko des Scheiterns auszusetzen, so daß sie Gelegenheit haben, sich zu bewähren. Diese Suche wird nicht etwa deshalb empfohlen, weil Widersprüche an sich erwünscht wären und aufrecht erhalten werden müßten, oder gar deshalb, weil man so dem widerspruchsvollen Charakter der Wirklichkeit besser gerecht werden könnte, sondern gerade deshalb, weil man beim Auftauchen relevanter Widersprüche auf Grund des Prinzips der Widerspruchsfreiheit Veranlassung hat, seine Überzeugungen zu revidieren (...). Benutzt man das Prinzip in der angegebenen Weise, so ergibt sich eine Methode, die man mit einigem Recht ›dialektisch‹ nennen kann, und zwar in einem eindeutigen und klaren Sinn ...« – Nun, es ist klar, daß diese Form der Dialektik, die sich dem Prinzip der Widerspruchsfreiheit unterwirft, nicht mehr als den Namen gemein hat mit der den Widerspruch geradezu als sinn- und wertverleihend anerkennenden Dialektik Hegels und seiner Nachfolger. Das Negative steht bei Albert im Dienste des Positiven: Darum stehe ich nicht an, ihn einen Positivisten zu nennen. Nicht weniger wichtig als er erscheint mir der oben zitierte Österreicher Ernst Topitsch, der nach jahrelangem Wirken in der Bundesrepublik in das friedlichere und weniger kontestierende Graz heimkehrte. Topitschs Untersuchung ›Vom Ursprung und Ende der Metaphysik‹ ist immer noch ein Standardwerk des modernen Positivismus. Etwas abseits von Albert und Topitsch, gleichwohl aber im weitesten Sinne als Positivist anzusprechen, steht Max Bense, ein Philosoph, der sich auch mit Problemen der Ästhetik sowie sehr gründlich mit Philosophie der Technik befaßt. Daneben wirken eine Anzahl sehr gescheiter Leute außerhalb des Universitätsbetriebes im Sinne positivistischer Aufklärung, so Gerd-Klaus Kaltenbrunner und Willy Hochkeppel in München.

Finden wir unter all den Aufgezählten diesseits und jenseits des Atlantiks so etwas wie eine intellektuelle »Führungspersönlichkeit«, wie Herbert Marcuse, Jean-Paul Sartre, Ernst Bloch, Theodor W. Adorno es sind beziehungsweise waren? Wahrscheinlich nicht. Es widerspräche der Idee der »Führung« charismatischen Typs, ja auch der positivistischen Grundvorstellung, nach der endlich die Philosophie zur Wissenschaft werden solle, anstatt zu sein, was sie durch Jahrtausende war: ein spekulative und häufig ästhetische Wirkung anstrebende *Kunst* des mitreißenden oder raunenden Diskurses. Charakteristikum einer echten Wissenschaft ist nun gerade die überpersönliche Kontinuität ihrer Entwicklung, die logische und empirische Vereinheitlichung von Gesetzen, die es nicht gestatten, daß die »überragende Persönlichkeit« gleichsam gewappnet dem Haupte des Zeus entspringt und je ihre eigenen Denkgebäude aufrichtet.

Man war einst im Wiener Kreis sehr stolz darauf gewesen, ohne Führerpersönlichkeiten seine Sache zu betreiben, wenn natürlich in der Praxis sich ergab, daß die bedeutendsten Köpfe von den geringeren anerkannt wurden. Jedenfalls hoffte man, es sei gelungen, eine Wissenschaftslogik zu fundieren, auf deren Grundlagen Generationen von Philosophen weiterarbeiten könnten. Man war bemüht gewesen um »die Philosophie« und hoffte, es sei dem Pluralismus der »Philosophien«, von denen vordem jede ihr eigenes Vokabular, ihre eigenen Prinzipien, ihre eigene Methodologie besaß, ein Ende gesetzt. Der Positivismus proponierte eine *Lehre*, nicht aber *Lehrer*.

Zwanglos läßt sich ein Zusammenhang herstellen zwischen der Renaissance positivistischen, nicht perönlichkeitsgebundenen Denkens und dem allgemeinen Trend einer Epoche, die ich als »Zeit ohne Meister« an anderer Stelle zu kennzeichnen versuchte. –

Die Krise der Dialektik einerseits, die aufstrebende positivistische Philosophie andererseits sind korrelative Phänomene, die, wie ich meine, das Denken der kommenden Jahre bestimmen werden. Der Positivismus (hier stets im weitesten Sinne verstanden) beziehungsweise die »kritische Vernunft« haben ihre Chance nicht zuletzt dank der Tatsache, daß die Positivisten ihre starren Sinnkriterien nicht mehr mit stereotyper Hartnäckigkeit anwenden. Einst hieß es im Wiener Kreis: »Der Sinn eines Satzes ist der Weg seiner Verifizierung«; oder: »Alle sinnvollen Sätze müssen rückführbar sein auf Sätze mit wahrnehmbaren Prädikaten«.

Heute denken moderne Positivisten nuancierter, wie das vorhin am Beispiel Hans Alberts dargestellt wurde. Selbst Carnap, einstens der unerbittlichste Verfechter eben dieser Sinnkriterien, hat vor ein paar Jahren in einem Interview Zugeständnisse gemacht und gesagt: »Ich glaube, der Kern unserer früheren Kritik an der Metaphysik bleibt bestehen. Zum Beispiel in bezug auf die Aussagen von Martin Heidegger würde ich noch wie früher sagen, daß wir (Positivisten) sie als gänzlich unverständlich ablehnen, ob wir sie nun wie damals sinnlos nennen oder wie heute mit der vorsichtigeren Bezeichnung ›ohne Erkenntnisgehalt‹ markieren (...) Ähnliches würden wir auch sagen in bezug auf gewisse heutige Neo-Hegelianer. Aber in anderer Hinsicht hat sich unsere Stellung doch geändert. Manches nämlich, was ich früher als Metaphysik abgelehnt habe, würde ich heute auffassen als eine Vorstufe der Wissenschaft, zum Beispiel die Philosophie der Vorsokratiker. Wenn da beispielsweise gesagt wird, die Welt besteht aus Feuer und Wasser, oder die ganze Welt besteht aus Atomen, die nicht sichtbar sind (...), so könnte man das wohl interpretieren als allgemeine Hypothese über die Welt (...). Unsere Einstellung zur Metaphysik oder zu zweifelhaften wissenschaftlichen Theorien ist heute liberaler, toleranter als früher ...«

Je flexibler der Positivismus wird, je mehr er von seinem logischen Dogmatismus abgeht, also je »offener« er sich gibt, desto weiter ausgespannt ist das Feld seiner Möglichkeiten. Schließlich ist es auch nicht undenkbar, daß positivistisches Nachdenken zur Philosophie einer Linken wird, die ihrerseits ihre quasi theologischen Ansprüche nicht mehr wird stellen können, sofern sie nicht auf unmittelbaren Zugang zur Wirklichkeit verzichten will. Ich halte es sogar nicht für unmöglich, daß ein positivistisch eingefärbter Marxismus entsteht. –

Schließlich ist der Marxismus als ethisch-soziale Forderung und als nationalökonomische Analyse nicht unbedingt an dialektisches Denken gebunden. Er steht auch nicht – sobald man ihn erst abgelöst hat von der Hegelschen Anti-Logik – in unauflöslichem Widerspruch zur positivistischen Denkgrundlage, die in letzter Analyse ja nur fordert, daß erkannt werde, *was ist* und die den gesamten Raum dessen, was sein soll, offen läßt. Der entwickelte Positivismus befaßt sich in erster Linie mit der Demaskierung von Scheinfragen und Scheinaussagen: Wenn er, nachdem er dieses sein Hauptgeschäft erledigt hat, in den offenen Raum blickt dessen, was kommen soll, dann ist er keineswegs behindert durch die Tatsachenaussagen, die er traf. Es gab marxistische Positivisten, so vor allem den Wiener Philosophen Otto Neurath, und es gibt sehr weitgehend positivistisch bis strukturalistisch denkende Marxisten, wie den Franzosen Louis Althusser.

Die Krise der Dialektik muß denn nicht unbedingt eine Krise des Marxismus sein, sofern man nämlich Marx anders versteht als einerseits das Ritual des »Diamat« im Osten es vorschreibt, andererseits der deutsche Neo-Hegelianismus es fordert.

Durchaus bin ich mir im klaren darüber, daß wir uns hier in einem weiten, sehr weiten Feld befinden, welches vorderhand theoretisch noch kaum abzuschreiten ist. Doch entwickeln sich die geistigen Prozesse in rapidem Tempo. Die Allianz oder sogar Synthese von neopositivistischem und marxistischem Denken ist eine Möglichkeit von morgen, die wir in Betracht zu ziehen haben.

Wenn der Vizepräsident der USA, Mr. Spiro Agnew, von *radical liberals* spricht, führt er Böses im Schilde. Nach gut totalitärem Muster soll durch Amalgamierung ein feindlicher Popanz errichtet werden: Der trägt die Züge sowohl des sanften Eugene McCarthy als auch des wilden Stokely Carmichael. Amerikas traditionelle *liberals* schreien dann auch Zeter und Mordio. Radikaler Liberalismus, das sei eine *contradictio in adjecto;* in schlechte Gesellschaft wollen sie nicht geraten. Wirft denn ein anständiger Mensch Bomben?

Sie wissen, diese *liberals,* sowenig wie der Demagoge Agnew, daß der Liberalismus tatsächlich nur dann noch Zukunft hat, wenn er radikal vortritt.

Der herkömmliche Liberalismus, Ideologie des gegen den Adel sich bekräftigenden Bürgertums und Suprastruktur des Konkurrenzkapitalismus, ist tot, das hat sich nur noch nicht allerorten herumgesprochen. Die Kontradiktion aber wird rechtens als Einwand vorgebracht. So wäre denn zu sehen, was radikaler Liberalismus unter den gegebenen Umständen bedeuten kann, wo die Hoffnung, die er in sich trägt, überwiegt, wo andererseits die gleichfalls ihm innewohnenden Widersprüche ihn gefährden.

Vorzuschieben sind zweierlei Feststellungen: Was hier mit Liberalismus gemeint ist, hat nichts zu schaffen mit einer bestimmten Wirtschaftstheorie und noch weniger mit Parteien.

Die liberalistische Ökonomie wird ihre Erbsünden nicht los: Die Menschenschinderei als böse Tat zeugt weiter und gebiert fortwährend Böses. Von der Kinderarbeit des neunzehnten Jahrhunderts führt eine direkte historische Straße in die Defoliations-Ödnis des renitenten Imperialismus.

Was die liberalen Parteien angeht, ist die Sachlage eine kompliziertere. Es gibt – um nur zwei Beispiele zu nennen – die deutschschweizerischen »Freisinnigen« und die belgischen »Libéraux«, die deutlich konservativ sind; es gibt die gemäßigt fortschrittliche liberale Partei in England und die durch Monsieur Servan-Schreiber technokratisch orientierte liberale Halblinke der französischen »Radicaux«.

Man muß sowohl die Wirtschaftstheorie als auch den Parteienkomplex links (oder rechts) liegenlassen, wenn man vom radikalen Liberalismus spricht. Was bleibt dann übrig? Vielleicht das, was der Historiker der französischen Radikalen, Claude Nicolet, einen *état d'esprit* genannt hat. Diesen *état d'esprit* übrigens meinen auch die Neulinken – ihn und keineswegs eine Parteizugehörigkeit –, wenn sie von Scheißliberalen sprechen. Man lasse ihnen ihre analregredierte Terminologie, wenn sie ihnen Freude macht, und untersuche den Geisteszustand der Liberalität, noch ehe man auf die Problematik des radikalen Liberalismus eingeht.

Da drängt als erste Feststellung sich auf: Der Liberale glaubt an Freiheit und Vernunft als an komplementäre Fundamente des Humanen. Er hat aber, soweit man sehen kann, weder diese noch jene je definiert. Das wird ihm künftighin nicht erspart bleiben. Von den Marxisten kann und muß er lernen, daß es formale Freiheiten gibt, die notwendige, aber nicht ausreichende Bedingungen materialer sind. Aus der Logik kann er herauslesen, daß »die Freiheit« nicht auffindbar ist, sondern man allerwegen nur spezifische Freiheiten erkennt, die definierbar sind durch die ihnen jeweils im Wege stehenden Unfreiheiten. Auch zur Vernunft wird der Liberale ein neues Verhältnis zu suchen haben. Diese, so wird er dann entdecken, ist weder allmächtig noch allverläßlich. Sie ist aufgespalten in analytische Vernunft (die nicht unbedingt ideologische Dienstmagd der Herrschenden ist) und in dialektische (die sich nicht liquidieren läßt durch logistische Einwände).

Außer der Freiheit und der Vernunft fühlt der Liberale sich auch der Toleranz verpflichtet. Denkt er sie zu Ende, muß er unweigerlich sich stoßen an dem Faktum, daß totale Toleranz nicht nur leer ist, sondern auch gefährlich (wenn auch nicht durchaus und immer repressiv). Sie ist formal, weil vor ihr Witz und Aberwitz, Menschlichkeit und Unmenschlichkeit, Geist und Widergeist gleich gelten. Der traditionelle Liberale sah tolerant stets nur »Meinungen«, die er gemächlich respektierte: Er zog den Hut und machte sich davon in die *cosy corner* seines intellektuellen Komforts. Sie sind antiklerikal, verehrter Zeitgenosse? Sie sind kirchengläubig? Sie sind Schopenhauerianer? Antisemit? Ich respektiere Ihre Meinung: Da sehen Sie, meiner Toleranz sind keine Grenzen gesetzt, und dies ist der wahre Liberalismus. Man kennt aber Meinungen, die keine solchen sind, vielmehr

Vorbereitungen zur Mordveranstaltung großen Stils. Wer etwa der »Meinung« ist, es sei unstatthaft, sich einzumengen in die Folterpraxis der souveränen Staaten Griechenland oder Brasilien, der unterstützt die Henker. Man muß ihm den Mund verbieten, das ist klar. Womit wir freilich angelangt sind bei der Kontradiktion des radikalen Liberalismus, denn selbstverständlich müssen alsbald im politischen Alltag sich die schwer zu beantwortenden Fragen stellen, ob diese oder jene Meinung noch Meinung oder schon Komplizität ist, wann dieser oder jener Mund den Maulkorb verdient.

Der radikale Liberale, den es gleichgültig läßt, wenn man ihn mit Verbalexkrementen zudeckt, der aber andererseits wach und munter ist, denn durchaus will er nicht in die Gesellschaft der Sartreschen *salauds* geraten, wird sich zu einer theoretisch haltbaren Antwort auf die Frage nach den Grenzen seiner Liberalität und Toleranz nicht einlassen: Es gibt sie nicht. Der Liberalismus steht in der permanenten Gefahr, sich selbst zu desavouieren oder sich auszuliefern. Er kann zu früh zur Errichtung der »Diktatur der Freiheit« aufrufen, und dann wird er vor der Geschichte sein eigener Widerspruch gewesen sein; er kann zu spät dazu sich aufraffen, dann wird man sagen, er habe gedankenlos sein eigenes Grab geschaufelt.

Weil er nicht an die Vernünftigkeit des Wirklichen glaubt, vielmehr überzeugt ist, daß der Realität erst ein bißchen Vernunft beigebracht werden müsse, steht der Liberale dem baren historischen Faktum hilflos gegenüber. Weil vor seinem Auge nicht die Umrisse einer schönen Utopie sich abzeichnen, nur die Miserabilitäten des gesellschaftlichen Alltags, sind großzügige Entwürfe ihm verwehrt. Entscheidungen werden ihm schwer. Daß er sie trotzdem trifft, ist das überaus radikale Wagnis, auf das er sich einläßt. Für den radikalen Liberalen hat die Zukunft niemals schon begonnen, und Autokritik *post eventum* erleichtert sein Gewissen nicht.

Angenommen, in den USA steht er vor dem Problem, ob und bis zu welchem Grade er die violente Studentenbewegung und die Black Panthers unterstützen solle. Gewährt er der protestierenden Minorität seinen Beistand, kann seine Sache schiefgehen, sofern nämlich der *back lash* immer wütendere *law-and-order*-Bestien auf den Plan ruft und schließlich in den Faschismus einmündet; bietet er die Hilfe nicht, kann aber auf kaltem Wege eine FBI- und CIA-Herrschaft sich etablieren, dann wird er als übervorsichtig dastehen, ein Ritter von traurigster Gestalt. Schließlich – und auch diese Möglichkeit muß einkalkuliert werden – könnte massive Unterstützung der Protestbewegung durch die Liberalen eine Art von permanentem Bürgerkrieg im Lande entfesseln, mit allen Folgen von Wirtschaftskrise, Gewalt-Eskalation und Chaos.

All diese Risiken nimmt der radikale Liberale auf sich, wenn er die Grenzen seiner Toleranz, so wie auch die Gemarkung seiner Radikalität, nur von Fall zu Fall absteckt. Daß er ständig die Qual der Wahl hat, ist sein Geschick – dieses aber ist unausweichlich. Man soll den Mund nicht voll nehmen, aber wahrscheinlich kann man den durch keinerlei Ideologie gedeckten, keiner Immunisierungsstrategie verschriebenen, ganz auf sich selber gestellten radikalen Liberalen als den eindrücklichsten Fall des im Sartreschen Sinne zur Freiheit verurteilten politischen Menschen ansehen. Er ist in seiner hier beschriebenen Situation das strikte Gegenteil dessen, was man ihm nachsagt. Er ist nicht gemäßigt, nicht gesichert, nicht beruhigt. Wenn er sich je »gemäßigt« verhält, dann hat er zuvor den Maßstab an seinem Radikalitätsanspruch erprobt: Er vermittelt nur dort, wo die Mitte zugleich Befreiung ist. Fühlt er sich zeitstreckenweise sicher, dann weiß er, es ist seine Sicherheit der extremste Ausdruck von Fortschrittlichkeit. Ruhe aber, Meeresstille des Gemüts, wird ihm nur augenblicksweise manchmal zuteil, so etwa, wenn er die disqualifizierende Vokabel annimmt und sich sagt: Ja, als ich unterließ zu handeln, um der Unterhandlung noch eine Chance zu geben, und als mein Nichthandeln Unrecht abdeckte, habe ich mich wie ein Scheißliberaler verhalten.

Der radikale Liberale vertraut nur seiner Vernunft, aber er traut ihr nicht über den Weg. Soll er gegebene Zustände – sagen wir: den technokratischen Neokapitalismus – als zumindest zeitweilig unüberschreitbar hinnehmen? Ja, denn seine vernunftvollen Überlegungen verbieten ihm sowohl den Glauben an marxistisch-historische Gesetzlichkeit als auch den Kitzel des blinden Aktionismus. Oder muß er vielleicht dieses System dennoch anfechten? Er muß es, denn seine Vernunft hat erkannt, daß in der Wirklichkeit nur lebt, wer zugleich die Inertia des Realen in Frage stellt: Wer A sieht, sieht auch Nicht-A. Er wird also stets von neuem vor der Entscheidung stehen, zwei gleichwertige, einander bedingende Formen vernünftigen Denkens gegeneinanderzuhalten, sie abzuwägen und schließlich für den gegebenen Fall einer davon den Vorzug zu geben.

Die eingangs gestellte Frage nach den Gefahrendimensionen der radikal-liberalen Widersprüche einerseits, nach ihrem Hoffnungspotential andererseits trägt ihre Antwort in sich selber: Die Kontradiktionen des Liberalismus, die manifest werden im permanenten Prozeß vernunftgetragener Befreiungsaktionen, sind die Hoffnung – Hoffnung, die enttäuscht werden kann und darum auch Gefahr ist, aber Hoffnung gleichwohl.

Nachzutragen ist eine Kleinigkeit: In reiner Ausprägung finden wir den radikalen Liberalen nur in den Ländern des osteuropäischen Kommunismus. Seine Wertaxiome, Freiheit und Vernunft, sind dort nicht problematisch. Jede Freiheit, die angefordert wird, ist definiert durch die zu ihr korrelative Unfreiheit. Die Vernunft ist als solche klar gegeben durch die herrschende Unvernunft, dränge diese sich hervor in der Ökonomie, der amtlich verhängten Ideologie oder einfach der von sich selber besessenen Administration. In der sich als frei ausrufenden Welt ist radikale Liberalität erst in schwachen Ansätzen zu erkennen. Jedoch, es wird der Radikalliberale sich erschaffen müssen. Wer anders könnte das Erbe der alternden Junglinken antreten?

Die jüdische Unruhe

Im Warteraum des Todes (1969)

Die Frage der Legitimation zuvor: »Menschen im Ghetto« – wer darf da dreinreden? Jedermann, soferne es um eine objektiv sich wollende Darstellung dessen handelt, *wie* es eigentlich gewesen ist. Wird aber das historiographische Terrain verlassen, wird etwas angestrebt, was man – undeutlich und vielleicht ein wenig großsprecherisch – die Wesensbeschreibung des Opfer-Seins im Ghetto nennen kann, die Reflexion, die sich stützt, notwendigerweise, auf das unmittelbar Gelebte, das aus seiner Unmittelbarkeit herausgehoben und durch das Medium der Überlegung geführt werden soll, dann ist vor allem zuständig, wer die Ereignisse im Fleische erfuhr.

Schon hier wird der Verfasser dieser Einleitung unsicher. Er war nicht selbst im Ghetto, es sei denn, man trete in der Formulierung über in den Bereich des zulässig Metaphorischen und sage: Seit es die Nürnberger Gesetze gab, wurde jeder Jude (»Juden, Personen, die im Sinne des Reichsbürgergesetzes vom 15. September 1935 als Juden gelten ...«) vom Ghetto eingeholt, habe er auch vordem den Traum der Assimilation mitgeträumt und sein Judesein abgetan mit einer Handbewegung. Ich muß mich, tristes Privileg, im Versuche meiner Rechtfertigung nicht nur auf die solcherart metaphorisch ausgeweitete Ghetto-Erfahrung stützen. Zwei Jahre KZ, davon ein Jahr Auschwitz, das mag, das muß genügen. Unsereins hat hinter den elektrisch geladenen Stacheldrähten Erfahrungen gemacht, die nicht grundsätzlich verschieden sein dürften von jenen der Ghetto-Insassen. Vielleicht war nur die Angst geringer, da wir doch den Warteraum des Todes, in dem Ghetto-Bewohner kauerten, schon verlassen hatten. Der Zug war schon eingefahren. Was man hinter den Ghetto-Mauern befürchtet hatte, hier war es schon Wirklichkeit.

Noch ein Wort, das die Greuel wiedererstehen läßt? Man hat doch schon genug, nicht wahr? Man weiß es ja. Ghetto – und was weiter? Und Dresden wird ins Gespräch geworfen und Hiroshima und Vietnam und, wer weiß, vielleicht sogar die durch jüdische Kommandos gesprengten Araberhäuser in Palästina. Der Mensch ist nicht gut, so war das, ist das, wird das sein, und die Historie ist nicht Lehrmeister, sondern Folterknecht des Menschengeschlechts. Wie das Ghetto war? So und so. Übel natürlich. Doch mag das Vergangene schlafen und so weiter. Darum ist es vielleicht gut zu sagen, *was* es war, damit das Wie seine spezifische Dimension gewinne und die historische Distanzierung sich schäme vor ihrer schönen Objektivität.

Das Wort vom Warteraum des Todes sei nochmals ausgesprochen, wiewohl man einwenden kann, es liege diese Metapher irgendwo am Rande des Journalismus. Gemach! Das Ghetto, das nazideutsche Ghetto, von dem hier die Rede ist, *war* des Todes Vorzimmer, und die Metapher, journalistisch oder nicht, deckt in vollkommener Kongruenz die in verfluchter Zeit gelebte Wirklichkeit. Nicht jedes Ghetto war dem von den Nazis erfundenen und strukturierten vergleichbar. Die Ghettos, die vom Spätmittelalter bis ins achtzehnte Jahrhundert Juden von Christen räumlich trennten, waren Gefängnisse, gewiß, und insofern kaum anders als das Ghetto von Warschau. Sie waren aber zugleich auch, und das darf niemals vergessen werden, eine Art von Heimat der Heimatlosen.

Das historische Ghetto war für den Juden nicht nur räumliche Trennung, die er als Schmach empfand, sondern auch die bewußt gelebte Separation von den Christen, die da unrein aßen und einen Un-Gott anbeteten: Es war die topographische Entsprechung einer geistigen und religiösen Haltung. Es waren dazu die Juden im geschichtlichen Ghetto mehr oder weniger sicher – wie eben Juden überhaupt sicher sein konnten. Wie hieß das einst bei Klabund?

> Am Sonntag fällt ein kleines Wort im Dom
> Am Montag rollt es wachsend durch die Gasse
> Am Dienstag spricht man schon vom Rassenhasse
> Am Mittwoch rauscht und raschelt es: Pogrom!

So ungefähr. Der Mord, die brennenden Häuser, die Folterungen, Vergewaltigungen waren Gefahr, aber Tötung war nicht vollkommene, unumstößliche Gewißheit. Man konnte ihr entrinnen durch Flucht, durch Liebedienerei, durch die Taufe, auch durch Geld. Die Hoffnung war nicht verboten. »Nächstes Jahr in Jerusalem ...«, das war die ritualisierte Illusion. Aber es war nicht Wahn. Der Tod lag als Schatten über dem historischen Ghetto; er war noch nicht als Unentrinnbarkeit verhängt. Anders im Nazi-Ghetto; ganz und vollkommen anders, wenn auch dieser und jener am Ende doch überlebte und es sogar ein paar gab, die als Flugsand nach Jerusalem geweht wurden. Es konnte keine Hoffnung geben. Anders und richtiger gesagt – da doch der theologische Begriff der Hoffnung in seiner immanent-transzendenten Zweideutigkeit die wahre Sachlage verschleiert –: Es konnte kein Weltvertrauen mehr geben, wo jeder täglich sehen mußte, daß das nicht nur Unwahrscheinliche, sondern das vordem als ganz und gar unmöglich Angesehene Ereignis wurde. Die Ghetto-Mauer war zugleich die Demarkationslinie, die den Juden vom *Menschen* trennte: Dieser, auch in seiner verkrüppelten Gestalt als unterdrückter Pole, durfte prinzipiell *leben,* als Sklave zwar, ohne Schulen, ohne staatsbürgerliches Recht, ohne Würde, wenn man so will, doch war es ihm nicht verwehrt zu atmen. Der unterdrückte Nichtjude konnte vertrieben werden, deportiert, ins Gefängnis geworfen, unter Umständen – und nur allzuoft stellten sie sich ein! – ermordet. Es trennte ihn, was er genau wußte und wovon er im Umgang mit Juden kein Hehl machte, von diesem eine Welt: die Wahn-Welt der nazistischen Rassentheorie. Daher des Ghetto-Juden totale Einsamkeit.

Diese Solitüde – sie ist nicht die des Kolonisierten, von der ein Mann wie Frantz Fanon uns spricht, die Kondition der Algerier unter französischer Herrschaft beschreibend. Zwar gilt auch für den Juden, was Fanon über den Kolonialsklaven sagte, nämlich: daß der Herr den Knecht »macht« und ihn damit in seinem ganzen Sein bedingt. Jedoch, es »macht« der Kolonialherr seinen entmenschten menschlichen Arbeitsochsen zum Zwecke der Ausbeutung, und das klare immanente Gesetz dieser wiederum fordert, daß dem Ausgebeuteten alles genommen, das Leben aber belassen werde. Für den Nazi dagegen hatte der Tod des Juden, hatte die Endlösung die unangezweifelte Priorität vor der Ausbeutung. Man ließ die Ghetto-Juden arbeiten, bis sie krepierten: aber entscheidend war nicht ihre Arbeit, sondern ihr Tod. Darum war auch die vom Ghetto-Juden gegebene Antwort – die er sich selbst gab, seinem Sein und seinem Herrn und der Welt – notwendig eine andere. »Der Blick«, heißt es bei Fanon, »den der Kolonisierte auf die Stadt des Kolonialherrn richtete, war ein Blick geilen Neides. Traum des Besitzes, aller Modalitäten des Besitzes: sich am Tische des Kolonialherrn niederlassen, in dessen Bett schlafen, wenn möglich mit des Herrn Frau.« So weit langte der Traum des Ghetto-Juden nicht. Er wünschte nicht des SS-Mannes schicke Uniform zu tragen – weil er den Totenkopf-Priester verachtete, kann man einwenden und hat zum Teil damit ganz recht; aber nur eben zum Teile! Wenn der Jude im nazideutschen Ghetto so selten bis zum neidträchtigen Hasse gelangte, zum Besitz-Traum, dann war es, weil er dazu die Kraft nicht aufbrachte. Er hatte das Bild seiner selbst, das der Nazi entwarf, interiorisiert, war zur Laus der Kafkaschen »Verwandlung« geworden. Er verachtete aus den Resten religiösen Auserwähltheitsdünkels und dem verstümmelten Bewußtsein talmudischer Weisheit die blonde »deutsche Frau«: Er verehrte sie aber auch und träumte sich nicht heran an ihren rosigen Leib. Seine Reaktion war Angst und Flucht. Seine Geschichte – es soll hier von ihr nicht die Rede sein, ihre Grundelemente sind jedermann bekannt – hatte ihn vorbereitet auf die Rolle, die bis zur letzten Konsequenz ihn der Nazi zu spielen zwang. In Flucht und Angst war auch seine namenlose Einsamkeit beschlossen. Der Flüchtige hat keinen guten, nicht einmal einen schlechten Kameraden; der Angstgejagte hat nur seine Angst zum Gefährten. Er und seine Geschicksgenossen gehörten, um einen Begriff Sartres einzuführen, der in der ›Kritik der dialektischen Vernunft‹ entwickelt wurde, zur »Serie« und nicht zu einer »Gruppe«. Daher die eigentümliche Dialektik der jüdischen Solidarität, die sich im *Leiden* verwirklichte – was immer uns Frau Hannah Arendt erzählt haben mochte in ihrem bemerkenswert verständnislosen und nicht einmal relevante Sachkenntnis enthaltenden Eichmann-Buch! –, im Leiden und nur ausnahmsweise in einem unmöglich scheinenden, von vorneherein zum Scheitern verurteilten Kampf. Sie litten trotz allem mit ihren Opfern, die jüdischen Kapos, Blockältesten und die jüdischen Ghetto-Polizisten und schnöden Ghetto-Notablen. Sie prügelten den Mitjuden und trafen dabei sich selbst; sie jagten ihn in die Gaskammern und glaubten nicht einmal, daß sie mit solchem Verrat sich selber würden retten können. Die Solidarität, die nur übers Erleiden sich erstreckt und den Kampf nicht einbezieht in den Horizont, ist so miserabel, wie der Nazi den Juden wollte.

Wenn das historische Ghetto, in dem der Jude bewußt sich absonderte vom Christen, der für ihn Heide war, gesehen werden kann als die verzerrte Gestalt jüdischer Eigenstaatlichkeit, Karikatur, wenn man will, des Gelobten Landes, so war das nazideutsche Ghetto die Verwirklichung des Nazi-Wahntraums vom jüdischen Untermenschen, über den der deutsche Übermensch herrschte, nur um ihn schließlich in den Tod zu führen. Es war dem Nazi in der Tat gelungen, sich »seinen« Juden nach Unmaß anzufertigen. Konnte der Ghetto-Jude anderes tun als dem Bilde, das der Übermensch wollte, sich bequemen? Werde und stirb! befahl der Herrscher. Der Jude, gewöhnt nur an den Haß der Welt, gehorchte. Er jammerte und schlug sich mit dem Todesgefährten um einen Löffel Suppe. Er war hurtig im Schwarzhandel. Er hatte immer nur Geld – und ach wie armselig summiertes – manipuliert, und so glaubte er noch im Ghetto an den windigen Schwindel des unverläßlichen Geldbesitzes, spielte sich auf, wenn's darauf ankam, und ließ sich aufspielen zum Tango, den er als Totentanz sehr wohl erkannte. Manchmal war es, als wollte er den Nazi narren und höhnen: So schmählich wolltest du mich! Sieh an: Ich bin noch viel schmählicher, schmählich bis zur völligen Absurdität, so daß dein Bild zum Zerrbild wird und du selber Narr und Genarrter bist. Waffen der Flucht und der Angst. Da hat man schlecht reden von jüdischer »Kollaboration«! Vor dem Ghetto versagen alle politischen und auch moralischen Kategorien, werden einfach unanwendbar. Was die Nazis trieben mit den in östlichen Ghettos Konzentrierten, lag so jenseits jeglicher Beurteilung – denn was etwa soll man anfangen mit einem Begriff wie »Grausamkeit«, mit dem schließlich das Verhalten eines schikanösen Unteroffiziers beschrieben werden kann! –, was, sage ich, soll man anfangen mit Alltagswörtern, wo nicht nur die gewohnte Alltäglichkeit überschritten, sondern alle Tage das für immer Unbeschreibliche getan wurde? Waffen der Flucht und der Angst, sogar sie bekommen noch Adel im Angesicht des Feindes. Wer wagt es, der nicht dabei war, mitzureden und von der »Würdelosigkeit« eines Volkes zu sprechen, das sich »wie eine Schafherde« zur Schlachtbank führen ließ? Und dennoch soll ausgesprochen sein, daß, wenn auch jede Antwort auf das Entmenschungs-Unternehmen der Nazis seine Legitimation hat und akzeptiert werden muß, da doch der Ehrenkodex im

Duell des Jagenden und des Gejagten den flink vom Hasen geschlagenen Haken einschließt, es eine Hierarchie der Antworten gibt. Der eine war »Kollaborateur« und tat sich noch ein bißchen gütlich, bevor man ihn wegschaffte. Der andere wappnete sich mit der Weisheit des Opferseins und beugte sich vor den Untaten eines Gottes, der Moloch war. Der dritte starb, Soldat und brav, ohne heroische Widerstandsgeste freilich, aber doch als Helfer des schwächeren Kameraden. Diesen stellen wir über den weisen, betenden Opfergreis, der seinerseits wieder den Vorrang hat vor dem ungeschickt seinen Haken schlagenden Vorsitzenden irgendeines Judenrates. Hoch über ihnen beiden aber steht, wer aufstand. Wer da zur Waffe griff, der primitiven Waffe zumeist, die den hochtechnisierten Kampfmitteln des Mörders entgegengesetzt werden konnte, war – was? Nun ja, auf die Gefahr hin, abzugleiten in die triviale Formulierung: Er war der Held schlechthin, und staunen kann man nur, daß er in der für ihn vorbereiteten Lage, der Todeslage, in der ein Aufrechter schon niedergestreckt ist, während er sich noch in Kampfstellung glaubt – verwundern kann man sich nur über die hohe Anzahl Männer und Frauen, die sich nicht nur dem Ghetto, sondern einer zweitausendjährigen Geschichte entrissen. Der Widerstand, die Gewalt, sie waren nicht die »Lösung« – es gab keine, außer der auf der Wannsee-Konferenz vorgesehenen! –, aber sie waren, wie aussichtslos auch immer, die geschichtlich und human wert- und zukunftsreichsten Verhaltensweisen. In seinem in Deutschland leider viel zuwenig beachteten Buch ›Treblinka‹ läßt der junge französische Schriftsteller Jean-François Steiner, wohl der einzige, der als ein nicht »dabei« Gewesener visionär die Situation im Ghetto und Todeslager erfaßt hat, einen der Protagonisten sagen: »Ich will nicht leben, ich will mich rächen!« In der Tat kann man das Problem der Rache, richtiger gesagt: der rächenden Gewalt, die sich als Aufhebung der unterdrückenden Gewalt versteht, nicht aussparen aus den Überlegungen, die den Menschen im Todes-Warteraum gewidmet sind: Die Geschichte des Warschauer Ghettos, vergessen wir's nicht, kulminierte in der bewaffneten, militärisch gänzlich absurden und nur moralisch als Realisation *humaner Rache* zu rechtfertigenden Insurrektion. Im Aufstand, dem von Warschau oder auch dem im Lager Treblinka, überschritt der Ghetto-Jude unter totaler Aufbewahrung seiner Qualitäten sich selbst und reichte hinein in eine ganz neue ontische Dimension. Er war der Gejagte, der zweitausend Jahre Geschichte der Demütigung in sich trug. Für einen Augenblick aber wurde er zum Jäger: nicht aus Freude am Weidwerk, sondern aus dem Willen zu bleiben, der er war, und zugleich ein anderer zu werden. Die Geschichte der Revolten im Ghetto und in verschiedenen Lagern lassen uns einschauen in die Tatbestände. Es waren, so lesen wir's in den zahlreichen dokumentarischen Schriften, denen hier kein Wort beizufügen ist, keineswegs nur Helden, die da zu Helden wurden, zur Eisenstange griffen und gegen die Panzer sich aufmachten. Der hurtige Schwarzhändler war dabei, der gestern noch im Studium der Schriften als willfähriges Opfer zum Opfergang entschlossene Lerner, der brutale Ghetto-Polizist, der listenführende Schlachtvieh-Buchhalter irgendeines Judenrates, der von früh auf an den Gedanken des physischen Widerstandes gewöhnte Sozialist, der schlicht besorgte Familienvater. Sie waren in der »Serie« verloren gewesen und reihten sich zusammen zur »Gruppe«. Gruppenbildendes Agens war die Entschlossenheit zur Rache. Welch unbeliebter Begriff doch hier eingeführt wird! Schon hörte ich Proteste: Nein, so war es doch gar nicht! Aug' um Aug', Zahn um Zahn, jus talionis, um Gottes willen, so wollten es doch die zum Widerstand sich aufraffenden Juden keinesfalls!

Doch. Ich glaube, daß sie es so wollten. Ich selbst, Verfasser dieser Schrift, wollte es so – und mit mir unzählige Kameraden; daß sie und ich uns nicht erhoben, bleibt unsere immer wieder sich öffnende, sehr schmerzhafte Wunde. Der Jude, wie ihn der Nazi sich und ihm vorschrieb, der taugte freilich nicht dazu. Er witzelte trüb: Zwei Juden um 1943 reden von den kommenden Tagen des Sieges der Alliierten. Einer sagt: Weißt du, ich mal' mir das so aus, daß ich wieder wie einst im Café sitzen werde, vor mir einen Stoß liberaler Zeitungen. Kommt herein der Hitler, klein, gebückt, ärmlich, demütig, nähert sich meinem Tisch, fragt: Verzeihung, ist vielleicht eine Zeitung frei? Ich aber schau' ihn an über die Brille, sage höflich, aber bestimmt: für *Sie* nicht!

So sah die Reaktion der Juden nach dem Nazi-Entwurf aus: Angst und Flucht wurden hinübergenommen in die Zeit der Freiheit, und die Rache war Gelächter und schmerzliche Scham. Wenigen war es vorbehalten, im Kampf und in echter Rache ihre Eigentlichkeit zu finden. Wenigen und vielen, denn des Unterdrückers teilende und herrschende, schließlich den unausweichlichen Tod verhängende Gewalt hatte die praktischen, die psychologischen und die existentiellen Grundlagen des menschlichen Racheaktes zu zerstören gewußt.

Es muß erkannt und eingesehen werden, daß diese Rache einerseits nicht gockelhafte, romanisch-romantische Vendetta war noch andererseits die vergleichsweise einfache »violence«, welche Fanon oder Che Guevara oder Régis Debray für den Kampf dem Kolonisierten und Unterdrückten empfehlen. Sowenig der Jude starr wie Fanons Kolonisierter auf die Wohnstätte des Unterdrückers den Blick »geilen Neides« richtete (da er den Herrscher doch zugleich verachtete und verehrte), sowenig konnte seine realhoffnungslose Rache die »violence« und Revolution des Algeriers oder die des schwarzhäutigen Amerikaners sein. Da es für ihn um mehr und anderes ging als um etwas, das ich selber an anderer Stelle – unzutreffend, wie mir heute klar ist – »Wiedergewinn der Würde« genannt habe, weil er nämlich nur den sicheren Tod in einem Akt jäher Freiheit noch ein paar Minuten vor der Zeit an sich heranriß, weil er *allein* war, vollkommen und verzweifelt allein, weil er, und dies ist der entscheidende Punkt, als Lohn seiner Gewalt nicht die Befreiung erwarten durfte wie der Algerier, mußte seine Rache einen existentiell grundsätzlich anderen Charakter haben. – Was für einen? Nun, es ist klar: den Charakter der Authentisierung und freien Annahme einer in der Unfreiheit völlig unannehmbaren Situation. »Wiedergewinn der Würde« war wohl in der Tat eine unzureichende Formulierung, denn was man so Würde nennt, konnte vom Nazi niemandem genommen werden, und nicht nur von ihm nicht: Eine ganze Geschichte der Verfolgtheit, deren wahnhafte Verankerung in der Vorstellung des Gottesmordes lag, hat dem Juden, dem Wucherjuden, dem Talmuderklärer, dem großen jüdischen Dichter und Gelehrten, gleichviel, die Würde nicht rauben können. Was die jüdische Rache angeht beziehungsweise die Gewalt-Gegengewalt, zu der er sich in buchstäblich letzter Stunde im KZ-Lager oder im Ghetto entschloß, so singulär und irreduktibel macht, das war die *Freiheit des Zum-Tode-Seins,* die dem Tod als Urteilsspruch des anderen entgegengesetzt und verwirklicht wurde. War sie Selbstmord? Natürlich, *auch* das. Nur unterschied sie vom eigentlichen Suizid, den man als die letzte und konsequenteste Form der Flucht- und Angstreaktion ansehen mag, das unüberschreitbare Faktum, daß der Ring der totalen Isolierung gesprengt war, indem der Tod nicht nur erlitten, sondern auch zugefügt wurde. Hier war die reinste Form redemptorischer Gewaltanwendung gefunden; hier war die Rache gereinigt von einem christlichen Moralismus, der sie nie zu verhindern vermochte, sie nur immer verleugnet hat; hier und nur hier, soweit wir die Geschichte überblicken, hatte das furchtbare und zumeist in aller Furchtbarkeit leere Wort vom *Abwaschen der Schmach durch Blut* seinen guten Sinn.

Ich habe vorgegriffen. Aufstand und rächende, erlösende Gewalt waren Endpunkt, nicht häufig genug erreichtes historisches und moralisches Ziel. Sie waren die nur gelegentlich verwirklichte Utopie, standen natürlich auch chronologisch am Ende einer langen Reise durch die Nacht. Es wird noch zurückzukommen sein auf den für jeden Juden unersetzlichen existentiellen *Wert* der vollzogenen Rache, die ja, man soll es nicht eine Sekunde lang vergessen, niemals am Wehrlosen verübt wurde, sondern am schwerbewaffneten Unterdrücker. Auch von der Aufgabe, die in der Insurrektion erfüllt wurde und ohne die vielleicht ein Staatswesen wie Israel nicht denkbar wäre, wird weiter unten noch zu sprechen sein. Zuvor aber wollen wir dort wieder anknüpfen, wo wir in der Hast, vorwärts zu gelangen ins Hellere, gleichsam das Ghetto eiligen Schrittes verließen und die revolutionäre Situation suchten, also das Anti-Ghetto. – Es wurde aber in Tat und Wahrheit, wie jedermann weiß, wenig gekämpft im Ghetto und sehr viel gelitten, und eine Wesensbeschreibung der Ghetto-Existenz hat sich schließlich mehr an die trägen Stunden, Tage, Monate, Jahre des Erleidens zu halten als an den Moment der Erhebung und der Transgression.

Was ist da beizubringen, das hinausginge über die heute vorliegende, immerhin schon einigermaßen gründliche Dokumentation? Zuviel und zuwenig. Zuviel, als daß es in seiner inhaltlichen Fülle hier gemeistert werden könnte. Zuwenig, um ganz neue formal-philosophische Aspekte zu erhellen. Nur da und dort mag es Phänomene geben, die noch nicht hinlänglich bekannt sind, so daß es sich verlohnt, auf sie hinzudeuten. Da war zunächst – und hier spreche ich zugleich aus persönlichen KZ-Erfahrungen und dem Studium der Ghetto-Literatur – die physische Kompression von Menschenmassen in engstem Raum. Im Ghetto bekam der allzu oft zitierte Satz Sartres »l'enfer, c'est les autres – die Hölle, das sind die andern« einen ganz konkreten, im Fleische verspürten Sinn. Die Opfer wurden nicht nur vom Unterdrücker zur »Serie« gemacht, sie wurden physisch, da sie einander ständig sahen, rochen, berührten, entindividualisiert und zur opaken fleischlichen *Masse* gemacht. Wer immer über das Ghetto liest und danach irgend etwas Pseudogescheites oder auch wirklich Kluges über unsere moderne »Massenzivilisation«, wird bitter auflachen müssen. Massen, »Masse Mensch«, das ist nicht der Fernseher in seinem Einfamilienhäuschen, mag er auch dem Druck der Massenmedien ausgesetzt sein. In die Masse physisch eingewachsen und dabei widersprüchlich und verzweifelt gegen die Mit-Zellen dieser Fleischesmasse kämpfend war der Ghetto-Bewohner. Das Ghetto war eine Krankheitswucherung der Humanität: Als solche verstand es jeder einzelne darein Gepferchte und verspürte sich selbst als die kranke Zelle eines Organismus, die er objektiv ja auch war. Darum konnte er sich selbst so wenig lieben wie den anderen. Wir waren einander – und wieder rede ich aus der gelebten KZ-Erfahrung, die aber mit gutem Recht übertragen werden darf auf das Ghetto – nichts als Überdruß. Der Selbstüberdruß stellte dabei notwendigerweise sich ein, da jeder spürte, wie er für den Leidensgenossen nur einer war, der ihm das Brot wegaß, die Luft zum Atmen nahm, den Raum, sich zu bewegen. Wo aber die Selbstliebe und die liebende Kommunikation mit dem Mitmenschen blockiert waren, dort konnte auch schwerlich der so dringend nötige, totale, bedingungslose, zur Gewaltanwendung und Rache bereite Haß gegen den Wider-Menschen sich einstellen. Nichts blieb als immer wieder die schon erwähnte Solidarität des Erleidens, eine der Liebe und Freude nach außen und des Widerstandes unfähige Solidarität, die in vulgär-sprachlicher Gestalt etwa auf die Formel sich reduzieren läßt: »Du bist ein armer Hund wie ich!« Ein *armer* Hund, nun gewiß, aber ein Hund. Den Juden, der aus dem historischen Ghetto kommend nach der allzu kurzen geschichtlichen Episode der Emanzipation ins nazideutsche Ghetto zurückgeworfen wurde, das des Todes unwirtlicher Warteraum war, hatte diese selbstüberdrüssige

Mentalität auch durch die Tage relativer Freiheit begleitet. Man kennt den tiefsinnigen Witz des »Äsoi«, den kein Geringerer als Arthur Schnitzler aufgenommen hat in seinen großen Roman über die Judenfrage ›Der Weg ins Freie‹. Ein Kaftan-Jude sitzt in einem Eisenbahnabteil gegenüber einem korrekt gekleideten Herrn, den er für einen Christen hält. Er zieht manierlich die Beine ein, wagt kaum, sich zu räuspern. Plötzlich zieht der korrekte Herr eine hebräische Tageszeitung aus der Tasche und liest. Darauf der Kaftan-Jude aufatmend: »Äsoi!« (Ah so!) – und streckt die Beine auf die Polsterbank gegenüber hin ... Der arme Hund, der da dem Kaftan-Juden in europäischer Verkleidung gegenübersaß, verdiente keine bessere Behandlung. Diese Mentalität kam schließlich im nazideutschen Judenghetto, wo zudem noch die fleischliche Zusammenpressung der Juden die gegenseitige Achtung ausschloß, zum Paroxysmus.

Auf dem Fundament solch sozialer oder besser: im eigentlichen Verstand a-sozialer Grundlage erhob sich nun im Ghetto – wie übrigens auch im KZ – ein wirtschaftlicher Bau, der nichts anderes war als die zur Selbstaufhebung, Selbst-Groteske, Absurdität gewordene kapitalistische Wirtschaftsform. Triumph eines kapitalistischen Sozial-Darwinismus, zu dem sich, im Ghetto geringeren Ausmaßes als im KZ, aber immerhin noch sichtbar genug, das physische Faustrecht gesellte. Stark unter den Allerschwächsten dieser Erde war, wer Geld besaß, es sich zu beschaffen wußte, allenfalls unter Einsatz überlegener körperlicher Kräfte. Eine Hierarchie errichtete sich, wo doch alles darauf angekommen wäre, daß kein armer Hund hätte mehr und besser sein sollen als der andere, um mit ihm in totaler Egalität zur Wolfsherde zu werden. – Verborgen in dieser Hierarchie lag etwas überaus Geheimnisvolles: Hoffnung in der Hoffnungslosigkeit. Jeder hoffte, es könne ihn der große Kehrbesen, mit dem gewerkt wurde, vergessen; keiner glaubte wirklich an diese Hoffnung. »Die volle Wahrheit ist«, schrieb Hannah Arendt, »daß im jüdischen Volk (nicht nur im Ghetto, sondern im gesamten vom Nazi beherrschten Raume), wenn es wirklich führerlos gewesen wäre, es Chaos und Opfer und sehr viel Elend gegeben, die Gesamtzahl der Opfer aber kaum zwischen viereinhalb und sechs Millionen Menschen gelegen hätte.« Das ist bestritten worden von autoritativster Seite, und es erscheint mir selbst auch als ziemlich unsinnig. Eines aber ist gewiß: Die »Führer« dieses Volkes, also im Ghetto vor allem Judenrat und Judenpolizei, hätten besser daran getan, sich nicht an jene ungeglaubte und hoffnungslose Hoffnung zu klammern, sondern von Anbeginn ihre Sache und die ihrer Schützlinge auf nichts zu stellen, was in diesem Falle heißt: auf den eignen Tod, der ohnehin kommen mußte, und auf die Vorbereitung zur rächenden Gewaltanwendung. – Was ihnen nicht erlaubte, sich so zu verhalten, war offenbar die seit zwei Jahrtausenden erstarrte Gewohnheit des schweigenden Erduldens oder – wie es hier formuliert wurde – die zum charakterologischen Konstituens gewordene Flucht- und Angstreaktion. Zweitrangig erscheint mir in diesem Zusammenhang die Tatsache, die einst Martin Buber nach der »Kristallnacht« in einem Brief an Gandhi erwähnte, nachdem dieser ihm, Buber, suggeriert hatte, es sollten doch besser die deutschen Juden ihr Leben auf dem Altar des passiven Widerstandes opfern, um solcherart das Weltgewissen wachzurufen. Buber hat hierauf an den Mahatma repliziert, es sei ein solches freiwilliges Martyrium sinnlos, zumal ja das Judentum keine »Lehre des Todes, sondern eine des Lebens« sei. Das im Hinblick auf die echte Todesreligion des Nazi-Ghettos ziemlich lächerliche Argument wurde später auch im Zusammenhang mit der Kontroverse um Hannah Arendts Eichmann-Buch immer wieder ins Treffen geführt. Irre ich mich nicht und habe ich meine persönlichen KZ-Erfahrungen nicht ganz falsch interpretiert, dann war es keinesfalls die jüdische »Lehre des Lebens«, die auf paradoxe Weise die Massen der Juden widerstandslos in den Tod gehen ließ, sondern die zum kollektiven charakterologischen Grundzug gewordene Angst- und Flucht-Reaktion, zu der allerdings noch die menschlich korrumpierende Sozialstruktur des Ghettos kam. Auf das Korruptionsverfahren der Nazis ist oft genug verwiesen worden, so daß hier ein paar Andeutungen zur Erinnerungshilfe genügen mögen. *Sie* waren es, die – unterstützt allerdings durch die jüdische Händlertradition, für die in der Mobilität des Geldes jene Sicherheit bestand, die der Eingesessene in Haus und Hof fand – das karikaturale kapitalistische, mit dem physischen Faustrecht verbundene System errichtet hatten. *Sie* haben immer wieder Hoffnungen genährt, die sie im nächsten Augenblick zerstörten, um sie im übernächsten neu anzufachen. Man konnte im Ghetto und im KZ sich der

Illusion hingeben, man würde überleben, wenn man erst (um den Preis der Selbstaufgabe) sich in die Ghetto- oder Lagerprominenz hinaufgearbeitet hatte.

Der Nazi machte den armen Hund Juden hoffen: Und dieser gehorchte als Hoffender; auch wenn er seiner Hoffnung niemals vertraute. Die Nazis gaben jedem Juden eine Chance, ein Schurke zu sein, heißt es bei Jean François Steiner. Allerdings, und es liegt mir daran, dies zu wiederholen, hatte der Begriff des Schurken im Ghetto kaum noch Sinn. Jede Antwort auf die menschliche Zerstampfung der Juden durch den Nazi war im Ghetto legitim: auch die im üblichen Sinne niederträchtigste. Nur Unverstand, frecher Hochmut und völlige Unkenntnis der Sachlage wird den »Kollaborations-Juden« verurteilen wie irgendeinen Quisling im besetzten Europa! Der Nazi hatte zwar erreicht, daß meinetwegen allzu viele Juden die Chance, zu Schurken zu werden, wahrnahmen; er hat aber im Übermaß des Schreckens, den er veranstaltete, sehr gegen seinen Willen es zustande gebracht, daß noch der letzte jüdische Schuft kein Schuft mehr war; er hatte ein Volk, das er nicht nur physisch vernichten, sondern auch moralisch vor der Geschichte zum Anti-Volk machen wollte, in einem ganz bestimmten Sinne für immer erhöht. (Es nützt den Neo-Nazis nichts, wenn sie sagen, die Juden wollten mit ihren Millionen Geopferter die Welt erpressen! Es wird die Welt sich diesem Druck, der alles andere ist als gemeine Nötigung, noch auf lange Zeit hin fügen müssen.)

Ein weiterer Punkt ist an dieser Stelle einzubeziehen in die Diskussion, die wir hier gegen alle jene führen wollen, die unseres Erachtens die Phänomenologie des Ghettos so wenig verstanden wie seine Psychologie und Soziologie. Man hat manchenorts das Ghetto zu verstehen und zu erklären versucht aus dem sehr allgemeinen Phänomen des »Totalitarismus«, so etwa, als sei es nichts gewesen als die Apotheose totalitärer Herrschaft. Wer da irgend Neigung zeigt, sich solcher Deutung anzuschließen, der sei zunächst einmal nur verwiesen auf Erwin Leisers großartiges Filmwerk ›Mein Kampf‹, das montierte Original-Filmaufnahmen aus dem Warschauer Ghetto zeigt. Im Ghetto, anders als im totalitären Staat, konnte keiner sein Leben retten durch Fügsamkeit. Was ihn bedrohte, war auch nicht die den »gewöhnlichen« totalitären Staat kennzeichnende polizeistaatliche

Willkür. O ja, der Wille Hitlers, Himmlers und ihrer Komplizen hatte gekürt, aber allzu einfach und allzu unbarmherzig und allgemein, als daß der sprachübliche Begriff der Willkür noch Sinn haben könnte. Es war die politische geradeso wie die moralische Begriffswelt durch ein Übermaß an Unrecht außer Kraft gesetzt worden. Der Triumph des radikalen Bösen (nicht des »sogenannten«, das rückführbar wäre auf stammesgeschichtliche Tatsachen; auch nicht des »banalen«, an dessen Existenz ich nicht mehr glauben kann) hatte im Ghetto eine Welt erstehen lassen, die nicht jenseits, wohl aber unterhalb von Gut und Böse war. Diese Welt hatte nur noch wenig zu schaffen mit Totalitarismus oder Diktatur oder überhaupt irgendeiner bislang aus der Geschichte bekannten Form gesellschaftlichen Zusammenlebens. Es war ganz einfach das widersprüchliche Faktum einer Gegen-Welt oder, wenn man will, einer Welt des Todes. Der Tod war in seinen Warteraum schon eingedrungen. Die jüdische »Lehre des Lebens« war vollkommen machtlos gegen ihn; wo sie sich in Form falscher Überlebenshoffnung durchzusetzen suchte, dementierte sie sich nur selber, und das zufällige Überstehen dieses oder jenes einzelnen hat nichts zu tun mit der fundamentalen Negation des Lebens (und jeder schließlich dem Leben dienstbaren Moral).

Das dialektische Paradoxon bestand darin, daß den Tod akzeptieren mußte, wer schließlich das Prinzip des Lebens im Ghetto erhalten wollte, daß das augenscheinlich Böse (die Rache) in sein System aufnehmen mußte, wer überhaupt Moral wiederherstellen sollte. – Den Tod akzeptieren, sage ich. Damit meine ich natürlich nicht den Opfertod, den Tod durch den anderen, der widerstandslos erlitten wurde, sondern den Tod, den der Ghetto-Insasse freiwillig in die Hand nahm, den er sich selbst zufügte, indem er ihn dem Feinde brachte. Das Ghetto war eine verkehrte Welt oder eine Welt der Umkehrungen: Wer es bestehen wollte, der mußte bereit und willens sein unterzugehen. – Es hatte der Nazi selbst diese Welt der Negationen errichtet. »Intelligenzberufe vortreten, wir brauchen Schreiber, Buchhalter, Chemiker!« hieß es in dem Lager, das ich damals kannte. Die »Intelligenzler« beeilten sich, traten im Laufschritt vor, standen stramm. Danach wurden sie Arbeitskommandos zugewiesen, denen besonders schwere körperliche Tätigkeiten oblagen. Der Nazi negierte sich selbst durch die Lüge, die er ständig im Mund hatte, negierte den anderen, den er der Lüge unterwarf und als einen noch Lebenden schon zu den Toten warf.

Dieser generellen Negation des Nazis – Negation des Lebens, des Menschen, seiner selbst sogar, Negation, ganz sicher, des Geistes, der Sittlichkeit, des Rechts, der Wahrheit, der Tapferkeit (denn noch der tapferste Jude wurde behandelt wie ein elender Feigling) – konnte nur begegnet werden durch eine umfassende Gegen-Verneinung. Negation der Negation: wenn irgendwo, irgendwann dies mehr war als anzweifelbare dialektische Akrobatik, dann im nazideutschen Ghetto! Die totale Negation der Negation konnte nichts anderes sein als der bewaffnete Aufstand gegen den Peiniger, die Revolte oder »große Weigerung«, die sich chancenlos weiß und dennoch sich bekennt zu sich selber. Womit wir wieder angelangt wären am Problem des Widerstands und der Insurrektion. – Sie fand, wie schon gesagt, selten statt. Aber wo sie sich manifestierte, war sie darum nur um so bewundernswerter und auf lange Sicht auch wirksamer. Dank der aufständischen Juden in manchen Lagern, im Warschauer Ghetto vor allem, kann heute der Jude wieder als Mensch sich in sein eigenes menschliches Angesicht schauen. Jean-François Steiner schreibt in seinem Buch ›Treblinka‹: »Er (ein Lagerhäftling) wußte noch immer nicht, wie er es anstellen sollte, sich zu erheben, aber die Idee erfüllte ihn stärker von Tag zu Tag, und so verlor er Stück für Stück seine Furcht und seine Feigheit.« Wenn es nur das gewesen wäre: die Überwindung physischer Angst vor dem Unterdrücker! Es war *auch* das, kein Zweifel, aber es war keineswegs *nur* das. Die einfache Formel von der Erringung der Menschenwürde oder der Mannesehre reicht bei weitem nicht aus zu sagen, was der Aufstand im Lager oder im Ghetto war. Ich habe oben von der grenzenlosen *Einsamkeit* des Ghetto-Insassen gesprochen, die ihn unterschied von der Kondition des Kolonisierten oder irgendeines sonstwie Unterdrückten. Die Algerier, als sie unter der Führung von neun Männern ihren Krieg gegen die französischen Besatzer begannen, waren nicht allein. Nicht nur Tunesien und Marokko als schon selbständige nordafrikanische Staaten des ehemaligen französischen Kolonialraums waren mit ihnen, sondern die moralische Unterstützung der ganzen außerfranzösischen Welt, auch eines jungen amerikanischen Senators namens John F. Kennedy, war ihnen gesichert.

Die um ihre Rechte und um ihre Identität kämpfenden Neger der Vereinigten Staaten, mögen sie sich auch der extremsten verbalen und konkreten Waffen bedienen, haben die Sympathie der Dritten Welt, der kommunistischen sowie erheblicher Teile sogar der westlichen auf ihrer Seite. Anders der Jude im nazideutschen Ghetto: Ihm half der gleichfalls gegen die Deutschen im Partisanenkampf stehende Pole oder Ukrainer nicht, er mochte glücklich sein, wenn dieser ihn nicht direkt angriff oder denunzierte. Ihm gewährte auch die demokratische Welt, die gegen Hitler ihren Krieg führte, keine Hilfe. Im Gegenteil! Die Alliierten nahmen jede Gelegenheit wahr, ihren vom traditionellen Antisemitismus keineswegs freien Völkern die bindende Versicherung zu geben, daß man nicht für die dem Tode anheimgegebenen Juden den Krieg betreibe. Als ob es eine Schande gewesen wäre, mit Waffengewalt die Ermordung von Millionen verhindern zu wollen!

Der Jude war allein mit seiner Aufgabe der Negation der Negation, dies gibt ihm, habe er den Auftrag nun vollzogen oder nicht, die ontisch einzigartige Dimension und die geschichtlich untilgbare Charakteristik. Er mußte sich ganz ohne stützenden Arm vom Boden aufrichten, darauf lief am Ende alles hinaus. Der gewaltsame Aufstand war die Verneinung der Ghetto-Kondition, die Auslöschung von zweitausend Jahren falscher Leidens-Solidarität, die Wiederherstellung nicht der »Würde«, sondern des Menschentums schlechthin, die rächende Stiftung der Gerechtigkeit, die Chance zur Errichtung eines neuen Reiches des Menschen auf Erden. – Sind alle diese Worte zu hoch gegriffen? Pathos im Sinne von Leiden, Nach-Leiden des unzumutbar Erlittenen, ist der einzig erlaubte Tonfall, wenn über das bloß Dokumentierende hinaus vom Ghetto berichtet wird, denn nirgendwo anders, wohin wir auch schauen mögen im weiten Umfeld der Geschichte, war das, was André Malraux ›La condition humaine‹ nannte, so fürchterlich zur condition inhumaine geworden.

Es war das Ghetto, so jedenfalls will es mir in diesem Augenblick erscheinen, der Anfang vom Ende der jüdischen Dulder-Geschichte. Etwas ist seit der Nazi-Verfolgung, die im Ghetto und schließlich im Todeslager kulminierte, zum Wesen dieses Volkes hinzugekommen: Die Gewißheit, daß ähnliches nicht mehr geschehen kann, weil es nicht geschehen darf, hat jedem Juden, wo immer er wohne, sich eingeprägt. Nur dem Juden? Ich hoffe, nein. Die Welt wurde auf heilsamste Weise traumatisiert durch die Ereignisse, wie sie nach und nach im Laufe eines Vierteljahrhunderts offenbar wurden. Auch hier hatte am Ende der Nazi sich selbst verneint, indem er nämlich zustande brachte, daß heute noch in der ganzen Welt junge Menschen, Enkel der Ghetto-Zeitgenossen, in den Ruf »Gestapo, SS!« ausbrechen, wenn sie Repressionskräfte niederträchtigen Verhaltens beschuldigen wollen. Das Hakenkreuz, auf das man den Juden genagelt hatte, hat nicht nur das Bild des jüdischen Gottesmörders von der Szene weggedrängt, es wurde ganz allgemein und weltweit zum Symbol des menschlich und geschichtlich Unerträglichen. Die Ghetto-Insassen waren es, die den Preis bezahlt hatten dafür, daß eine Menschheit die Chance wahrnahm, sich selbst vom Übel zu erlösen. *Alle* Ghetto-Bewohner, wohlgemerkt, auch die Schwarzhändler, auch die »Kollaborateure«, auch die Feiglinge und die Denunzianten. Der *höchste* Preis freilich wurde von den Preiswürdigsten erlegt: von den wenigen Frauen und Männern, die im Ghetto oder im Vernichtungslager den Tod an sich heranrissen und sich als Entmachtete, Entwaffnete zu Rächern machten.

Die Geschichte des Ghettos ist noch nicht zu Ende. Sie wirkt weiter und soll weiterwirken. Unversöhnlichkeit mit den Mördern, die vielleicht noch unter uns sind, und den anderen, die nur noch als scheußliche Erinnerungsbilder gespenstisch vor uns stehen, ist das höchste moralische Gebot, die einzig zulässige geschichtliche Meisterung dessen, was da der Wider-Mensch veranstaltete.

Manche Begriffe haben durch das Ghetto einen ganz neuen Inhalt bekommen. Rache, Unversöhnlichkeit. Man muß umlernen, so wie die Ghetto-Bewohner die Welt neu erfahren mußten. Die christliche Ethik reicht da so wenig aus wie die jüdische. Eine neue Geschichtsphilosophie wäre zu entwerfen, richtiger gesagt: Sie ist schon im Entstehen, die Menschen im Ghetto waren es, die ihre ersten Sätze niedergeschrieben haben. Nichts wird wieder so sein, wie es vordem war. Mag sein, daß man dermaleinst sagen wird, es habe die Geschichte einer menschlicheren Menschheit inmitten der Unmenschlichkeit des Ghettos begonnen.

Zwischen Vietnam und Israel (1967)
Das Dilemma des Engagements

Der Zufall fügte es, daß der Verfasser dieses Beitrags vor einigen Wochen im Abstand nur weniger Tage mit den deutschen Schriftstellern Alfred Andersch und Rolf Schroers Gespräche über das politische Engagement des Intellektuellen führte. Daß dieses Engagement nur ein – im weitesten und zugleich problematischsten Sinne – *linkes* sein könne, darüber war man sich stillschweigend mehr oder weniger einig. Der in seiner Lebensstimmung konservative, dem linken Flügel der FDP angehörende ehemalige Offizier Schroers, der einstige Jungkommunist Andersch, der in jedem Sinne heimatlose Linke schließlich, der diese Zeilen niederschreibt – sie faßten unausgesprochen alle drei den Begriff des Intellektuellen und den des Engagements so auf, wie die seit der Dreyfus-Affäre herrschende Tradition es will: Wer als Intellektueller sich engagiert, steht per definitionem *links,* wo nach Alfred Polgar »das Herz der Menschheit schlägt«. Über die schweigende Einverständlichkeit hinaus aber stellten sich ganz bestimmte Probleme. Gab der Intellektuelle nicht seine geistige Freiheit auf, wenn er sich allzu fest verband dem politischen Ereignis? Konnte er als Engagierter die wesentliche Tugend der Toleranz noch uneingeschränkt pflegen? War es angängig, zu jedem deutsch-innerpolitischen Problem im Sinne des linken Engagements Position zu beziehen und die Tribüne bei jeder kaum noch passenden Gelegenheit zwecks öffentlicher Wortführung zu besteigen? Wie stand es wohl um die schriftstellerische Würde eines als SPD-Barde die deutschen Lande durchziehenden Günter Grass? Setzte der Intellektuelle nicht sein Prestige aufs Spiel und verlor sein Wort nicht an Gewicht, wenn er in Permanenz seinen Namen unter Protesttelegramme setzte und Manifeste signierte?

Die Gespräche führten zu keinen verbindlichen Konklusionen. Was aber mich persönlich betraf – um nun unterm Zwang sowohl stilistischer als auch moralischer Nötigung das persönliche Fürwort einzuführen, das man sonst gerne verbirgt hinter verschämter Umschreibung und vorgetäuschter distanzierender Objektivität –, was also mich betrifft, so ergriff ich nicht ohne Leidenschaft *für* das in Frage gestellte Engagement Partei.

Prestige des Schriftstellers, seine »Aura«? Das sei nicht so viel wert; nicht einmal das mehr oder minder schöne Wort, mit dem der Schriftsteller bezaubert, solle eben in seiner »Schönheit« gar so schrecklich ernst genommen werden. Die Toleranz sei gleichfalls kein absoluter geschichtlich-moralischer Wert, das lasse sich herauslesen aus Herbert Marcuses großartigem Essay ›Kritik der reinen Toleranz‹. Sartres Verhalten biete das Beispiel: keine Furcht vor Prestigeverlust durch Outrance; keine Angst, sich unter Umständen sogar lächerlich zu machen. Es gebe allemal einleuchtende, evidente Prioritäten: Eine von ihnen sei das Engagement für die Sache, die vielleicht noch nicht die gute ist, die aber, so scheint es, als einzige die Chance hat, dereinst die gute zu werden.

Der Fürsprecher des Engagements linken Trends hatte es leicht, das ihm Angelegene und ihm Auferlegte zu vertreten. Vietnam. Da werde ein kleines Volk von der mächtigsten Militärmaschine der Welt zerschlagen, und es sei unangänglich, eine Symmetrie der Atrozitäten zu konstruieren, deren die einen wie die anderen sich schuldig machen. Man könne aber auch in andere Richtungen blicken: nach Griechenland natürlich, wo die neue Ordnung und die neue Sittlichkeit umgehen und dem gleichwohl kaum ein archäologisch beflissener Kulturtourist im kommenden Feriensommer den Rücken kehren werde. Bolivien. In diesem Land hat man, so heißt es, den jungen französischen Philosophen Régis Debray, einen strahlenden Menschen von ergreifender physischer und geistiger Wohlschaffenheit, schon halb zu Tode gemartert und werde ihn möglicherweise trotz der Vorstellungen seines General-Präsidenten hinrichten. Vom Fall Régis Debray aus ließe sich übrigens mit einiger Deutlichkeit der Sinn des Engagements definieren: Diesen erhalte es stets in dem Augenblick, wo der engagierte Intellektuelle sein Wort und seine Aktion zur vollen Kongruenz bringt, wo er sich physisch einsetzt für das, was er redet und schreibt.

Es stehe auch dieses Engagement in keinem Widerspruch zum Protest, der sich erheben muß gegen die schändliche Behandlung von Männern wie den Sowjetschriftstellern Daniel und Sinjawski, denn diese selbst und ihre leidenden Kameraden in den Ländern des sozialistischen Lagers verstünden sich ja als »linke« Opposition gegen die orthodoxe »rechte« Reaktion. Ihr Geschick sei nur ein weiterer Beweis dafür, daß immer noch der Geist links stehe und rechts die Macht, die böse ist, auch dort, wo sie gut sein will und sie ihre Wurzeln hat in einer auf Recht und Gerechtigkeit hin angelegten Theorie.

Im übrigen aber müsse man in diesen Tagen, wo nach U Thants Einschätzung in Vietnam die Welt geradenwegs in den dritten Weltkrieg hineingesteuert wird, sich immer wieder an diesem Vietnam orientieren. *Wie* man sich orientiert, darin scheiden sich die Geister – und scheiden unversöhnt. Es gebe keinen Ausweg in bequeme »Objektivität«.

So einfach waren die Konturen gezeichnet. So überdeutlich stellte sich das Bild der politischen Aktualität dem Auge des sich engagiert wollenden Intellektuellen dar. So unerläßlich schien es, sich ohne Angst vor Spott zum terrible simplificateur zu machen, denn so schrecklich vereinfacht war ja in der Tat die Welt.

Bis etwas sich ereignete, das für den besonderen Fall des hier über sich die Wahrheit äußernden Artikelschreibers und für Tausende seiner Gleichgesinnten aus der schrecklichen Simplizität der politischen Landschaft die noch schrecklichere Komplikation machte: Die arabischen Staaten, unterstützt von der Sowjetunion und dem gesamten sozialistischen Lager, schienen drauf und dran, dem Zwergstaat Israel den Garaus zu machen. In diesen Tagen erklärte in Brüssel Claude Lanzmann, ein Mitglied der »Sartre-Familie«, Begleiter Sartres und Simone de Beauvoirs bei deren jüngster Reise nach Ägypten und Israel, daß er, der Sozialist und Marxist, sich nun bekennen müsse, ohne jede Einschränkung, zu eben jenem Staate, der nach dem Sprachgebrauch der sozialistischen Welt ein Brückenkopf des amerikanischen Imperialismus im Nahen Osten sei; und er, Claude Lanzmann, bedauere nur, daß er das eindeutige Bekenntnis nicht schon früher abgelegt habe. So wie dem Sartre-Schüler und Sartre-Freund geschah es auch dem gleichfalls von Sartre mehr als von irgendeinem anderen Philosophen geprägten Verfasser dieses Beitrags – und so muß es einer Unzahl von Menschen ergangen sein, die in der Sache Vietnam gewählt und damit *sich* gewählt hatten, von einem obskuren jüdischen Linkssozialisten bis, vielleicht, zu jenem amerikanischen Hauptmann und Arzt Howard Levy, der sich geweigert hat, USA-Rekruten für Vietnam medizinisch zu unterweisen, da er, »a man of Jewish extraction«, nicht dem Hitler-Verehrer Marschall Ky zu dienen wünschte.

Noch wenige Wochen vor diesem Ereignis durfte ich mich ganz einfach als einer jener Linksintellektuellen fühlen, die der Abscheu der einen, das gemessene Vergnügen der anderen und sich selbst eine durch Kritik und Selbstironie gedämpfte Genugtuung sind. Ich erinnere mich meiner Teilnahme am Kongreß »Nürnberger Gespräch« im April, wo ein wutbleicher junger deutscher Mann in Heidegger-Joppe verlauten ließ, es würden Kerle, wie ich einer bin, wohl zu finden sein, wenn erst der Tag komme, und ich spüre noch nachträglich sehr genau den kindlichen Stolz, der von mir Besitz ergriff, da nun offenbar doch auch für unsereins das Engagement kein ganz sinnleeres Wort mehr war und man sich trösten konnte beim Gedanken, man gehe mit der politischen Bindung wenigstens ein minimales Risiko ein. – Im Augenblick jedoch, als sich arabische Truppen an allen Grenzen Israels konzentrierten, war es vorbei, mußte es vorbei sein mit der etwas selbstgerechten und nicht sehr intelligenten Befriedigung über die politische Verpflichtung, die man früher die »antifaschistische« genannt hätte.

Wie weit war ich – jenseits natürlich aller unmöglichen Vergleiche – entfernt von Sartre? Wie weit von Enzensberger und allen linksintellektuellen Engagierten, für die der Bestand des Staates Israel ein »Problem« zwar ist, aber keine Sache ihres eigenen Platzes in der Welt? Sternweit. Wir, die wir als Träger jüdischen Schicksals – wir mögen Voll- und Glaubensjuden sein oder total assimilierte Atheisten – uns haben erkennen müssen, sind, seit Israel sich in Gefahr befindet, ausgeschlossen aus der Gemeinschaft, die gestern die unsrige war. Wir stehen, soferne wir jedenfalls der Generation angehören, die Hitlers Verbrechen im Fleische erfuhr, wiederum so allein da wie zwischen 1933 und 1945. Wir können nicht mehr wählen, können *uns* nicht mehr wählen: Denn wir wurden schon gewählt, als Opfer, und es bestehen manche Aussichten, daß wir die damals uns auferlegte Rolle noch einmal werden spielen müssen.

Das Singuläre und Irreduktible der jüdischen Grundverfassung wird neuerdings klar: Es besteht in der Unentrinnbarkeit des Judeseins, das als solches nur angenommen werden kann, dessen Gesetz zu erfüllen ist. Ein Linksintellektueller kann man heute sein wollen und morgen nicht mehr, das ist eine Frage sehr weitgehend freier Entscheidung. Wer Jude ist – nochmals: Glaubensjude oder nicht, Volljude oder sogar »rassisch« gemischter –, dem ist der freie Entschluß von vorneherein verwehrt. Er hat zu bleiben, der er ist, und sein Sosein auf sich zu nehmen. Damit ist ihm auch seine Stellung im drohenden israelisch-arabischen Konflikt schon vorgeschrieben.

Vor mir liegt der Text eines Aufrufes französischer Linksintellektueller für den Frieden im Nahen Osten. Er redet von der Freundschaft der Signatare für das arabische Volk und der energischen Ablehnung des amerikanischen Imperialismus. Danach wird zugunsten Israels sehr ausdrücklich plädiert: Sicherheit und Souveränität dieses Staates, einschließlich der freien Schiffahrt, müßten gewahrt werden; der Friede sei zu verwirklichen durch direkte Unterhandlungen der betroffenen Nationen im Interesse der Völker.

Der wohlgemeinte und um Gerechtigkeit nach allen Seiten hin bemühte Appell ist ganz und gar theoretisch, denn daß die arabischen Staaten nicht zu unterhandeln wünschen und die Existenz des Staates Israel um keinen Preis anerkennen wollen, ist nachgerade bekannt. Daß Sartre, Simone de Beauvoir, Claude Roy, Jean Cassou, der Abbé Morel und der Pastor Westphal das Dokument unterschrieben, ist verständlich und sollte gebilligt werden, wenn auch der Text nicht gerade zeugt von der Realeinsicht seiner Verfasser; schließlich können sich nichtjüdische Intellektuelle in dieser Situation die Bekräftigung ihrer politisch-moralischen Prinzipien leisten, es geht nicht direkt um ihren Bestand. Daß aber die Juden Laurent Schwartz, Vladimir Yankélevitch, Clara Malraux-Goldschmidt ihre Namen unter das Schriftstück setzten, erscheint bereits als tragische Ironie, als die Anklammerung an in sich widersprüchlich gewordene, von der Wirklichkeit schon zerstörte Grundsätze.

Was soll die Bekräftigung der Freundschaft für die arabischen Völker, da diese doch ganz offensichtlich von solcher Liebeserklärung nichts wissen wollen und mit dem Philosophen Yankélevitch, dem Mathematiker Schwartz, der Schriftstellerin Clara Malraux gewiß ganz ohne Federlesens höchst unfreundschaftlich verfahren würden, wenn je sie dazu die Möglichkeit hätten? Was soll in diesem Zusammenhang die Verdammung des amerikanischen Imperialismus? Es gibt ihn, oder wie man es präziser auszudrücken hätte: Es gibt die amerikanische Politik kriegerischer Gewaltanwendung ganz gewiß in Vietnam, wo sie sich täglich aufs häßlichste kundtut. Es hat aber diese Gewaltpolitik der USA nichts zu schaffen mit der Nahostkrise, denn nicht Amerika ist es, das dort ein kleines Land mit der Auslöschung bedroht.

Es hat den Anschein, als hätten die jüdischen Linksintellektuellen noch nicht in vollem Umfang begriffen, daß angesichts der Ereignisse an den Grenzen Israels ihr Auftreten als Linksintellektuelle nicht mehr gilt. Es wird ein schlimmes Erwachen für sie sein, wenn sie sich erst vor der unabweislichen Tatsache sehen, daß sie nicht zu wählen, nicht Stellung zu beziehen haben, weil sie schon gewählt wurden und ihre Position ihnen zugewiesen ist. Warum dies?

Nun, es ist klar: Für jeden Juden in der Welt, er stehe politisch wo auch immer, er sei ein Intellektueller oder ein Kaufmann oder ein Handwerker, ist der Bestand des kleinen Judenstaates eine »existentielle« Frage, denn in Israel haben die Juden, wie Ernst Bloch in einem anderen Zusammenhang es nennt, den »aufrechten Gang« gelernt und haben den starken Schritt, die gerade Haltung auch jenen Juden eingeübt, die in der Diaspora wohnen und allenfalls keine Absicht haben, Israel auch nur zu einem Ferienaufenthalt zu besuchen. Der israelische Staat hat die dümmsten antisemitischen Legenden – die Juden seien feige, sie könnten mit dem Geldschein zwar umgehen, nicht aber mit dem Pflug, sie seien unfähig zur Staatenbildung – so schlagend dementiert, daß heute nicht einmal der verbissenste Alt- oder Neunazi sie zu wiederholen wagt. Davon lebt ein jeder Jude, wo immer er lebe; das gibt ihm einen rechten Platz in der Welt, auch wenn er es sich nicht eingesteht und sich als Vollfranzose oder Vollamerikaner längst konstituiert hat. So ist denn der jüdische Linksintellektuelle engagiert *von* seinem Geschick und *an* dieses. Sein Engagement ist nicht das Ergebnis einer freien Wahl, sondern eines unausweichlichen Zwanges. Er ist – seit sich die feindlichen Armeen um Israel sammeln, seit die zügellosesten Stimmen aus den arabischen Ländern schon laut werden lassen, es müsse aus dem kleinen Land ein großes Konzentrationslager gemacht werden, seit davon gesprochen wird, die Israelis ins Meer zu stoßen – kein Linksintellektueller mehr, nur noch ein Jude: Denn hinter ihm liegt Auschwitz und vor ihm vielleicht das seinen Stammesgenossen, zu denen er gehören muß, weil die Welt es so will, zu bereitende Auschwitz II am Mittelmeer.

Die jüdische condition humaine hat den Juden der Wahl auf tragische Weise enthoben, wie schon einmal zuvor. Das will aber natürlich nicht heißen, daß es für ihn nicht ein fürchterliches Dilemma gäbe, soferne er auf der Linken steht. Denn schließlich, Vietnam geht ja weiter, die Eskalation ist nicht gestoppt, Vietnam ist da und fordert die Solidarität des linksengagierten Juden – und mag auch Hanoi an Nasser die Versicherung seiner uneingeschränkten Billigung telegraphisch übermittelt haben. Wie dem Dilemma entrinnen?

Man kann einen vereinfachten Modellfall konstruieren unter der Annahme, daß sowohl der General Giap als auch der Generalstabschef Itzhak Rabin Freiwillige anfordern und Internationale Brigaden aufstellen.

Wohin sollte dann allenfalls ein linksorientierter, militärdiensttauglicher junger Jude sich aufmachen? Das wäre die Entscheidungsfrage, die freilich schon vorentschieden ist, sofern nämlich der junge Mensch, der da zu wählen hätte, den Entschluß zur *Authentizität* zu fassen wünscht. Für den Verfasser dieses Beitrags ist sie bereits keine Frage mehr; er würde, erlaubten es ihm Alter und physische Verfassung, seine Kräfte dem Generalstabschef Rabin zur Verfügung stellen und würde den General Giap »verraten«– auch auf die Gefahr hin, unter israelischem Kommando sich urplötzlich an der Seite eines amerikanischen Marines zu finden, der eben in Vietnam sein tristes Geschäft verrichtete und daheim in South Carolina vielleicht ein Segregationist und Antisemit ist.

Das Dilemma des jüdischen Linksintellektuellen ist nur ein psychologisches. Objektiv ist sein Verhalten ihm schon vorgezeichnet, mit anderen Worten: Wieder einmal ist er nicht *frei*, so wenig frei wie der Schreiber dieser Zeilen es war, als er sich 1941 für den Widerstand entschloß: Auch die »Loyalität« gegenüber der deutschen Besatzungsmacht hätte ihn ja nicht vor der Deportation gerettet. Er ist demnach gar kein geistig um die Klärung der Engagementfrage Bemühter mehr. Die Problematik als solche betrifft ihn nicht – so lange nicht, wie Israel gefährdet ist und mit Israel er selbst samt seinem mühsam erlernten aufrechten Gang. Er ist herausgerissen aus der Gesinnungsgemeinschaft und hineingeworfen in eine Kommunität von Verfolgten, der er angehören muß, er wolle es so oder nicht. Und wenn er's nicht wahrhaben will, dann male er sich nur aus, was geschehen würde nach einer totalen Niederlage Israels, in deren Folge sich viele Hunderttausende von Juden heimatlos in die Welt ergössen! Dann gäbe es neuerdings ein Judenproblem ganz anderer Art, und die jüdischen Unterzeichner des obenerwähnten Aufrufs, die sich freie Menschen wähnten, würden vielleicht froh sein, die nackte Haut zu retten.

Der jüdische Engagé für Vietnam und Griechenland dankt ab. Vorläufig jedenfalls. Seine Stelle nimmt der einer Katastrophe ausgesetzte Jude ein. Wird er zur Freiheit wieder auferstehen und sein linkes Engagement mit allen Konsequenzen wieder eingehen können? Das hängt vielleicht auch davon ab, ob er in diesen Tagen seine Eigentlichkeit zu finden weiß.

Der ehrbare Antisemitismus (1969)

De Gaulle fiel. Manch einem war trüb zumut wie einem Heineschen Grenadier; mir auch, mir auch. Nur leider, daß in New York dem französischen UNO-Delegierten Armand Bérard nichts Besseres einfiel, als verzweifelt auszurufen (laut ›Nouvel Observateur‹ vom 5. Mai): »C'est l'or juif!« Und kein Dementi. Rechter Hand, linker Hand, alles vertauscht. Der Antisemitismus schafft's und, wie es einst bei Stefan George hieß: »... er reißt in den Ring.«

Das klassische Phänomen des Antisemitismus nimmt aktuelle Gestalt an. Die alte besteht weiter, das nenn ich mir Koexistenz. Was war, das blieb und wird bleiben: der krummnasige, krummbeinige Jude, der vor irgendwas – was sag ich? – der vor allem davonläuft. So ist er auch zu sehen auf den Affichen und in den Pamphleten der arabischen Propaganda, an der angeblich braune Herren deutscher Muttersprache von einst, wohlkaschiert hinter arabischen Namen, mitwirken sollen. Die neuen Vorstellungen aber traten auf die Szene gleich nach dem Sechs-Tage-Krieg und setzen langsamerhand sich durch: der israelische Unterdrücker, der mit dem ehernen Tritt römischer Legionen friedliches palästinensisches Land zerstampft. Anti-Israelismus, Anti-Zionismus in reinstem Vernehmen mit dem Antisemitismus von dazumal. Der ehern tretende Unterdrücker-Legionär und der krummbeinige Davonläufer stören einander nicht. Wie sich endlich die Bilder gleichen!

Doch neu ist in der Tat die Ansiedlung des als Anti-Israelismus sich gerierenden Antisemitismus auf der Linken. Einst war das der Sozialismus der dummen Kerle. Heute steht er im Begriff, ein integrierender Bestandteil des Sozialismus schlechthin zu werden, und so macht jeder Sozialist sich selber freien Willens zum dummen Kerl.

Den Prozeß kann man nutzbringend nachlesen in dem schon vor mehr als einem Jahr in Frankreich bei Pauvert erschienenen Buch ›La Gauche contre Israel‹ von Givet. Es genügt aber auch, gewisse Wegmarken zu erkennen, beispielsweise eine in der Zeitschrift ›konkret‹ erschienene Reportage zu lesen: ›Die dritte Front‹. ›Ist Israel ein Polizeistaat?‹ heißt da ein Zwischentitel. Die Frage ist nur rhetorisch. Natürlich ist Israel das. Und Napalm und gesprengte Häuser friedlicher arabischer Bauern und Araber-Pogrome in den Straßen von Jerusalem. Man kennt sich aus. Es ist wie in Vietnam oder wie es einstens in Algerien war. Der krummbeinige Davonläufer nimmt sich ganz natürlich aus als Schrecken verbreitender Goliath.

Es ist von der Linken die Rede und keineswegs nur von den noch mehr oder minder orthodoxen kommunistischen Parteien im Westen oder gar von der Politik der Staaten des sozialistischen Lagers. Für diese gehört der Anti-Israelismus, aufgepfropft auf den traditionellen Antisemitismus der slawischen Völker, ganz einfach zur Strategie und Taktik einer so und so gegebenen politischen Konstellation. Die Sterne lügen nicht, die Gomulkas wissen, worauf sie rechnen dürfen. *C'est de bonne guerre!* Darüber ist kein Wort zu verlieren.

Schlimmer ist, daß die intellektuelle Linke, die sich frei weiß von Parteibindungen, das Bild übernimmt. Jahrelang hat man – um einmal von Deutschland zu reden – den israelischen Wehrbauern gefeiert und die feschen Mädchen in Uniform. In schlechter Währung wurden gewisse Schuldgefühle abgetragen. Das mußte langweilig werden. Ein Glück, daß für einmal der Jude nicht verbrannt wurde, sondern als herrischer Sieger dastand, als Besatzer. Napalm und so weiter. Ein Aufatmen ging durchs Land. Jedermann konnte reden wie die ›Deutsche National- und Soldaten-Zeitung‹; wer links stand, war befähigt, noch den Jargon des Engagements routinemäßig zu exekutieren.

Fest steht: Der Antisemitismus, enthalten im Anti-Israelismus oder Anti-Zionismus wie das Gewitter in der Wolke, ist wiederum ehrbar. Er kann ordinär reden, dann heißt das »Verbrecherstaat Israel«. Er kann es auf manierlichere Art machen und vom »Brückenkopf des Imperialismus« sprechen, dabei so nebstbei allenfalls in bedauerndem Tonfall hinweisen auf die mißverstandene Solidarität, die so ziemlich alle Juden, von einigen löblichen Ausnahmen abgesehen, an den Zwergstaat bindet, und kann es empörend finden, daß der Pariser Baron Rothschild die Israel-Spenden der jüdischen Bevölkerung Frankreichs als eine Steuer einfordert.

Der Antisemitismus hat es leicht allerwegen. Die emotionelle Infrastruktur ist da, und das keineswegs nur in Polen oder Ungarn. Der Antisemit »demystifiziert« den Pionierstaat mit Wohlbehagen. Es fällt ihm ein, daß hinter dieser staatlichen Schöpfung immer schon der Kapitalismus stand in Form der jüdischen Plutokratie: Auf diese letztgenannte geht er nicht ausdrücklich ein, das wäre ein ideologischer *lapsus linguae*, jedoch – *c'est l'or juif!* – niemand wird sich täuschen oder die tatsächliche Bestelltheit eines Landes, das aus einer schlechten Idee geboren, am schlechten Orte errichtet, einen oder mehrere schlechte Kriege geführt und Siege erfochten hat.

Mißverständnisse sind nach Möglichkeit zu vermeiden. Ich weiß so gut wie irgendwer und jedermann, daß Israel objektiv die unerfreuliche Rolle der Besatzungsmacht trägt. Alles zu justifizieren, was die diversen Regierungen Israels unternehmen, fällt mir nicht ein. Meine persönlichen Beziehungen zu diesem Land, von dem Thomas Mann in der Josephs-Tetralogie gesagt hat, es sei »ein Mittelmeer-Land, nicht gerade heimatlich, etwas staubig und steinig«, sind quasi null: Ich habe es niemals besucht, spreche seine Sprache nicht, seine Kultur ist mir auf geradezu schmähliche Weise fremd, seine Religion ist nicht die meine. Dennoch ist das Bestehen dieses Staatswesens mir wichtiger als irgendeines anderen.

Und hiermit gelangen wir an den Punkt, wo es ein Ende hat mit jeder berichtenden oder analysierenden Objektivität und wo das Engagement keine freiwillig eingegangene Verbindlichkeit ist, sondern eine Sache der Existenz, das Wort in mancherlei Bedeutung verstanden.

Über Israel, den modischen Anti-Israelismus, den altmodischen, aber stets in jegliche Mode sich wieder einschleichenden Antisemitismus spricht existentiell subjektiv, wer irgendwie »dazugehört« (»Juden, Personen, die im Sinne des Reichsbürgergesetzes vom 15. September 1935 als Juden gelten«) – und erreicht am Ende vielleicht gerade darum eine Objektivität annähernd naturrechtlichen Charakters. Denn schließlich mündet noch die geistesschlichteste – genauso wie die gründlichste und gescheiteste – Überlegung in die Erkenntnis, daß dieses Pionierland, und mag es hundertmal nach einer sich pervertierenden pseudomarxistischen Theologie im Sündenstande technischer Hochentwicklung sich befinden, unter allen Staaten dieses geopolitischen Raumes das gefährdetste ist. Sieg, Sieg und nochmals Sieg: Es droht die Katastrophe, und ihr weicht man auch nicht aus, indem man direkt in sie hineinrennt und Israel zum Teilgebiet einer palästinensischen Föderation macht.

Die arabischen Staaten, denen ich Glück und Frieden wünsche, werden den israelischen Entwicklungsvorsprung einholen, irgendeinmal. Ihr demographischer Überdruck wird das übrige tun. Es geht unter allen Umständen darum, den Staat Israel zu erhalten, so lange, bis Frieden, wirtschaftlicher und technischer Vorausgang der Araber in einen allgemeinen Gemütszustand versetzen, der ihnen die Anerkennung Israels innerhalb gesicherter Grenzen gestattet.

Es geht darum. Wem? Die subjektive Verfassung, die zur geschichtlichen Objektivität werden will, hat hier ihre Dreinrede. Israels Bestand ist unerläßlich für alle Juden (»Juden, Personen, die im Sinne ...« und so weiter), wo immer sie wohnen mögen. »Wird man mich zwingen, Johnson hochleben zu lassen? Ich bin bereit dazu«, rief am Vorabend des Sechs-Tage-Krieges der linksradikale französische Publizist und Sartre-Schüler Claude Lanzmann. Der wußte, was er meinte und wollte. Denn jeder Jude ist der »Katastrophen-Jude«, einem katastrophalen Schicksal ausgeliefert, ob er es erfaßt oder nicht. »Lauf, blasser Jude«, schreiben die Black Panther-Männer an die Geschäfte und Häuser jüdischer Händler in Harlem und vergessen leichten Herzens die alte Allianz, die in den USA den Juden an den Neger kettete und die noch der mieseste bürgerlich-jüdische Händler nicht verriet.

Wer garantiert, daß nicht einmal eine Regierung in den Vereinigten Staaten zum großen Versöhnungsfest den Juden dem Neger zum Fraß hinwirft? Wer verbürgt den einflußreichen und zum Teil reichen Juden Frankreichs, daß nicht eines Tages das Erbe der Drumont, Maurras, Xavier Vallat zu neuer Virulenz gelangt? Wer steht ein dafür, daß nicht Herrn Strauß, an die Macht gekommen, irgendwas einfällt, worauf dann auch ein gewisser Zeitungs-Tycoon sich hüten würde, weitere schnöde Spenden einer schnöde zur Annahme bereiten israelischen Regierung zu geben? Niemand garantiert nichts. Das ist keine paranoide Phantasie und ist mehr als die menschliche Grundverfassung der Gefahr. Die Vergangenheit, die allerjüngste, brennt.

Und nun wird jeder Freund von der Linken mir sagen, auch ich reihte mich ein in die große Armee derer, die mit sechs Millionen (oder meinetwegen fünfen oder vieren) Ermordeter Meinungserpressung treiben. Das Risiko ist einzugehen: Es ist geringer als das andere, welches die Freunde mir proponieren, wenn sie für die Selbstaufgabe des »zionistischen« Israel plädieren.

Die Forderung der praktisch-politischen Vernunft geht dahin, daß die Solidarität einer Linken, die sich nicht preisgeben will (ohne daß sie dabei das unerträgliche Schicksal der arabischen Flüchtlinge ignorieren muß), sich auf Israel zu erstrecken, ja, sich um Israel zu konzentrieren hat. Das Gebot hat für den nichtjüdischen Mann der Linken nicht die gleiche Verbindlichkeit wie für Juden, stehe dieser politisch links, mittwegs, rechts oder nirgendwo. Aus der Linken kann man austreten; das Sosein als Jude entläßt niemand, das wußte schon ein Früh-Antisemit wie Lanz-Liebenfels. Freilich hat die Linke ihre ungeschriebenen moralischen Gesetze, die sie nicht beugen darf. »Wo es Stärkere gibt, immer auf der Seite der Schwächeren«, welch unüberschreitbar wahre Trivialität! Und stärker – wer wagte Widerrede? – das sind die Araber; stärker an Zahl, stärker an Öl, stärker an Dollars, man frage doch bei der Aramco und in Kuwait nach, stärker, ganz gewiß, an Zukunftspotential.

Die Linke aber ganz offensichtlich schaut wie gebannt auf die tapferen palästinensischen Partisanen, die freilich ärmer sind als die Männer Moshe Dayans. Sie sieht nicht, daß trotz Rothschild und einem wohlhabenden amerikanisch-jüdischen Mittelstand der Jude immer noch schlechter dran ist als Frantz Fanons Kolonisierter, sieht das so wenig wie das Phänomen des anti-imperialistischen jüdischen Freiheitskampfes, der gegen England ausgefochten wurde. Am Ende ist es auch nicht die Schuld der Israelis, wenn die Sowjetunion vergaß, was 1948 vor der UNO Gromyko mit schönem Vibrato vorgetragen hat: »Was den jüdischen Staat betrifft, so ist seine Existenz bereits ein Faktum, das gefalle oder nicht (...) Die Delegation der UdSSR kann sich nicht enthalten, ihr Erstaunen über die Einstellung der arabischen Staaten in der palästinensischen Frage auszudrücken. Ganz besonders sind wir überrascht zu sehen, daß diese Staaten oder zumindest einige von ihnen sich entschlossen haben, militärische Maßnahmen zu ergreifen mit dem Ziele, die nationale Befreiungsbewegung der Juden zu vernichten. Wir können die vitalen Interessen der Völker des Nahen Ostens nicht identifizieren mit den Erklärungen gewisser arabischer Politiker und arabischer Regierungen, deren Zeugen wir jetzt sind.«

So sprach, wie schon gesagt, die Sowjetunion, eine Großmacht, die Großmachtpolitik treibt und die wohl à la longue nicht absehen konnte von dem offenbaren Faktum, daß es mehr Araber gibt als Juden, mehr arabisches Öl als jüdisches, daß militärische Stützpunkte in den arabischen Staaten einen höheren strategischen Wert haben als in Israel. Die Linke im weiteren und weitesten Sinn aber, und ganz besonders die protestierende äußerste Linke, der ich mich auf weiten Strecken verbunden weiß, hat diese Großmacht-Ausflucht nicht. Sie ist, nach dem Gesetz, nach dem sie angetreten, zur Einsicht verpflichtet; zur Einsicht in die tragische Schwäche des jüdischen Staates und jedes einzelnen Juden in der Diaspora, zur Einsicht in das, was hinter den Kulissen eines jüdischen bürgerlichen Mittelstandes, hinter dem Mythos des Geld- und Gold-Juden (von Jud Süß bis zu den kontemporären Rothschilds und ein paar jüdischen Hollywood-Größen) sich verbirgt. Die Juden manipulieren zeitweilig Kapitalien: Sie beherrschten sie niemals. Sie haben heute in Wall Street so wenig zu sagen wie einst im wilhelminischen Deutschland in der Schwerindustrie.

Der Staat Israel ist heute so wenig ein Bollwerk des Kapitalismus, wie er es war, als die ersten Pioniere dort den Boden umgruben, so wenig wie die arabischen Staaten vernünftigerweise als progressistisch angesehen werden können. Die Linke macht, das ist der Jammer, die Augen zu. Der Zufall spielte mir gerade einen Text von Hans Blüher zu: »Eine wirkliche Geschichte Europas dürfte nicht so geschrieben werden, wie das bisher geschah, daß nämlich ein Jude einmal hie und da anekdotenhaft vorkommt ..., vielmehr müßte die Darstellung so sein, daß dauernd die geschichtliche Macht des Judentums als eines latenten und ständig mitspielenden Reiches sichtbar wird.« Der Text könnte wörtlich in einer der zahlreichen pseudointellektuellen arabischen Veröffentlichungen stehen, mit denen die Presse überschwemmt wird. Und von Blüher – aber auch von Streicher, denn allerwegen ebnet der Antisemitismus die intellektuellen Höhenunterschiede ein – könnte stammen, was der Unterrichtsminister des progressistischen Staates Syrien an den Generaldirektor der UNESCO schrieb: »Der Haß, den wir unseren Kindern einprägen, ist ein heiliger Haß.« Es wäre das alles kaum der Aufnotierung wert, und der närrische Blüher könnte im Frieden des Vergessens schlafen, hätte nicht die intellektuelle Linke Westeuropas (einschließlich übrigens einiger vom Selbsthaß verstümmelter Juden wie Maxim Rodinson) sich dieses Vokabulars bemächtigt und das vom Wortschatz vermittelte Normensystem angenommen.

Wenn aus dem geschichtlichen Verhängnis der Juden- beziehungsweise Antisemitenfrage, zu dem durchaus auch die Stiftung des nun einmal bestehenden Staates Israel gehören mag, wiederum die Idee einer jüdischen Schuld konstruiert wird, dann trägt hierfür die Verantwortung eine Linke, die sich selber vergißt. »Der Antizionismus ist ein von Grund auf reaktionäres Phänomen, das von den revolutionären progressistischen antikolonialistischen Phrasen über Israel verschleiert wird«, sagte neulich Robert Misrahi, ein französischer Philosoph, der, gleich dem vorhin zitierten Claude Lanzmann, zur weiteren Sartre-Familie gehört.

Der Augenblick einer Revision und neuen geistigen Selbstbestreitung der Linken ist gekommen; denn sie ist es, die dem Antisemitismus eine ehrlose dialektische Ehrbarkeit zurückgibt. Die Allianz des antisemitischen Spießer-Stammtisches mit den Barrikaden ist wider die Natur, Sünde wider den Geist, um in der vom Thema erzwungenen Terminologie zu bleiben. Leute wie der polnische General Moczar können sich die Umfälschung des kruden Antisemitismus zum aktuellen Anti-Israelismus gestatten: Die Linke muß redlicher sein. Es gibt keinen ehrbaren Antisemitismus. Wie sagte Sartre vor Jahr und Tag in seinen ›Überlegungen zur Judenfrage‹? »Was der Antisemit wünscht und vorbereitet, ist der Tod des Juden.«

Israel ohne Juden (1969)

Habent sua fata usw.... Die Geschichte hat es eilig, da läßt sie manchmal Bücher am Wege. Erkenntnisse, scheinbar von großer Tragweite, werden ungültig in wenigen Jahren. Tatbestände werden in heftiger Akzeleration historisch verschieden angeleuchtet, gewinnen, verlieren Dimensionen. Die Wahrheiten werden immer kurzlebiger, die Arbeiten der Beobachter, Untersucher, Denker schwieriger und undankbarer.

Vor vier Jahren erschien die französische Originalausgabe des von dem angesehenen Soziologen Georges Friedmann verfaßten Buches ›La fin du peuple juif?‹, das unter dem wörtlich übernommenen Titel ›Das Ende des jüdischen Volkes‹ (der Satz ist in beiden Sprachen von einem Fragezeichen gefolgt) im vergangenen Herbst auf deutsch herausgebracht wurde. Als ich es 1965, gleich nach Erscheinen der französischen Ausgabe, las, meinte ich, das letzte Wort über die israelisch-jüdische Problematik sei gesagt, das Werk sei – jedenfalls auf lange Zeit hin – unüberholbar. Seither ist manches geschehen. Ein Krieg mit seinen Folgen von Sieg und Territorial-Gewinn ging über die Weltbühne. Das israelische Volk, Volk der Wehrbauern und Pioniere, Entzücken eines falschen Philosemitismus auf Illustrierten-Niveau. (Ach, wie reizend doch diese soldier-girls aussehen in ihren schmucken Uniformen! und was sind das doch für prächtige Burschen, die da hinterm Pflug herschreiten, Blut und Boden – dieses Volk steht da als ein Eroberervolk. Eiserner Tritt der Legionen. Napalm. Gesprengte Araber-Häuser. Und die Rührung hängt sich an die El-Fatah-Männer, die nun ausgestattet werden mit einem Résistance-Mythos, der ebenso undurchdacht ist wie vordem ein an den Juden Israels sich emporrankender Pionier-Mythos.)

Ein Mann fuhr 1963 zum erstenmal nach Israel. Diesem Aufenthalt folgten andere: Sie alle wurden dem Manne, der sie als »seine erste Begegnung mit dem Judentum« bezeichnet, wie er einbekennt, zu einem »Schock«. Von wem ist die Rede? Von Georges Friedmann, einem sehr angesehenen französischen Hochschullehrer, Soziologen von Weltruf, der sich namentlich mit Problemen der Arbeitspsychologie beschäftigt hat. Friedmann, der selber sagt, es lege sein Name sowie seine Nase Zeugnis ab für seine Herkunft – wobei man ihn allerdings korrigieren möchte, denn »Judennasen« findet man in Marseille ebenso wie in Tel-Aviv –, Friedmann ist Jude. Welch einer? Es ist das zum Verständnis des Israel-Buches, das er schrieb und das hier zu besprechen ist, nicht ganz unwichtig. – Er selber gibt Auskunft: »›*Civis gallicus sum*‹ – ich bin ein französischer Bürger... Ich stamme aus einer Pariser Familie, die die traditionellen Vorschriften nicht mehr befolgte, in der Mischehen in keiner Weise ein Problem darstellten. Ich war weitgehend mit Frankreich, seinem Lebensstil und seiner Kultur verwachsen... Im Oktober 1940 wurde das anders: Ich war aus meinem Beruf vertrieben, zur Arbeitslosigkeit verurteilt... Aber nicht Frankreich verjagte mich von seinen Schulen: Hitler und Goebbels taten das. Ich suchte das unversehrte Frankreich und fand es in meinen Freunden, *civis gallicus sum*, ich bin und bleibe es mit gutem Recht, komme, was da wolle...«

Es war also, um in geläufigen Kategorien zu reden, ein »assimilierter« Jude, der da nach Israel fuhr: Gerade in Deutschland, wo vor Hitler die Assimilation der Juden eine unvergleichliche Breite und Tiefe erreicht hatte, wird man die Belichtung, in der Friedmann Israel sah, recht wohl kennen und zu deuten wissen. Dennoch, ungeachtet seiner weitgehenden bis totalen Assimiliertheit, seiner gallischen Bürger-Gewißheit, konstatiert er: Israel, das steht fest, bewegt jeden Juden..., es mag ihn begeistern, es mag ihn irritieren; auf jeden Fall wird es ihn aufrütteln.

Durchaus ist offenbar, daß es sich da um ganz andere Gefühle handelt, als die es sind, die einen Amerikaner irischer Herkunft beim erstmaligen Besuch seines old country erfassen: »Bewegung« wird vielleicht auch ein Mr. McCoy empfinden, wenn er, aus New York kommend, in Dublin eintrifft. Von »Aufrüttelung« wird er kaum sprechen. Es ist klar, daß das jüdische historische Schicksal entschieden fürchterlicher und im metaphysischen Sinne bedeutsamer war als das irische. Es gibt auch kaum einen »Anti-Irismus«, wohl aber einen Antisemitismus, so – um nur ein willkürlich gewähltes Beispiel anzuführen – im sozialistischen Polen von 1969. Ein Mensch namens Friedmann hat es schwerer als ein Erdenbürger, der McCoy heißt. Tragisches Weltgefühl und mancherlei Kontradiktionen sind ihm auferlegt, wie sie dem anderen nicht zu schaffen machen. Wenn er zur Feder greift – und gerade wenn er sich über das Thema Israel beugt –, werden Tragik und Widersprüche vielerlei Art seinem Werk jene Distinktion verleihen, die ihn, er mag es so wollen oder nicht, »anders machen als die anderen«. Das trifft in besonderem Maße auf das zur Rede stehende Buch zu, und Friedmann, der »civis gallicus«, weiß das selber, bekennt zu Ende seines Buches, daß er der Welt ein Produkt der jüdischen Unruhe vorlegt.

Georges Friedmann, als er Israel bereiste, israelische, soziologische, historische und demographische Literatur studierte, durch den Alltag des Landes wanderte, in Kibbuzim wohnte, orthodoxe Synagogen sah, sich mit israelischen Technokraten ebenso unterhielt wie mit jemenitischen Einwanderern, die aus Urzeiten ins zwanzigste Jahrhundert erwachten, suchte gleichermaßen das Land Israel wie sich selber, will sagen: seine jüdische Identität. Er fand sie nicht und fand sie doch. Er fand auch nicht das »jüdische Volk«, auf dessen tief in den Geschichtsboden gegrabenen Spuren er sich bewegte. Eine seiner wichtigsten Thesen, die er im Vorwort schon vorwegnimmt und später mit der ganzen Akribie des akademischen Forschers entwickelt, besagt: »...daß der Staat Israel seit seiner Gründung vor zwanzig Jahren ein Schmelztiegel ist, in dem Männer, Frauen und Kinder aus hundertundzwei Ländern schmelzen, sich erneuern, eine Wiedergeburt erleben. Diese Verschmelzung schafft, indem sie bei der Mehrzahl der Bürger die traditionelle jüdische Identität und Spezifität schwächt, eine *neue* Nation, die *israelische.* Dieser Prozeß, von dem ich mannigfache Aspekte beschrieben und den ich die *Israelisierung* genannt habe, kann durch den Krieg, durch die permanente Spannung, die er akzentuiert hat und die er aufrechterhält, eigentlich nur vorangetrieben und verstärkt werden.«

In der Tat ist der überwiegende Teil des Werkes, das hohen Informationswert hat und sich durch bemerkenswerten Mangel an jüdischem beziehungsweise philosemitischem Sentimentalismus auszeichnet, der Beschreibung der »Israelisierung« beziehungsweise der Erarbeitung des Begriffs der *Israelität* – im Gegensatz zur Judaizität oder Jüdischkeit – gewidmet. Mit nicht geringem Aufwand von

Faktenmaterial, vor allem statistischem und solchem, das der Autor israelischen quantitativ-soziologischen Untersuchungen entnimmt, wird hier beschrieben, wie dieses Land, das zweifellos imponierendste Beispiel für eine verwirklichte Utopie, das die Geschichte kennt, im Prozeß seiner Realisierung seinen ursprünglich chiliastischen Charakter verlor und ein Land wurde »wie andere auch«. Immer wieder sieht sich Friedmann vor die Frage gestellt, ob diese glücklichen, tapferen, geschickten, arbeitsamen, nicht immer sehr klugen und teilweise schon durch eine Überflußgesellschaft geprägten jungen Menschen, denen er begegnet, die im Lande geborenen »Sabras« der ersten und zweiten Generation, *eigentlich noch Juden sind*, will sagen: ob sie die charakteristischen physischen, psychischen und im Verhalten sich dartuenden Eigenschaften erkennen lassen, die man in Europa, undeutlich zwar, aber niemals ganz unzutreffend, als »jüdische« bezeichnet.

Die zahlreichen Begegnungen und Impressionen, die Friedmann im Lande seiner Vorväter hatte und die ihn an der Judaizität von Erde und Volk zweifeln lassen, so tief, daß er seinem Reisebericht, wenn auch von einem Fragezeichen gefolgt, den Titel ›Das Ende des jüdischen Volkes‹ gab, haben fast alle einen ganz spezifischen Reportagewert, der allerdings wissenschaftlicher Ernsthaftigkeit keinen Abbruch tut. Friedmann versteht nicht nur zu lesen – die moderne israelische Quellenliteratur –, nicht nur zu hören, was man in allen Schichten der Bevölkerung erzählt, er weiß auch zu schauen, zu riechen, zu schmecken. Dieser Soziologe wird in seinem Israel-Buch zum engagierten Journalisten – vielleicht infolge der »Aufgerütteltheit«, die er bekennt. – Die durch Ghetto-Existenz, Verfolgung, aber auch durch die Unsicherheit von Emanzipation und Assimilation entwickelten »jüdischen« Verhaltensweisen und physiognomisch-expressiven Fakten sind unter den Jungen und Jüngsten nicht mehr feststellbar; es fehlt ihnen allerdings auch in ihrer naiven und etwas chauvinistischen, durchaus auf die militärischen Erfolge einer jungen Nation sich abstützenden Selbstsicherheit jene jüdische Unruhe, die von Heine bis Buber, von Moses Mendelssohn bis Husserl und Bergson, von osteuropäischen Chassidim bis zum Halbjuden Marcel Proust und dem beunruhigt der Naturgesetzlichkeit nachspürenden jungen Einstein jene Werte produziert hat, die die

Juden der Welt ebenso für sich reklamieren wie die betreffenden Gastländer.

Ist dies der Preis, der zu zahlen ist, wenn aus den Juden ein Volk werden soll »wie die anderen auch«? Vielleicht. Schon ist, wie Friedmann schreibt, ein Drittel der Gesamtbevölkerung auf israelischem Boden geboren. Die jungen Menschen, die durch die harte Schule einer beispielhaft straff organisierten Armee gingen, die hebräisch und daneben die *lingua franca* des Nahen Ostens, das Englische in verschiedenen Graden der Vollkommenheit sprechen, haben an dem Geschick ihrer europäischen Vorfahren, von dem sie aufgrund der entsprechend abgestimmten Geschichtsbildung in den Schulen doch so viel hören, ein erstaunlich geringes Interesse. Was Hannah Arendt gehört hat, vernahm auch Georges Friedmann in Israel, die Kritik nämlich an jenen Juden Europas, die sich von Hitler abschlachten ließen »wie die Schafe«. Eine gewisse Nostalgie nach den Ländern ihrer Herkunft zeigen – allenfalls – unter den Jüngeren die orientalischen, aus Algerien, Marokko, Tunesien, Jemen, dem Irak eingewanderten Juden, die »Sephardim«. Die jungen Aschkenasim, Söhne und Töchter der mittel- und osteuropäischen Juden, auch Einwanderer, die erst vor kurzem ins Land kamen, sind in stärkerem Maße entjudaisiert und israelisiert. Friedmann berichtet über ein Erlebnis in Eilat: »Es setzen sich in dem überfüllten Speisesaal meines Hotels zwei Israelis an meinen Tisch, ein 1937 emigrierter Pole und sein jüngerer Begleiter, ein Sabra, dessen Eltern aus der Ukraine stammen. Sie verstehen ein wenig Englisch und so können wir uns verständigen. Aber sie hören, daß ich mich mit den jungen Kellnerinnen, einer Marokkanerin und einer Ägypterin (beide sprechen auch Hebräisch) auf Französisch unterhalte und ärgern sich sichtlich darüber. ›Hier interessiert es niemanden, woher die Leute kommen‹, wirft mir der Pole an den Kopf, ›hier muß man seine Muttersprache vergessen!‹«

Zur Entjudaisierung des Landes gehört auch der schwindende Einfluß der Religion. So wie Friedmann in einem ausführlichen Kapitel sich mit der Entmystifizierung der Kibbuzim befaßt und manche lesebuchhafte Legende so nebenbei demontiert, korrigiert er auch die in Europa weitverbreitete Vorstellung, Israel sei so etwas wie ein theokratischer Staat. Der Einfluß der religiösen Parteien ist stark, aus wahlarithmetischen Gründen sogar sehr stark: Israel, dies ist eines seiner wesentlichen und dringlichen Probleme, ist – leider, füge ich auf eigene Hand hinzu – kein laizistischer Staat.

Es wäre aber falsch und würde das Israel-Bild verzerren, wenn man weiterhin in Europa meinen wollte, daß die Religion eine staatserfüllende, das Seinsgesetz Israels bestimmende Macht sei. Gerade weil Israel im Begriffe steht, ein Land zu werden »wie die anderen auch«, ist es in seiner geschichtlichen Bewegung bestimmt durch die weltweite Tendenz der Säkularisierung.

Die Bibel ist für Israel lebendige, geschichtliche Tradition: In diesem Sinne wurde in der Tat der Sprung über zwei Jahrtausende vollzogen. Sie wird aber nicht als eine religiöse beziehungsweise metaphysische Realität empfunden, sehr im Gegensatz zur Vorstellung, die man sich in der Welt macht. Die drei religiösen politischen Parteien vereinigten bei den Wahlen im Jahr 1965 nicht mehr als vierzehn Prozent der Stimmen, dabei vertritt die größte von ihnen, die Nationalreligiöse Partei, nur einen gemäßigten und keineswegs orthodoxen Klerikalismus.

Eine von Friedmann angeführte Untersuchung ergab, daß dreißig Prozent der Israeli in »einem gewissen Sinne«, wie der Verfasser schreibt, als religiös bezeichnet werden können. Sehr interessant ist sein Hinweis darauf, daß die disproportional starke Einflußnahme der religiösen Parteien nicht nur Sache der parlamentarischen Arithmetik ist, sondern auch aus gewichtigen außenpolitischen und wirtschaftlichen Gründen von der agnostischen Mehrheit des Volkes toleriert werden muß: Die das Land wirtschaftlich unterstützenden Diaspora-Juden, vor allem die amerikanischen, legen nämlich Wert auf Israels nicht nur nationale, sondern auch religiöse Judaizität. Nicht wenige amerikanisch-jüdische Besucher des Landes, und seien sie ihrerseits und im eigenen Lande nur noch »Jom-Kippur-Juden«, das heißt solche, die sich nur einmal jährlich, zum Versöhnungstag, in der Synagoge einfinden, geben sich in Israel schockiert, ja sparen nicht mit gewissen Drohungen von Einstellung der Geldspenden, weil das Gelobte Land ihnen zu »israelisch« und nicht »jüdisch« genug erscheint. Auf weite Sicht hin aber glaubt Georges Friedmann nicht, daß die Religion ein mögliches Mittel zur Erhaltung der Judaizität des Landes sei. Er schreibt am Ende seines Kapitels über die religiös-politische Problematik: »Die Rabbiner wollen retten, was noch zu retten ist. Die Gläubigen führen ein Rückzugsgefecht. Aber ist nicht Angriff die beste Verteidigung? Besteht nicht die größte, die einzige Chance der jüdischen Geistigkeit darin, sich, anstatt sich ängstlich aus einem ungeheuerlichen Jahrhundert zurückzuziehen, mitten in die Probleme dieses Jahrhunderts hineinzustürzen, seinen Realitäten, dem planetarischen Abenteuer des Menschen im Ringen mit der Technik ins Auge zu schauen, den Menschen zu helfen, aus diesem Abenteuer, wenn auch an Körper und Seele erschöpft, so doch siegreich und frei hervorzugehen, als Glieder einer Gesellschaft, in der Wohlstand, Gerechtigkeit, Brüderlichkeit herrschen?«

Friedmann vergißt hier freilich eines, beziehungsweise er gestattet sich, was unstatthaft ist, nämlich: die Gleichsetzung dessen, was er »jüdische Geistigkeit« nennt und was *de facto* nur sein aufgeklärter, universell-französischer Humanismus ist, mit jüdischer Religion, in der mystische, ja magische Elemente aus der Frühzeit geschichtlichen Menschentums sich erhalten haben. Friedmanns undefinierter »jüdischer Geist« mag in Israel zu retten sein. Die Religion – und er selber führt den überzeugendsten Beweis dafür in seinem Buche – ist es zweifellos nicht. Die Frage nach dem Ende des jüdischen Volkes ist vorläufig unbeantwortbar. Über das Ende der jüdischen Religion aber hat die Geschichte bereits ihr Urteil gesprochen. Der Moment ist gekommen, überzuleiten von der unanzweifelbaren und durch den Autor wohlbelegten Tatsache der Israelisierung Israels zu den letzten Teilen des Werkes, in dem Friedmann über das Ende des jüdischen Volkes überhaupt meditiert und wo er, wie ich meine, allzu bedenkenlos humanistisch und fortschrittsgläubig die Assimilation als die Lösungsform der sogenannten Judenfrage außerhalb Israels teils glaubt konstatieren zu dürfen, teils implizite empfiehlt. Zunächst einmal schreibt er ganz richtig: »Letzten Endes scheint die Existenz des Staates Israel den Juden unserer zweiten Hälfte des zwanzigsten Jahrhunderts hinsichtlich ihrer Staatsangehörigkeit nur zwei Möglichkeiten offenzulassen: Erstens: Diejenigen, die auf Israel ›ausgerichtet‹ sind, müssen mit dem Willen zum Erfolg (...) sich in Israel niederlassen, aktiv an seinem Aufbau teilnehmen. Zweitens: Diejenigen, die nicht auf Israel ausgerichtet sind, nicht an ein ›jüdisches Volk‹ glauben, an eine nationale Gemeinschaft der Juden, werden in dem Staat, in dem sie leben, Bürger wie alle anderen sein, die, unabhängig von dem Grad ihrer Sympathie, ihres mehr oder weniger starken Interesses für Israel nur *eine einzige Staatsbürgerschaft*, ein *einziges Vaterland* kennen.« Das ist unangreifbar in seiner Logik. Es ist die offensichtlich einzig mögliche Lösung des vielberedeten Problems der »doppelten Loyalität«, die viele Juden heute ihrem Gastland einerseits, dem israelischen Staate andererseits entgegenbringen. Hier spricht Friedmann, der »civis gallicus«, der einstige Résistancekämpfer, zu uns. Nur leider, die Geschichte hält es nicht mit der Logik, mit ihr so wenig wie mit der Menschlichkeit, und vielleicht, wahrscheinlich, empfindet Friedmann in diesem Augenblick – es droht im Nahen Osten ein neuer Krieg – noch stärker als bei der Niederschrift des Buches die »jüdische Unruhe«, zu der er sich an anderer Stelle bekennt. Er glaubt nicht an eine »jüdische Rasse« – und welcher Vollsinnige würde ihm da widersprechen. Er glaubt auch nicht an ein »jüdisches Volk« beziehungsweise meint mit Sartre, daß der Jude ein Mensch ist, den die anderen als einen Juden betrachten; er meint und sagt, der Jude sei ein Produkt des Antisemitismus – und auch dagegen habe ich nichts vorzubringen. Wer würde einer Aussage wie dieser nicht zustimmen? »Was ist heute übrig von der Einheit des jüdischen Volkes? Sie gründet sich nicht auf irgendeine Gleichartigkeit, das haben die in Israel selbst angestellten wissenschaftlichen Untersuchungen gezeigt. Die Juden der Gola (des Exils) und die Israelis fühlen sich miteinander verbunden in dem Maße, in dem der Antisemitismus fortbesteht, mit anderen Worten in dem Maße, in dem ihre Geschicke interdependent sind und es werden können.« Dagegen ist nun, wie gesagt, von keinem aufgeklärten Menschen, Juden oder Christen, etwas einzuwenden, im Gegenteil: Es wird sehr klar ersichtlich, daß das jüdische Problem und das jüdische Volk eins sind: Verschwindet jenes, wie in Israel, ist auch dieses nicht mehr auszunehmen. Nur finde ich da an einer Stelle bei Friedmann einen Satz, der mich stutzig macht, zumal er nämlich als charakteristisch gelten kann für den Tenor des Werkes: »Der jüdische Partikularismus war Anlaß und Vorwand des christlichen Antisemitismus, der dann, einmal entfesselt, diesen Partikularismus bestärkte, indem er die Juden für Jahrhunderte ins Ghetto verbannte. – Die Fortschritte der ›Aufklärung‹, das Entstehen von demokratischen Industriegesellschaften haben, aufs Ganze gesehen, den Antisemitismus abgeschwächt und die Assimilation begünstigt, die von den zionistischen oder religiösen Hütern der Judaizität als eine der schlimmsten Gefahren angesehen wird, die sie bedrohen. Das Auftreten von Antisemitismus im letzten Jahrhundert, besonders die Pogrome im zaristischen Rußland und die von den Nazis bewirkte europäische Katastrophe sollten nicht über die allgemeine Entwicklung hinwegtäuschen ...«

Das nenne ich mir hochgemuten französischen Aufklärungsstolz. Es hat aber, wie die Dinge liegen, im Gegensatz zu dem, woran Friedmann glaubt und worin seine gesamte Überlegung ankert, leider gar nicht den Anschein, als würden die demokratischen Industriegesellschaften eine Garantie gegen den Antisemitismus sein; und daß es die sozialistisch sich nennenden Industriegesellschaften nicht sind, wird uns ohnehin in diesen Tagen in Polen und der Sowjetunion mit greller Überdeutlichkeit vor Augen geführt. Die irrationalen Quellen des Antisemitismus, die vielleicht vorab, wie Friedmann meint, im Christentum und dem Vorwurf des Gottesmordes durch die Juden verborgen sind, aber gewiß nicht nur dort – diese irrationalen Quellen fließen weiter, und niemand kann sich unterfangen vorauszusagen, ob und wann sie als breite und reißende Ströme wieder sichtbar werden. Mit der Frage nach der Intensität des teils latenten, teils schon wieder manifesten Antisemitismus, der nicht in Israel, wohl aber an Israel sich ebenso entzünden kann wie an einem lächerlichen Finanzskandal einer beliebigen jüdischen Bank – mit der Frage nach ihm steht und fällt Friedmanns Alternative, die so logisch einerseits den israelgerichteten Diaspora-Juden Auswanderung empfiehlt, andererseits die nicht nach Israel blickenden Juden auf den Weg der Assimilation verweist.

Die Existenz Israels ist prekär: Jeder El-Fatah-Anschlag beweist es. Die Assimilation ist es ebenso: Polen – aber warum nur Polen? Vielleicht morgen schon ein außenpolitisch anti-israelisch orientiertes Frankreich – gibt Auskunft.

Wenn Georges Friedmann, fragend zwar, aber doch implizite die Frage bejahend, vom »Ende des jüdischen Volkes« spricht, meint er ein zwiefaches Phänomen: einerseits die Entjudaisierung durch Israelisierung der im eigenen Lande lebenden Juden, andererseits die Fortschritte der Assimilation. Er formuliert das auf den letzten Seiten seines Buches so: »Auf der einen Seite haben wir die Assimilation einer wachsenden Zahl von Juden der Diaspora in ihrem Geburts- oder Gastland, verknüpft mit einem gleichzeitigen, vorläufigen oder endgültigen Abklingen des Antisemitismus ... und auf der anderen Seite steht die Tatsache Israel ...«

Wie »entjudaisiert« dieses Israel schon sei und wie unausweichlich der Prozeß auch weiterhin fortschreiten werde, ist Israel immer noch für zahlreiche Diaspora-Juden der Hafen, die geistige Heimstätte, die sie suchen. Diese müßten, meint Friedmann, den Weg der Alija, der Auswanderung ins Land der Väter, beschreiten. Was er eindeutig ablehnt, ist die »doppelte Loyalität«: »Die Loyalität gegenüber zwei Vaterländern, die doppelte Staatsbürgerschaft sind unechte, provisorische, zum Scheitern verurteilte Lösungen. Sie geben im übrigen dem Antisemitismus Nahrung, indem sie den Partikularismus besonderer jüdischer Lebensbedingungen fortbestehen lassen.«

Die Kontradiktion der Überlegungen Friedmanns, die in den Widersprüchen der Person eines jüdischen »civis gallicus« liegen, der ungeachtet seines französischen Lebensgefühls, dennoch, wie er schreibt, »aufgerüttelt« wurde vom Erlebnis des Israel-Besuches, ist nichts anderes als das Fortbestehen der Kontradiktion des reflexiven jüdischen Gesamtschicksals: Die »Entjudaisierung« des Landes Israel, die vielleicht geeignet wäre, es tatsächlich zu einem »Land wie andere auch« zu machen, wird gestoppt durch das Faktum, daß der winzige Staat auf jene Gruppe angewiesen ist, die man verschwommen oder gar heimtückisch das »Weltjudentum« nennt. Dieses Weltjudentum wieder wird auf seinem Wege in die Assimilation, die durchaus eine Lösung à la longue bringen könnte, einerseits durch einen keineswegs noch besiegten Antisemitismus, andererseits durch die Existenz Israels, das immer als ein »Hafen« und als letzte Zufluchtsstätte vor antisemitischen Ausbrüchen irgendwann und irgendwo erscheinen muß, aufgehalten, so daß schließlich da und dort, in Israel und in der Diaspora das Nicht-Volk der Juden auf undeutliche und schwer definierbare Weise »Volk« bleibt, so wie der französische Bürger Georges Friedmann am Ende ein Jude ist – und das keineswegs nur wegen seines Namens und seiner Nase.

Das ist ein unbequemes Buch. Ein Buch jenseits der vertrauten Legenden. Ein Werk, das aus der Unruhe entstanden ist und Unruhe stiften wird. Es widerspricht in vielen Punkten sich selbst und darum entspricht es der objektiv fatalen Situation einer Menschengruppe, der nicht gegönnt war, befriedet zu leben, der die Tapferkeit so wenig zum Guten ausschlagen will wie die Ergebung, die Gottessorge so wenig wie die Kriegswaffe, der Pflug nicht, der abstrakte Gedanke auch nicht.

In seinem Vorwort spricht Friedmann von den »affektiven Elementen«, die die jüdische Problematik enthält. Es gereicht dem Verfasser nur zur Ehre und schränkt nicht im mindesten die intellektuelle Geltung seiner Arbeit ein, daß er selbst sich diesen Affekten nicht ganz hat entziehen können. Er weist im Vorwort voraus auf die letzten Seiten, in denen von der »Unruhe« die Rede ist. Und er schreibt: »Bei der Niederschrift ist mir klar geworden, wieviel ich dieser Unruhe verdanke ...«

Auch der Leser, Christ oder Jude, verdankt ihr mehr, als der Verfasser vielleicht zu hoffen gewagt hat.

Quellennachweis

Atheismus ohne Provokation. Unter dem Titel ›Provokation des Atheismus‹ in: Wer ist das eigentlich – Gott? Hrsg. von Hans Jürgen Schultz. München 1969.

Hegel – Befreier oder Oppressor. In: Merkur. September 1970.

Jargon der Dialektik. In: Merkur. November 1967.

Gewalt und Gefahr der Utopie. In: Merkur. Mai 1969.

Geist und Gesellschaft, Beispiel Frankreich. Unter dem Titel ›Jean-Paul Sartres Engagement‹ in: Macht und Ohnmacht der Intellektuellen. Hrsg. von Kurt Hofmann. Hamburg 1968.

Vom Nutzen und Nachteil der Ideologie für das Leben. In: Vorgänge. März 1967.

Die Geburt des Menschen aus dem Geiste der Violenz. In: Permanente Revolution – Von Marx bis Marcuse. Hrsg. von Leonhard Reinisch. München 1969.

Kann man noch Linksintellektueller sein? In: Die Weltwoche. 13. September 1968.

François Bondy: Antwort an Jean Améry: Ein Linksintellektueller – was ist das? In: Die Weltwoche. 18. Oktober 1968.

Neue Klischees eines Linksemotionellen. In: Die Weltwoche. 25. Oktober 1968.

Der Identitätsverlust der Neuen Linken. In: Tribüne. 1969.

Rückkehr des Positivismus? In: Der Monat. Januar 1971.

Die Grenzen liberaler Toleranz. In: Die Zeit. 22. Januar 1971.

Im Warteraum des Todes. In: Menschen im Ghetto. Hrsg. von Günther Deschner. Gütersloh 1969.

Zwischen Vietnam und Israel. In: Die Weltwoche. 9. Juni 1967.

Der ehrbare Antisemitismus. In: Die Zeit. 25. Juli 1969.

Israel ohne Juden. Unter dem Titel ›Die jüdische Unruhe‹ in: Der Monat. November 1969.

Der Verlag dankt François Bondy, daß er seine ›Antwort an Jean Améry‹ zur Verfügung gestellt hat.

Alfred Döblin im dtv

Berlin Alexanderplatz
Roman · dtv 295

Die Ermordung einer Butterblume
und andere Erzählungen
dtv 1552

Ein Kerl muß eine Meinung haben
Berichte und Kritiken 1921–1924
dtv 1694

Der Überfall auf Chao-lao-sü
Erzählungen aus fünf Jahrzehnten
dtv 10005

Babylonische Wandrung oder
Hochmut kommt vor dem Fall
dtv 10035

Werkausgabe in Einzelbänden
Herausgegeben von A. W. Riley

Eine auf dreiunddreißig Bände angelegte, nach Gattungen chronologisch geordnete Werkausgabe der erzählerischen, philosophischen und kritischen Schriften von Alfred Döblin. Die ersten 13 Bände:

Jagende Rosse
Der schwarze Vorhang
und andere frühe Erzählwerke
dtv 2421

Die drei Sprünge des Wang-lun
Chinesischer Roman · dtv 2423

Wadzeks Kampf mit der
Dampfturbine
Roman · dtv 2424

Wallenstein
Roman · dtv 2425

Der deutsche Maskenball
von Linke Poot
Wissen und Verändern!
dtv 2426

Reise in Polen · dtv 2428

Manas
Epische Dichtung · dtv 2429

Unser Dasein
dtv 2431

Pardon wird nicht gegeben
Roman · dtv 2433

Der Oberst und der Dichter
oder Das menschliche Herz
Die Pilgerin Aetheria
Zwei Erzählungen · dtv 2439

Hamlet oder Die Lange Nacht
nimmt ein Ende
Roman · dtv 2442

Drama, Hörspiel, Film
dtv 2443

Briefe · dtv 2444

Marion Gräfin Dönhoff im dtv

Namen die keiner mehr nennt
Ostpreußen –
Menschen und Geschichte

»Dieses Buch unterscheidet sich höchst wohltuend von vielen sentimentalen Traktaten über die verlorenen Ostgebiete ... Natürlich spürt man, daß die Gräfin Dönhoff mit allen Fasern ihres Herzens an dem Land hängt, in das ihre Vorfahren vor 700 Jahren gekommen waren ... Aber sie weiß auch, daß diese 700 Jahre deutscher Kultur in Ostpreußen unwiederbringlich verloren sind – verloren durch deutsche Schuld.« (Nordd. Rundfunk)
dtv 247

Weit ist der Weg nach Osten
Berichte und Betrachtungen aus fünf Jahrzehnten

Von der Ära Stalins bis zu der Gorbatschows, von der starren Unbeweglichkeit des sowjetischen Systems bis zu »Glasnost« und »Perestrojka« hat Gräfin Dönhoff die Beziehungen der Bundesrepublik zur UdSSR und ihren Satellitenstaaten mit ihren Kommentaren begleitet. Sie hat, aus der Beobachter-Position heraus, Veränderungen wahrgenommen, die eine Reaktion des Westens, eine Neueinstellung seiner Politik möglich gemacht hätten: Stalins Tod etwa oder die Ereignisse in Ungarn, Jugoslawien, Polen, der Führungswechsel in Ost-Berlin und nicht zuletzt der in Moskau selbst. dtv 10971

Der südafrikanische Teufelskreis
Reportagen und Analysen aus drei Jahrzehnten

Gibt es einen Ausweg aus dem Teufelskreis, in den Südafrika geraten ist? Oder kommt es am Kap der einst guten Hoffnung unvermeidlich zu einer Katastrophe? Marion Gräfin Dönhoff versucht in Reportagen und Analysen von 1960 bis heute eine Antwort auf diese Fragen zu geben. Sie charakterisiert die gegenwärtige Situation in Südafrika, setzt jedoch auch heute noch auf vernünftige Einsicht auf beiden Seiten.
dtv 11110

Carl Friedrich von Weizsäcker im dtv

Foto: Isolde Ohlbaum

Wege in der Gefahr
Eine Studie über Wirtschaft, Gesellschaft und Kriegsverhütung

Dieses Buch »ist geeignet, den Blick für die politischen Realitäten im Atomzeitalter zu schärfen, die sonst gelegentlich an Konturen verlieren . . . Für Weizsäcker, wie für viele Kulturkritiker der Gegenwart, ist das bloße wissenschaftliche Denken ohnmächtig. Das Ziel eines Bewußtseinswandels ist eine ›von Liebe ermöglichte Vernunft‹.«
(Wehrwissenschaftliche Rundschau)
dtv 1452

Deutlichkeit
Beiträge zu politischen und religiösen Gegenwartsfragen

Was heißt Verteidigung der Freiheit gegen Terrorismus und Repression? Hat das parlamentarische System eine Zukunft? Welche Chancen und Risiken birgt die friedliche Nutzung der Kernenergie? Gehen wir einer asketischen Weltkultur entgegen? Wie läßt sich die Frage nach Gott mit dem naturwissenschaftlichen Denken vereinen? – Vielfältige Fragen, die Weizsäcker klar zu beantworten versucht.
dtv 1687

Die Einheit der Natur

In diesen Studien aus den Jahren 1959 bis 1970 behandelt Carl Friedrich von Weizsäcker, Professor sowohl der Philosophie als auch der Physik, die für die moderne Wissenschaft grundlegende Frage nach der Einheit der Natur.
dtv 10012

Wahrnehmung der Neuzeit

Die Wahrnehmung der Neuzeit und ihrer Krise ist Weizsäckers Hauptanliegen in diesem Band mit Aufsätzen und Vorträgen von 1945 bis heute: »Das Ziel ist, die Neuzeit sehen zu lernen, um womöglich besser in ihr handeln zu können.«
dtv 10498

Die Zeit drängt
Das Ende der Geduld
Aufruf und Diskussion

Weizsäckers Aufruf zu einer »Weltversammlung der Christen für Gerechtigkeit, Frieden und die Bewahrung der Schöpfung«, die Reaktionen auf diesen Aufruf und Weizsäckers Antworten darauf.
dtv 11109